U0946748

观古今中西之变

新史学文丛

重建另一种叙事

杨念群　著

北京师范大学出版集团
BEIJING NORMAL UNIVERSITY PUBLISHING GROUP
北京师范大学出版社

序　言

这本集子收录的文字大多围绕着如何理解“常识”这个话题展开。“常识”可分多种。日常生活中形成的一些观念会及时帮助人们处理面临的难题，这时“常识”就会有效主导行动方向。可是在历史观层面长期形成的某些刻板僵硬的看法，如果不经调适修正，也许会妨碍历史认知质量的提升，所以必须加以辨析。那些经过规训和教化程序僵固凝结而成的所谓历史观，会妨碍我们对历史进行更有深度的探究。我们在还年轻的时候，脑子里就已经被灌输了许多似是而非的概念。这些概念一层层地叠加在生活记忆之中，往往潜移默化地成为我们思考的前提和出发点，或者构成判断世事人情真伪的标准。这样的例子经常发生在我们周围，比如把“科举”等同于“八股”，把“皇帝”等同于“专制”，把岳飞等同于现代民族国家英雄等。照此判断，丰富多面的历史内容可能在一夕之间就被简化成特别容易记忆阐释的几条干瘪线索，或者成为政治意识形态与极端民族主义者宣泄情感的单一图像。

从疲弱单调的“常识”出发认识历史的思维方式，一旦凝结成惯性力量，难免转为安享的惰性，使人排斥新思想的渗入。所以，质疑“常识”虽有风险却是一件必要之事。也许，一不留神反过来，就会被深陷常识思维之中的人们所同化，大家混成一团和气。但我以为，“常识”必受某个时期特定因素之制约，厘清其背后的强势规训机制和运思逻辑仍有澄清历史误解之功。不敢说能“益智”，至少可以防止使人“变愚”。

收到这本集子里的文字有演讲、访谈和少量的报刊文章，体例和风格并不统一，有些篇章口语化倾向比较明显。其内容大致可以分成三类：第一类，检视四十年来中国史学从思想史、学术史向社会史、文化史转型期间需要反省的若干议题；第二类，讨论如何处理明清以来直到“五四”前后时期历史的延续与断裂双重并存的复杂势态，着重辨析一些被忽略或误解的观念，尝试激活其中潜在的认知能量；第三类是访谈记录，主要围绕着近些年已出版的一系列论著进行答疑辩难，内容涉及历史描述与感性的关系、如何以医疗史为切入点诠释近现代政治变迁、清朝正统性特征的再辨析，以及弥漫在我们头脑中的历史常识如何“祛魅”等。论题貌似散漫，内里的思考聚焦和指向却是一贯的。除了应答专门论著中所涉实验性研究引起的争议，面对越来越缺少灵性的历史写作现状，本书特别言及如何促成书写风格的多样化，如何写出既有漂亮文笔又有质感深度的文章。我认为，文史不分家的理念不仅应该贯彻在学科建制方面，而且应该体现在写作类型的多元探索上，进一步从边缘走向主流，成为未来历史书写的常态。

2017年11月18日

目录

从“世界史”到“全球史”

——《世界：一部历史》[①]读后[②]

研究历史的人都知道，写教科书最难，一动笔就会发现有无数绳索捆绑上身，将你悬吊起来，让你动弹不得。尤其是世界史的教科书写作，如果线索不按上古、中古、近世、现代划分，事件不按西方中心的思路编排，会被骂得很惨。要想破此窘局，还非有点恶搞搅局的童心不可。《世界：一部历史》的作者就如一个顽童，抱着拆散陈旧玩具重新组装的游戏心态，演绎出一部令人眼花缭乱的“去中心化”历史。用钱乘旦先生的话来说，敢用马赛克拼贴的样式重画世界地图，是需要不小的勇气的。

《世界：一部历史》的地图雅致，故事精妙，对各类大小文明形态采取散点透视、平行叙述的对等策略。甚

---

① ［美］菲利普·费尔南德兹-阿迈斯托：《世界：一部历史》，钱乘旦审读，叶建军、庆学先、宋立宏等译，北京，北京大学出版社，2010。

② 本文原载于《读书》，2011(4)。

至在常识中从未听说过的小小文明也被郑重其事地施以笔墨，配以别具匠心的老照片、经典画作和细节展示，相当彻底地颠覆了世界史的叙事传统。作者的恣肆笔调和癫狂想象因为悖离了传统的阅读习惯，使读者在深感既冒险又刺激的同时，也许会觉得有些无所适从。因为如此过度逆反常规思维的发散式描写难免让人误解成缺乏核心历史观的引领。在作者的眼里，“历史”没有重要和不重要之分，“历史”只不过是某个特定年代的人们面对一些问题时，生存与延续生命的方式。而我们的历史训练与此相反，往往是先从甄别历史与现实的重要关联性开始，然后反向选择和安排历史叙事的内容。按此逻辑推导，似乎这部书恰恰就是要表达“没有历史观就是一种历史观”的荒诞看法。其实，在我看来，散点叙述的背后也许就隐藏着对历史的另类思考。作者在“致读者”这篇序文中说得很明确，书里充满了挑战性的意见、对立的观点、有争议的探索、开放的见解以及复杂有趣且难以解答的问题，以便引起思考。其陈述史实时潜藏的历史判断无处不在。以下就我的阅读感觉略加撮述。

一、文明比较：从静态到动态

从全球史的角度观察，不重视作为串联构建历史演变环节的核心的形形色色的事件，而是注意“文明”作为各种形态在相互交流碰撞时发生的变化效应，这个思路大体已渐为世界史研究者所接受。但“文明”比较的框架却仍有“静态”和“动态”之分。当代中国的世界史研究曾经深受汤因比“文明比较论”的影响。其中一个重要原因是，汤因比给予中国文明以相当突出的位置，特别是预言了中国的崛起恰是在其他文明消失的契机中发生的，很容易给中国人提供自恋的谈资。汤因比历史观论述的核心是“文明并置论”，大意是说世界上曾出现过21种值得谈论的文明，这些文明的发生有其内在的机制和演变理路，后来因为不适应历史的变化，大部分都灭绝消失了，只有中国文明等少数形态残留了下来。这些文明的种子以后可能成为大国崛起的传统背景。这种论调当然让国人听起来觉得心里舒坦。但汤因比的“文明并置说”尽管打破了“欧洲中心说”的论述僵局，却也给人以一种文明只能在隔绝静止的场域中诞生发展乃至自生自灭的印象。当下的“全球史观”则认为，“文明”不是孤立成形的，而一定是在不断碰撞反复交流中拓展和改变自身的处境。新的世界史叙述对文明之间的相互渗透予以了更为密集的关注即是此类视角发生转变的反映。

这本书在谈到各类文明如何应对游牧民族的侵袭时，就采取了动态比较的框架，如对伊斯兰、中国、印度文明在吸纳游牧民族时所采取的策略进行了有趣的对比。书中说到，伊斯兰文明成功吸引改造和驯化游牧民，最终使其武力为伊斯兰文明所用，这是伊斯兰文明历史中具有决定性的与众不同的特点之一。与之相比，基督教世界摆脱牧民威胁的手段通常是武力击退或出钱贿买。中国把来自草原的征服者吸引到自身的生活方式中，但是没有能够也不情愿把他们永久转化成一支有利的战斗力量。入侵印度的游牧者往往转变成统治精英。他们有时会接受印度文化的某些成分，不过在通常情况下，他们在那块土地上一直保持着外来入侵者的身份。在这些地区，没有任何一种本土文化能够把游牧民族用作他们发动侵略战争的力量。游牧者给伊斯兰世界带来了新的刺激，并重新激发了伊斯兰国家的战争能力。

还有一些细节十分有趣，比如书中谈到拜占庭的外交特别擅长通过复杂的礼仪威慑前来造访的蛮族，这样可以在武力上节省开支。这让我们想到中国宫廷中所奉行的怀柔远人的举动。10 世纪初的皇帝康斯坦丁七世为宫廷的接待礼仪制定了规则，目的就是要体现帝国的力量以便施展其影响。甚至有些官员的工作就是雇用穷人在街头夹道欢迎出行的帝王队伍，或者是奖赏那些愿意以任何方式粉饰太平的人。寡廉鲜耻的戏剧效果变成了维护秩序的手段。这让人联想到中国古代发生的某些类似的情景，原来维护“面子”在政治表演中的作用是中外相通的。

对有些问题的解答至今仍是见仁见智。如游牧和农耕民族之间的敌意对峙到底是利益冲突还是文化差异造成的，就根本无法得到终极答案。本书作者倾向于认为这是互不相容的世界观和生活方式造成的冲突。在定居与游牧在生活方式的选择上没有道德上的差别，但双方却习惯于把另一方视为道德低下的社会。书中举例说，欧亚草原上的重要资源之一是肥尾羊，这种羊被专门喂养以获取它身后像海獭尾一样宽大的尾巴。它的脂肪惊人的柔软，即使不加热或煮熟也能生吃和消化。对于这种适合游牧的饮食方式，却让定居文明联想起茹毛饮血的野蛮习俗。而在牧民看来，定居生活的人则显得过于柔弱，其奢侈的享乐极易导致腐化堕落，城市生活往往成为拥挤不健康的象征。作者所观察到的以道德标准衡量对方优劣的历史现象确实存在，但是否真是引起游牧和农耕民族双方冲突的真实原因却大可打个问号。其实，中国历史上游牧与定居人群的拉锯式进退也许偶尔表现成相互的道德攻讦，但更多的还是一种政治利益的较量。

二、“生态史观”的贡献与局限

全球史观与传统世界史观的区别在于，全球史观高度重视环境因素如何发生作用。环境不仅能改变人的迁徙习惯，而且可以打破空间隔绝，使得文明相互流通，不至于一直处在封闭状态。在观察大草原上兴起的蒙古帝国的统治特征时，作者既看到了其杀戮定居族群、鄙视和摧残文化艺术的一面，但也花费了不少笔墨描述蒙古帝国在贯通欧亚大陆交流方面的核心作用。大草原成为信息快速流通的通道。中国的思想技术广泛西传，丰富了欧洲人的世界观。同样的景象却没有出现在美洲和非洲大陆。欧亚大草原形状像个哑铃，由东向西延伸，动植物跨越不会遇到不可逾越的环境阻隔。哑铃的两端人口稠密，经济发达，通过幅员辽阔的草原进行对流互动。欧洲北美需要东方的香料、精细的纺织品和奢侈品，他们用白银支付。与之对比，美洲的白银财富集中于南美洲的安第斯山脉，没有草地或其他路径把他们连通起来，即使是草原上急需的马匹在南美洲都消失了一万年。可见环境的隔绝或流通对文明发展的巨大影响。区别于以往的世界史框架，本书还特别强调了环境流通的另一个重要影响，即欧亚大草原构成的快速通道，直接导致了各种瘟疫的迅捷传播。

疾病的传播可能直接影响到了人口的增减。18 世纪全球人口突然实现了大幅增长，学界对此解释不一。食物种类的变化和卫生保健的改善导致人类对抗死亡能力的增强似乎可视为部分原因。坏血病和天花也已经得到控制。不过本书作者提出了另一个有趣的观点，他认为微生物自身进化的优势引起产生瘟疫的一些因素发生变异，敌对微生物也许有时把它们的注意力从一种牺牲品转到另一种上去。人类健康改善和寿命延长可能并不在于我们所假想的清洁卫生的改善，而是更多地在于微生物习性的改变。这与 17 世纪以后全球实现了全方位的生态迁移交流有关。人作为生态系统的组成部分，与植物、动物及微生物一起，漂洋过海播散到海外，还有一大部分人被运往美洲。

美洲的发现被称为广义上的“哥伦布交流”的过程。在生态史的框架内，它早已不仅仅是单纯的殖民侵略行动或孤立的政治事件。发生于五百多年前的环球航行以及对动植物的有意识和无意识的移植，以一种全新的会聚性模式取代了以往的历史演化进程。人们开始交换不同大陆的生命形式。人类的迁移改变了自然的范围和本质，以前所未有的规模侵害了生态边界，也改变了殖民地本身原有的历史格局。比如西班牙在美洲地区殖民边界缓慢而稳步的扩张，使得过去互不相关的地区被逐渐联系到了一起。在西班牙人到来之前，墨西哥和秘鲁这两个地区的土著文明社会从未有过任何重要的相互接触，它们现在的联系却令人吃惊得频繁。

不过本书的结论也有需要商榷的地方。建立在全球史观基础上的叙事逻辑，比较强调帝国主义扩张的规模特点及其示范意义，但又容易混淆不同王朝与帝国在进行扩张过程中所采取的异样策略，从而堕入同质化的解释模式。例如，作者把清朝对中国西北地区的征服统治与西方近代的殖民过程加以混淆，认为在中国的边疆地区，大批新移民的压力引起一连串的冲突。而糟糕的是，解决方法恰是欧洲殖民主义研究者常见的那些举措，如对原住民部落重新进行安排，或把他们划进保留地，军垦团体一边监控当地原住民一边种植小麦、大麦、豌豆和玉米，建立传播汉族价值观的学校等。实际上，清朝政府采取了更为复杂的“修其教不易其俗，齐其政不易其宜”的边疆政策，如在新疆、蒙古和西藏分别设立了伯克、盟旗和喇嘛制度。这些举措对本地的文化和社会治理具有更为灵活的适应性，绝非简单地与西方的殖民政策雷同。

三、“民族主义”与“文化相对论”

以往的世界史叙述框架中，在书写殖民历史时往往强调西方人对美洲印第安人和其他土著的血腥屠杀以及由此产生的道德反思和批判。本书则力求深入土著文化的本地历史情境，提出了一种叫“访客效应”的新颖观点，尝试为文明之间的相互沟通和适应提供一个新的解释。作者发现美洲土著对欧洲入侵者表现出了令人吃惊的殷勤与友好态度。欧洲殖民者最初到达美洲时通常人数较少，脆弱不堪，水土不服，几乎不可能构成对土著的威胁，只有依靠土著的帮助才能获取食物或盟友。这种接纳欧洲人的友好态度和美洲土著文化的特点有关，一些民族尊重和顺从访客，认为访客的外来者身份可能使其行为具有客观性，因而把访客视为纠纷仲裁者、公正的施予者与和平的保护者。或者基于土著自身的“文化”判断，认为西方人的出现是某位神祇莅临的标志。

基于这些复杂的认识，殖民领地的土著精英分子只要得以保留地方权力，往往愿意把最高权威交给欧洲人，甚至愿意付钱给他们让他们行使这种权威。所以英属殖民地经常采取“间接统治”的策略。让人感到意外的是，殖民地寻求独立和解放的“民族主义”思想也与殖民者的治理策略有着密切的关系。

“民族主义”是相当晚近的一个概念，是随着近代民族国家建立的过程而逐渐确立起来的。一群拥有相同语言、历史经验和认同感的人组成一个民族，成为一个不可分割的单位。这样一种意识由欧洲传播到亚洲等地，一旦落地开花后，却好像完全变成了一种当地民族捍卫自身文化资源与历史认同的本土传统思想。有趣的是，这种“假象”的形成恰恰是伴随着反对西方入侵、捍卫民族尊严的姿态出现的，这真是一个惊人的悖论。西方帝国故意鼓动世界各地的民众采纳西方“民族主义”的思维模式，把“民族主义”的蔓延视为西化成功以及西方人完成了所谓传播文明使命的证明。也就是说，“民族主义”恰恰是西方殖民者培育起来的一种群体意识。非西方民族主义的兴起虽然表面以西方帝国主义为敌，却在根基层面受到殖民观念的制约和影响，成为传播西方文明的样本。

与“民族主义”的兴起相适应，20 世纪初人类学的崛起改变了传统文明论的格局。特别是人类学提出的文化均有各自独立价值的“文化相对论”理念，对西方自认为人类自启蒙时代以来积累起来的“普世价值观”造成了致命的冲击。“文化相对论”认为，我们不能以优劣与否的价值判断划分文化的等级，而必须根据其各自的历史情况进行评价。这一学说的困境在于无法回答是否应该尊重业已达成了某种共识的“普世价值”这个问题，比如对人性的尊重等现代观念，否则食人族吃人、贩卖奴役奴隶以及杀婴、虐待女性就都可能是合理的，可以不受限制地任意妄为。王小波曾经写过一篇文章叫《“行货感”与文化相对主义》，里面说宋江落在戴宗手里被骂是个“行货”。“行货”是劣等货物的意思，宋江是降价处理品，而戴宗自己以货主自居。王小波的意思是，按照文化相对主义的逻辑，非西方国家的人民就得甘心作“行货”任人宰割，这逻辑显然是有问题的。因此，作者明确说“文化相对论”必须受到限制，同时也承认人类学迫使西方人审视自身的偏见，看到他们以前所蔑视的文化存在的长处，并质疑根据以往自身文化所形成的优越感。

平心而论，“文化相对论”认为每一种“文化”或每个人都有选择适当规范的权力，因此没有一套普遍适用的准则。这一理论固然貌似可以削弱西方人所拥有的文化优越感，但也造成了许多难以解决的社会问题。比如一旦对人权是否具有“普世价值”产生怀疑，那么当大规模的移民移居新环境时，在遵循自身文化习俗的同时必然与当地制定的法律和传统社会规则发生抵触，如果只盲目遵从文化各有其独特价值的理念，冲突几乎难以避免。具体例子是西方社会中不准非洲移民实施割礼和一夫多妻制等。纵容多元文化各自无止境地自我认同，还会激化宗教与族群之间的剧烈冲突，不利于在共同的组织框架下实现社会融合。特别是随着移民人数达到临界点时，西方大多数政府均开始放弃赞赏多元文化共存的态度，而逐步向社会融合的方向倾斜。因为政府越来越担心多元文化不但难以维系和平，反而会导致冲突加剧。世界各地均加紧了出入境管制，即使像荷兰这样欢迎移民的好客国家，都要求移民学习荷兰语并接受入籍考试。可见多元文化构筑起来的乌托邦梦想已时刻面临被丢弃的危险。当然，在全球日益趋同的变化大局下，宗教、语言、族群、社群等不同版本的历史和价值体系仍并存着，不是简单地认同和适应所有文化，而是理解造成价值多元的原因，这大概是区别于文化相对主义的途径之一。

四、科学起源与巫术、宗教之关系

科学的诞生和扩散一直在世界史叙述中占据着核心的位置。科学发明所构成的舆论和实践的强势及其对全球的征服也成为西方优越论产生的前提。关于科学的起源及其和宗教的关系，这本书的讲述别出心裁，提供了一些生动有趣的细节，比如玻璃制造和时钟技术对西方天文学的影响。玻璃制造业的兴盛是由于 13 世纪越来越多教堂使用透光的染色玻璃制作窗户。穿透进来的阳光照亮了神圣的殿堂，更加鲜明地展现出奇迹发生的效果。因此，西方对精美玻璃制品的需求陡增。同时，玻璃制造商也开始用他们的新技术来满足国内对玻璃镜和光透镜的需求。

机械钟的使用在欧洲有漫长的历史，可是在欧洲之外的地区却奇怪地并没有流行起来。乡土中国日出而作、日落而息的生活节奏无须准确的机械计时器，这当然是个重要因素。但这种人为切割时间的方式恰恰适合于西方的修道院，说明了现代时间概念的起源仍与宗教生活节奏有着微妙的关系。除了黎明和傍晚需做祈祷外，祷告仪式的最佳时间是根据有规律的间隔来安排的，而不视太阳的运行情况而定。对于处在城市中的教会来说，有规律的计时会带来便利，这也慢慢扩散到城市日常生活中。市政厅钟楼日益主导着人们对西方城市地平线晨暮阳光升降的感觉。这还不是最主要的，透镜和时钟一旦结合起来，就使得望远镜和精确计时学之间发生了联系，天文学由此诞生了。

本书没有把科学与巫术、宗教的关系对立起来加以叙述，以为科学发展的合理性张目。在作者看来，16 世纪科学和巫术都是试图控制自然的手段，几乎不存在什么差别。巫术士进行的各种试验虽然都不成功，但炼丹术启发了化学，占星术启发了天文学，卡巴拉派启发了数学。牛顿更像个富有想象力的巫术涉猎者，试图探究秩序井然的宇宙中的一切奥秘，他也更像一个炼丹术士，试图寻找传说中能把贱金属变成金子的哲人之石。科学和宗教在16、17世纪并没有产生必然的矛盾，但科学之所以在传播和接受方式上胜过宗教，乃是在于它具备了更多的灵活和机动的特征。历史上的基督教、佛教和伊斯兰教的传播都遭遇到了文化上的制约，被限制在了一定区域之内，成为特定人群的信仰对象。佛教主要在中亚发展，伊斯兰教在土耳其人控制的巴尔干以外的欧洲吸引力较小，基督教在中国和印度则屡遭拒斥，在日本更是一度被彻底根除。相反，西方科学却能超越宗教族群和区域等意识形态限制渗透到地球的任何地方，而且一批批的基督传教者同时传播着宗教教义和科学原理。其结果是，在传教地区，人们接受科学的速率和幅度要远远大于宗教，甚至造成了某种诡异的悖论现象：当传教士最初以科学作为传教手段时，那些不接受基督教的地区却反而率先接受了科学的洗礼，宗教影响不但有限，反而成为科学传播的媒介。比如中国的星象学因与皇家祭礼有关，进而间接促成了天文学在中国的传播。耶稣会士在宫廷中更多无奈和被迫扮演的是科学启蒙而非传教的角色，即可证明科学渗透力的强大。由此可知，科学和宗教的区别在于它具有超越文化限制的机动性和改造能力，而不在于其与宗教发生的冲撞和矛盾。

以上只是撮述出了此书叙事中若干貌似散漫无羁、

其实隐藏着重要信息的问题意识，以证明其并非缺乏历史观。本书另外一个优点是对于存疑甚或目前无法解决的难题，采取并置叙述的方法，罗列学界所能得出的各种结论，不轻易下定论，而是留给读者自己判断。如人类从“狩猎采集”向“农耕文明”转型的深层原因，至今并无确论。因为学界无法确知，在狩猎采集活动相对成本较低、较为省力的情况下，人类为什么会选择较为艰辛的农耕生活。那种田园牧歌式的抒情幻象似乎只是文人奢谈时的一厢情愿。对此难题，此书曾列出五点原因以作为分析的基础。虽仍觉说服力有限，但毕竟折射出的是历史研究进展的现状。

后现代思潮中的历史观

从后现代理论出发观察历史是最近二十年才逐渐流行起来的一种研究视角。与西方比较，“后现代”对中国这个发展中国家来说似乎还很遥远。近些年由于中国经济的迅速崛起，与全球体系融合的步伐日益加快，我们已经开始无时无刻不生活在一种后现代状况之中。比如中国屏幕上已上演了很多穿越剧，仿佛当代人一下子就能从现实世界回归到古代。穿越剧实际上就是用后现代方法再现历史场景的一种方式。又比如说影视剧中对历史的随意戏说，常常被正统史学家批评内容叙述完全脱离了历史“真相”。其实戏说本身就是借古人之嘴表达当代人的价值观，与历史的真实发生过程已没有什么关系，这其实正是“后现代”思潮看待历史的态度。后现代思潮就是试图从批判的角度对现代化导致的结果进行反思。戏说历史也许正是摆脱正统历史观说教的一个叛逆的途径。我们要了解“后现代”是什么，首先需要知道什么是“现代”，以及什么是“现代化”。

一、现代化思潮与现代化的发生

首先，我们先来简略叙述一番现代化思潮与现代化运动产生的背景。第一个要回答的问题是：什么是现代化？我们在各种舆论场合总是不断听到现代化这个词。20 世纪 70 年代，中国就提出过实现四个现代化的目标。现代化到底是什么呢？简略来说，现代化是社会、经济、政治体制从旧有秩序向现代类型变迁的过程。它从 17 世纪至 19 世纪在西欧和北美形成后，逐渐扩及其他欧洲国家，并在 19 世纪至 20 世纪传入南美、亚洲和非洲大陆。“现代化”的起步与传播有一个从“发生”到“殖民”的过程。

现代化的第一个历史特点就是扩散性，它是从一个点向周边迁徙播散的过程。我们现在为什么要谈全球化，所谓全球化其实不是一开始就形成了一个被所有文明体系共同认可的普遍状态。现代化应该是发源于欧洲某个地点，然后再波及扩散到北美、亚洲、非洲和南美大陆。现代化的发生和扩散伴随着旧的政治社会经济体系以及文化心理的逐渐瓦解崩溃。现代社会出现了高度分化与专门化的演变态势。原有的组织成员脱离先辈的血缘关系、地方种姓或等级结构，被安置在单位关系之中，开始自由流动。这意味着在现代化之前的我们自己的家庭、宗族等这些可能已存留数百上千年的社会关系，在短期内被彻底摧毁。古代中国是一个流行宗族聚居的社会，中国人生活在传统血缘规定的家族关系里面。在现代化浪潮冲击下，我们被迫要脱离这个家族关系，在一个新的组织单位里安置自身。所以说“流动性”是现代化的重要表征。你原来可能会被限制在一个由血缘关系规范的固定范围之内，逐渐脱离了这个限制后，就可能转移到一个全新的场域内开始生活工作。

现代化的第二个特点发生在经济领域。欧洲以牛顿以来的科学理论为基础，在经济领域表现出一种工业体制的高度发展，生产、消费、交换的日益专门化，以及产品、劳动力、金融市场的日益扩大和复杂化。我们原来生产生活的空间是不够专门化的。在小农经济为主导的历史条件下，农业的基本劳作内容就是种植、收割和储藏等传统固定程序。很多农业产品卖不出去，它没有能力进入广阔的市场，所以农业产品的流通受到很大限制。实现现代化以后，部门生产和传播的专门化程度逐渐提高，各个领域的产品越来越广泛地进入流通渠道，从生产到消费的流程变得更加职业化、规范化。这是现代化过程在经济领域的一个典型表现。

在政治领域，现代化首先表现为领土疆域的日益拓展，法律、行政和政治机构权力日益强化，并向更广泛的社会群体扩散，人们获得更多的民主权利。我称之为政治的“参与性”，这是现代化的另一个特点。中国古代社会民众主动参与政治的程度是很低的，老百姓长期以来就待在一个村子里，许多人一辈子都没有踏出过自己生活的村子一步。那么他们对外部世界的理解是非常有限的，对政治的具体运作过程更是一无所知，往往只觉得“普天之下，莫非王土”，天高皇帝远，自己没必要去关心王朝大事。更别想可以参加投票，选出自己的领导人，因为他们根本没有参与政治的资格。在现代社会，人们可以通过投票选举，选出自己喜欢的领导人，组建和参加各种自治组织和党派活动，同时监督这些组织领导人的行动。现代政治区别于传统政治的特性就在于其参与性很强，民众有机会普遍介入。

在文化领域，现代社会的特色在于宗教、哲学、科学等主要文化价值体系日趋分化，识字教育和世俗教育日益普及。大家获得了普遍教育权之后，对文字的掌握和了解，促使其获得知识的能力有所提高。无论是基于部落等级还是血缘关系的那些较具先赋性的身份标准开始丧失，共同的民族、社会、文化认同象征主要不再依靠传统规则加以界定。较富有弹性与多样性的社会阶层不断产生，借助职业、教育、政治的渠道而形成的社会流动日益增加。形形色色的社会组织出现，其范围包括各种功能明确的经济组织以及各种市政的、自愿的以及专业化的组织和群体。

社会学家冷纳(Daniel Lerner)曾经提出了一个“历史偶合论”。他认为现代化这个概念的出现，在历史学意义上说是西方的，在社会学意义上说却是全球的。或者说，现代化在历史起源的意义上出现在西方，但是从共时的意义上又是世界性的。到如今现代化价值已经被全球不同国家和文明形态所认可。现代化的主要内涵，从工业化、都市化、世俗化到政治的普遍参与，都是西方国家发明的。由于现代化与西化在“历史上的偶合”，使现代化在非西方国家中的作用趋于复杂，其表现就是“种族中心的困局”。在现代化冲击下，非西方国家人民一直存在一种强烈的身份焦虑感，不断在自问我到底是谁，我从哪里来。当然西方人也在思考这些问题，但是他们没有迫切改造文化身份的强烈紧张感。在此我想请教大家一个问题，就是中国古代有科学思维吗？我个人认为中国古代没有科学思维，更没有类似西方的科学制度和体系，科学是西方发明的。大家如果看过李约瑟的《中国科学技术史》就会明白这个道理。李约瑟先生是英国研究中国科技史的一个大家，他一辈子都想证明中国古代确实存在科学，古代中国的科学技术领先于西方，但是最后证明中国只有技术发明的传统，没有西方意义上的科学体系。这就是冷纳所说的历史偶合现象，科学最后变成一个大家普遍承认的准则是因为它由西方发明再扩散到全球。中国人只是在学习西方的过程中才认识到科学原理的重要性并逐渐加以使用的。

还有一个问题需要回答，那就是现代化理论在西方是否只表现为一种一成不变的形态？实际上现代化理论在西方有一个复杂的演变过程。19 世纪到 20 世纪最初几年，特别是第一次世界大战以后，西方一些学者对现代化到底在世界范围内能否起到正面作用是持怀疑态度的。第一次世界大战爆发，几个主要欧洲国家互相打得一塌糊涂。一些理论家包括原来热衷学习西方的东方学者都觉得如果再这样下去的话，会导致灾难性后果。第二次世界大战以后，对现代化的认识开始转向，出现了以美国为主导的乐观现代化理论。美国现在还在推销它的自由、民主、民权和经济市场理论，这套理论是第二次世界大战后以重新调整全球秩序的名义出现的。所以德国哲学家哈贝马斯就批评说，乐观现代化论（指美国式的理论）的特点是：把“现代”与欧洲的起源分离开来，使之成为“中性”原则，构成一种乐观的知识系统。一旦把现代化跟欧洲的起源分离开来，就给人一个印象，好像现代化这个东西完全可以保持价值中立，自从它被发明出来就应该成为所有人共同遵循的准则。但实际上这个结论是有问题的，因为现代化理论来源于西方的视角或知识系统。对中国人来说，现代化理论有哪些方面可以学习借鉴必须经过历史的检验。近代以来，中国的变革道路充满曲折，20 世纪 80 年代中国刚刚摆脱贫困，开始探索如何改善民众生活的道路。那个时候国人确实认为现代化是致富的唯一途径。中国的现代化道路一开始就是从崇拜西方文明模式起步的。

现代化的发生往往受制于或者说起源于现代思潮。这里大致梳理一下现代化与现代思潮的关系。简要地说，现代思潮是现代化产生的思想动力。现代思潮的发生源自于启蒙运动的兴起，启蒙运动就是摆脱中世纪“宗教对人的身心控制”，所以尼采曾提出一个著名的观点叫作“上帝已死”。“上帝已死”并不是说具体某个神灵或偶像死了，而是上帝作为无所不在地控制人们日常生活的力量被逐渐削弱。“上帝之死”造成的一个后果是“人的发现”，意味着宗教一统世界时代的“谢幕”，“人”开始尝试摆脱对上帝的依赖，靠自己的理性观察和改造周围的事物。人类意识到可以发挥自身的主动性去干预自然，不靠上帝也能处理身边发生的世俗事情。西方式的个人主义和自由主义由此生发出来。我们阅读有关西方现代思潮的著作时，大体都逃不脱从“上帝之死”到“人的发现”这条线索。到了后现代时期，后现代理论家福柯提出一个观点叫作“人之死”。他不是具体指某一个人的死亡，而是指对人类理性的过度使用已经让这个世界充满了荒诞和不安，所以应该摆脱理性对人的过度控制。这就进入了后现代思维阶段。当时大多数中国人还沉浸在如何实现现代化的亢奋意识当中，所以猛一听到“人死了”这个口号时会感到特别震撼，觉得社会以人为中心的价值观在慢慢崩塌。

这又涉及另外一个概念：什么是现代性？现代性是大家现在经常挂在嘴边的一个概念，很多文章动不动就提到现代性，可到底什么是现代性？它与现代化的异同到底是什么？自20世纪90年代以来，中国语境下有关现代化的思考发生了一个重要转折：20 世纪 80 年代有人议论如何实现现代化，黄土高原要奔向蓝色的海洋。但是随着现代化步伐的加快，许多负面问题也逐渐暴露出来。比方说贫富差距问题、环境污染问题、道德滑坡问题……这些难题都是追求现代化的单向经济思维所难以解决的。近年来频繁出现的宗族复兴现象也不是经济发达必然造成文化进步的普遍公式所能解释的。20 世纪 70 年代以前，每个乡民都是生产队或公社里的成员，大家把生产队作为一个生活单位来看待。改革开放后，乡民却需要靠宗族来凝聚广泛的势力，联络乡土的情感。为了满足精神需求，各种庙宇被纷纷建立起来，有人赚了钱后拼命往庙里投钱。如果你去南方，到了过节的时候，元宵节鞭炮一放就炸掉几十万块钱。有些活动，比如抬神像绕村游行等，过去都属于封建迷信的行为，现在在农村却是“生生不息”日益普遍。原来为人所信奉的现代化理论相信，只要经济发展了，这些属于封建迷信的东西自然就会消失殆尽。可是为什么有钱了大家却反而突然对拜神、拜佛发生了兴趣，对各类神灵有了一种天然的亲近感？说明在金钱、利益、市场等因素之外，人类仍然需要寻找自己的精神家园。从深层意义上来说，中国的传统文化是否能够为我们提供一些精神支持？它和现代化思想是否一定构成绝对冲突的两极？是不是实现现代化必然以消灭传统文化为代价？这些问题不容回避地摆在了国人面前，所谓“现代性”困境就由此产生了。原来舆论界集中讨论的都是现代化理论的有效性，比如如何依靠现代化改善我们的生活、如何解决我们的温饱问题，没有考虑经济之外的因素可能给改革带来的影响和困惑。因此现代化理论在其发展过程中暴露出了相当大的缺陷，这是“现代性”问题提出的一个现实背景。

那么现代性与现代化的区别到底在哪里呢？我想大致可以概括为以下几点：第一，现代性理论指出，西方由于“工具理性”的宰制导致传统生活图景遭到瓦解。德国哲学家马克斯·韦伯有一个著名的观点叫作“工具理性与价值理性的冲突”。什么叫“工具理性”？他认为，现代化最重要的是提供一种超越传统价值主观性的客观探索视角，人们依赖这种思维，改造自然和世界的能力突飞猛进；但是，它同时也导致传统认知习惯分崩离析，人们赖以安身立命的价值支撑点迅速消失。这个问题如何解决？我们难道甘心变成只会挣钱的行尸走肉吗？西方一些思想家早已开始思考解决这一问题的方案，如马克斯·韦伯、斯宾格勒、汤因比等，他们在20世纪初就认识到现代化理论带来的局限。中国学者梁启超在访问欧洲后提出一个重要观点，他认为第一次世界大战之后西方的文明呈衰落之势，我们原来盲目学习西方，结果他们自己相互争斗了起来。许多西方国家内部矛盾重重，资产阶级压榨工人阶级，工人阶级不断用罢工的行动反抗资本家的剥削，那么资本主义到底出了什么问题？梁启超认为应该大踏步回头走，多多体会中国文化的好处。这些人物实际上都是从现代性的角度来观察历史、较早发出批判现代化的声音的人。

总结起来，什么叫现代性？它与现代化的区别就在于，现代性把现代化的发生和演变看作内含危机的双刃剑，看到现代化在带来巨大财富和利益的同时，也可能造成精神失落和道德沦丧，构成了一种复杂的悖论关系。中国曾经的现代化运动就像一架拼命往前冲的战车，几乎没有顾及传统文化流失的严重性。中国式的现代性问题与西方有很大的不同。西方人步入现代化后也会产生严重的焦虑感，但西方人焦虑感的产生是对发生于内部的现代化过程进行深入剖析的结果，是在省思自身历史文化过程中自然流露出的一种反叛状态，我称之为“内在替代性”。从“上帝之死”到“人的发现”，再到“人的死亡”，这个反思程序是西方思想内部进行自我转换、自我替代的过程。这种替换不会像非西方学者那样产生身份认同的紧张感。

与此不同的是，中国式现代性是一种“外在替代性”，即由西方强行介入所发生的变化。这种侵入是对非西方人群借以安身立命的道德和社会准则的彻底摧毁。在西方不断侵蚀打击下，中国被迫步入了现代化的道路。张之洞为抵抗这个冲击曾提出著名的“中体西用”论，希望在学习西方器物之道的同时保持中国核心文化价值的影响力，这是非常了不起的想法。有人说如果没有西方侵略，中国会自然发展到资本主义社会。我不大相信这样一个判断，因为在现代化到处蔓延的全球背景下，中国只能走上类似于西方的现代发展道路，几乎没有什么别的选择。中国人何以成为中国人的理由头一次需要由外来的价值系统加以判定。中国的内部文化传统已不足以提供成为现代中国人的基本条件，由此引发很大的自我认同危机。比如，以往中国人觉得当一个大清帝国的子民很光荣，浩浩国威，令人景仰。但到了近代，我们何以成为一个中国人的理由都显得模糊起来。一个学者就曾概括说，当代学界往往根据什么东西不是中国的而来决定什么是中国人。正因如此，当代中国人的自信心似乎只能通过某些影视剧中的民族主义情绪勉强体现出来，比如一看到李小龙一脚把洋人从比武台上踢下来或者把日本人暴揍一顿就觉得特别痛快。武侠片展示的尽是中国各路武林高手如何在比武场上把这个一脚踢飞把那个一拳击倒。这种浮夸的自信实际上是心理软弱的一种表现，暴露出的恰恰是一种自我认同的危机。

近代以来，中国思想界经历了从天下主义向国族主义的转变。什么叫天下主义？中国人曾经认为，“普天之下，莫非王土”，文化力量从王朝的中心可以无限制地往外推展，一直推及其他族群居住的地方。大家如果读过有关宋代的一些传奇小说就会了解这一点。比如，从《说岳全传》和杨家将的故事中，我们就会看到所谓天下主义是如何自我膨胀的，宋人被金人辽人打得很惨，总是胜少败多，还是硬撑着说我们宋朝最牛，辽金不过就是蛮夷之邦。小时候看《说岳全传》，总觉得宋朝军队非常了不起。其实，南宋军队跟辽金打仗基本占不到什么便宜，只是岳飞等少数南宋将领还能打几个胜仗，北宋时的杨家将也没有什么特别像样的战绩，一查宋史就会知道。现代人却把宋朝将领的战绩夸张成战无不胜的神话、一套不朽传奇，其背后的心理根据就是，南宋所占地盘虽小，经常打败仗，文化却很优越。可是近代以来，全球国与国之间的交往关系不是靠自己说文化优越就可以将其作为自恋的筹码，而是靠国与国之间的利益交换和博弈来制订现代外交的规矩。现代人并不承认中国古代夷夏之辨这套文化优越论的规则，这个变化非常大，改变了中国人对整个世界的理解。从空间角度看，我们原来的领土规模确实很大，可以无限地往外延伸。但是从时间角度看，我们的历史观尊崇的是所谓黄金三代的辉煌，现代化则要推动我们一直往前奔，不许回头张望，必须按照进化论的要求认识历史。所以中国人从螺旋上升式的历史循环论慢慢服从于进化演进规则的规范，有一个非常复杂的适应过程。当然，如果从后现代思潮角度来评价，中国古代遵循的历史循环论没什么不好，学会向后看也可能获得足够弥补现在缺失的历史智慧，不是所有事情都可以由一种进化论模式包揽解决的。

二、从现代性到后现代

这一节我想谈谈从现代性到后现代理论的转变。这个演变的特点是什么呢，后现代思潮大致可以概括成以下几个核心观点。

第一，后现代不承认有客观的历史。传统的近代历史观动不动就强调我们要客观真实地去研判历史。后现代理论则宣称，历史从来不是客观的，历史永远是主观感觉和描写的对象。当你写下某段历史的那一刹那，历史就进入一种主观认识的过程。所有历史论著只不过是某人写下的历史，而不是真实的历史。所以历史是不可能被客观呈现的，只是一种主观的表达。这是后现代历史观的第一个特点。

第二，历史过程只有断裂性，没有连续性。不认同从古到今国家就一直是某个样子。外交辞令归外交辞令，历史归历史。后现代思潮认为，某个时代与另一个时代的情景是完全不一样的，不是连续发展的过程。历史学家只能处理特定时代的史料，不能越界把另一个时代的史料做同样的解读，因为每个时代的问题与另外一个时代的问题往往不能相互衔接，处于断裂状态。

第三，是历史的非目的性，历史本身没有目的。我们在中学时所受的教育是历史是由几种首尾相续的社会形态构成的。西方也有个说法，叫历史终结论。“冷战”

结束后，美国学者弗朗西斯·福山写的一本书就叫《历史的终结与最后的人》，认为以美国为首的资本主义模式就是历史的终点，理由是连苏联那么大的社会主义联盟国家都崩溃了，资本主义与社会主义两大阵营对峙的时代结束了，以后的世界只能是一种世界观独霸天下，不可能再有什么变化了。但是后来有人质疑：美国的模式就是历史的终点了吗？不可能啊，你看美国现在多狼狈，到处出兵打仗，最后造成叙利亚难民在欧洲到处渗透蔓延的局面，美国模式并没有给中东地区带来福音。于是欧洲人就纷纷骂美国，指责美国把那套价值观灌输给中东国家却又撒手不管，太不仗义了。所以说，美国制度好像也不是那么完美。在后现代学者看来，历史的所有目的都是虚幻的，别搞一套终极目标来诱惑我。后现代学者还认为，历史事实之间的衔接具有非因果式的联系，历史的演进不可能有一定的因就产生一定的果，历史没有规律可循，历史背后是由权力关系支配的，试图找出历史规律的努力的最终结果只能是徒劳。后现代论述有个中心词叫权力，指的是不管什么样的历史观背后都有一个权力之手在操纵它。如果某人说历史有规律，那这个所谓规律肯定是在背后某个权力体系支配下制造出来的。我们上中小学时，许多老师经常说的一句励志的话大概是“知识就是力量”。后现代则宣称“知识就是权力”，力量和权力是完全不同的两个概念。人们容易形成一个幻觉，好像学习了很多知识就一定能获得足够的能力，你会获得某种力量、表现得像个肌肉男一样无所不能。福柯把这个神话一下子打破了，他说任何知识的背后都有一只权力之手在操控着。什么类型的权力往往制约着你使用什么样的知识。在这个时候，后现代理论就显得非常具有批判力。比如说，关于原子能的问题，科学家认为只要掌握相应的知识，制造出了原子弹，就是对人类的贡献，结果原子弹反而有可能给人类带来更大的灾难。你觉得这个科学家拥有的知识就一定有力量吗？这个毁灭性力量拥有什么样的价值是值得质疑的，这个力量背后肯定有一只政治权力之手在操纵着。任何知识都不是一种纯净真空状态中的产物。这就是后现代理论发出的一个非常有力的警示。

当然，我不是完全能够接受后现代的所有理论。但是我欣赏后现代的批判态度，它会让人们质疑已经流行的许多成见。比如很多人就被灌输了很多自以为正确的观点，实际上这些结论都是值得怀疑的。后现代思想会给你一些启发，让人们在思考时不要总是下意识地把一些有待验证的说法不加辨别地当作讨论的前提。比如说有关“封建社会”的提法。我们以前盲目接受中国历史长期以来处于“封建社会”阶段这个结论，对此不加质疑。从“后现代”的角度看，至少应该对此加以质疑和辨析，因为从政治意识形态角度定义什么是“封建社会”和从历史认知的角度去寻求“封建社会”的意义是完全不一样的。

后现代理论中另一个重要的问题是，既然历史没有客观性，那么文学和历史的界限就开始模糊了；既然历史是主观书写的结果，那么在研究过程中自然也可以发挥个人想象。所以持极端后现代观点的学者干脆说历史就是文学，文学就是历史，无论写小说还是写历史都可以说是一种情节设置。这样一来，如果任凭主观想象臆测历史的发生和演变，仅仅认为历史没有任何目的性，始终处于断裂状态，那么书写出来的这些历史内容和小说到底如何加以区分呢？这是一个非常大的话题，在此不便展开。我认为文学和历史区别还是非常大的，因为得出某个历史结论需要积累足够的证据，而文学描写则不必一定需要史料做支撑，而主要凭借丰富的想象力。区别就这么简单，研究历史你必须去搜集史料，去一条条核对证明其真实性。你可以说历史不是客观的，我们先把这个争论放在一边，但是必须通过寻求某种证据来形成对历史进程和性质的判断，这是历史学者需要做的基本工作。但文学家可以不这么做，文学家可以玩穿越，历史学家玩不了穿越。

其实后现代理论有一个非常重要的判断给我以很大启发，那就是不要把所有人类社会的不进步，仅仅归结于传统的作用。也就是说，现代社会出现的一些弊端可能恰恰是现代化造成的恶果，所以最好不要把传统与现代截然对立起来。我们从小接受的训练和思维，总是把传统放在现代的对立面。不少人认为传统文化造成了中国历史的停滞和落后，要批判传统，要使自己变成新人，变成更加现代的人。这个思路一旦推到极端是有问题的。这里举一个例子，是电影《生死朗读》。这部电影是讲一个德国女人和一个男孩谈恋爱的故事。两个人曾经感情很好，忽然有一天女人消失了，男孩在第二次世界大战后成了法学院的学生。在男孩再次见到女人的时候，她已经站在了被告席上。原来女人曾是德国纳粹集中营中的一个看守。在审判过程中，女人毫无悔过之心。当法官指控她所犯罪行时，女人总是说："我只是执行我的责任，我在这个位置上责任高于一切。"她执行什么责任呢？当时的情形是盟军轰炸一所教堂，教堂里面关押着犯人。她怕犯人趁机逃跑，就把这些人反锁在里面。后来，大多数囚徒都被炸死了。在当时的特殊情况下，她完全可以选择把这些人放出来，让他们各自逃命。面对这个悲惨结局，女人显然毫无愧疚之意，她反复给自己辩护的理由是："我不能开门，这是我的职责之所在。"法官觉得这个人简直毫无人性，不可理喻。可这个女人完全只从工作伦理上考量自己的行为，总是觉得自己没犯什么错。这里面出现的最大问题是，除了责任之外，传统道德伦理因素在她身上好像已经完全不起作用了。

有一本很好的著作叫《现代性与大屠杀》。作者鲍曼认为，纳粹对犹太人的大屠杀不是单纯的种族主义仇视引起的后果，而是纳粹德国拥有了现代化高密度的科研研发能力才导致更有效率、更大规模的屠杀。纳粹党的暴行恰恰是现代化的一个后果。成批调度有序的火车把犹太人运向指定地点，精心规划的犹太居民区，一些通过科学精密计算制造的毒气室都是高效现代化运作的范例。这本书给我非常大的震撼，鲍曼与众不同的看法在于提示我们，不要把纳粹大屠杀仅仅看作历史上曾经发生过的传统野蛮行为的一次偶然再现，或者仅仅归结为只是针对犹太人的单纯种族灭绝。推动大屠杀得以实现的一个原因是德国拥有了高度的现代化设计与组织能力。过去用简陋的兵器去实现大规模杀戮需要经过漫长的过程，效率十分低下，而且要面对面地予以实施。但是集中现代科技的力量在短期内就能摧毁几百万犹太人的生命，而且不必采取个体对个体的形式，这样可以大幅度减少直面现场造成的道德罪恶感。道德与责任一旦发生分离，现代性引起的所有后果就更容易发生，道德在责任面前变得非常渺小，难以发挥对人心的震慑作用。《生死朗读》中的那个女人其实就是这种规训的直接产物。

三、从后现代到后殖民

最后我想讲讲从后现代思潮到后殖民思潮的变化。后现代和后殖民是两个不同的概念，我们讨论后现代思潮的作用，也必须关注后殖民思潮对历史研究的影响。

后殖民理论的奠基性著作是萨义德撰写的《东方学》。萨义德是巴勒斯坦人，后来移民到美国，在哥伦比亚大学任比较文学教授。他激烈地批评西方对东方的认识模式，认为东方跟西方是互为镜像的，西方所塑造出的东方形象其实不是东方本身，而是为了验证西方的优越性的工具。比如，把东方文明或者塑造成一片广阔无垠的神秘沙漠世界，里面生活着美女和彪悍武士，或者塑造成遍布小桥流水式的建筑，文人在里面吟诗作赋。批评西方现代化的一些后殖民学者大多出生在非西方国家，不少人在西方大学任教。比如，霍米·巴巴是印度人，跟斯皮瓦克、萨义德一起被称为美国后殖民理论的三位一体，法农是法属殖民地非洲人，刘禾是中国人。我认为，后现代理论的提出是西方内部进行自我反省的结果，后殖民思潮的出现则是非西方国家面临现代性挑战做出的一种理论回应，是一个跨文化的研究领域。一个是主动反思，一个是被动批评。更具体地说，后现代思潮是西方内部自然形成的一套反思现代化弊端的观点，后殖民思潮则基本是在西方侵略和压迫下的殖民地或半殖民地国家学者提出的一种反西方或者说非西方的理论体系。这两者之间的差别还是非常大的。当然，我们不能仅仅在概念上空谈现代化、现代性、后现代到底是什么，或者它们怎么在西方流传变异。接下来，我想非常简短地介绍一下后现代理论在中国史研究中的具体应用。

后现代思潮否认历史有客观性、规律性和目的性。

所以历史到底应该从什么角度进行书写，素有争议。美国曾出版过一本研究义和团运动的书叫《历史三调：作为事件、经历和神话的义和团》。在这本书里，作者认为，有关义和团运动的记载实际上可以被分成三个层次。第一个层次，义和团运动是被作为一个历史事件加以描述的。这个层次比较关注义和团到底应该定义成什么性质的事件：是一场反帝爱国运动？还是一场在封建迷信遗毒泛滥影响下的反现代化运动？在很长一段时间中，义和团事件被定义成一场反帝爱国运动。20 世纪 80 年代以后，由于改革，中国迅速向现代化目标迈进。以前义和团那种杀洋人、毁铁路、烧教堂的行为好像恰恰与这个目标相悖离，于是对其作用的评价发生大逆转，义和团事件反而变成了一场阻碍现代化进行的封建迷信行为。评价义和团的第二个层次，受当事人经历的影响。所谓“经历”是指亲身参与义和团事件的当事人亲笔书写的历史记载。这些人经历了整个历史过程，却不知道义和团事件对以后历史究竟发生了什么影响，所以无法给它定性。他们书写的内容也只能作为历史目击者的材料，由后人加以处理。那么后人又是怎么解读这些史料的呢？他们常常把义和团放在一个前后延续的脉络里面予以观察。比如，把义和团运动与发生在其后的辛亥革命，或者与发生在它前面的洋务运动做比较，然后贯穿起来形成一套历史的解释。只有在这个叙事脉络里，义和团运动这个事件才能凸显其作用。义和团运动还有可能作为第三个层次加以认识，那就是被当作一个政治神话来进行诠释。比如说，义和团里有一个妇女组织叫“红灯照”。“红灯照”在“文化大革命”期间就曾经被当作造反派的偶像受到膜拜，义和团运动由此变成了“文化大革命”时期造反有理的历史依据。在这个意义上，义和团运动就成为一种为某种政治目的服务的表现形式。所以，历史书写在不同层次、不同时间段、不同场合被不同类型的权力所利用，最终书写出纷繁复杂的历史。知识就是权力，这在义和团神话化的过程里面体现的特别明显。

《跨语际实践》是华裔学者刘禾的一本著作，刘禾在这本书里讲了一个非常有意思的道理。我们日常使用的许多概念，比如民主、科学、个人、社会等，其实都是从日本转译过来的。我们不要以为翻译过来的语言就是透明的，直接体现出原有语言的意义。其实它背后有不同的权力在支配着整个翻译过程，使得某些意思到达中国之后就变了味道。比如个人主义，我们知道中国几乎没有西方意义上的个人主义，这个名词被翻译到中国后，往往就会跟其他的思想发生联系而产生异变。它与集体主义或民族主义的话题勾连在一起，由此发生不同的化学反应。

再比如在后现代思潮里，性别研究是最有影响力的一种方法，它处理的话题集中在女性解放的问题上。什么叫女性解放？它认为女人是被历史和社会塑造出来的，男女之间的差异不是一开始就有的。性别研究已经形成了一个解释谱系，大致包含以下几个要点。性别研究方法认为，男女分工是由社会构建起来的，两者的差别不是生理性别(sex)而是社会性别(gender)。社会使男女之间的距离不断拉大，各守其职，各司其位。“性别”是一种制度，也是一种权力关系，更是一种分层机制。它是男性支配的权力关系运作下发生的一种结果。

性别研究方法的引进改变了中国革命史研究的旧模式，在女性解放当时的探索上更是如此。从“性别研究”的角度观察，女性解放一直与中国革命的任务紧密相连，是实现政治目标的一种工具。在这个目标的指引下，女性是不是真正获得了解放，后现代学者对此深表怀疑。因为尽管女权主义表面上使妇女摆脱了家庭束缚，实际上却让妇女服从某个特定政治目标的安排。当时的典型女性形象是：江姐(最强悍的女共产党员形象，面对审讯手上扎进十个竹签也不屈服)、女飞行员(与男人比拼技术)、女社员(与男人比拼耐力)、女赤脚医生等。记得我小时候曾看过一幅画，描绘的是在一个风雨交加之夜，一个女话务员面带微笑地挂在电线杆上修理电线的场面，这幅画显示妇女也能跟男人一样风雨无阻地去干一些重活累活。由于穿得很单薄，估计这位女话务员回去就得生病。女性解放强调的是女性与男性担当职责的统一性而非差异性。从后现代角度来说，这个趋于中性化的女性角色实际上是被政治所统一规定的。不要以为这是妇女本身的解放，这个角色已经被某种政治目的和政治权力关系规定好了。女性解放实质上是为了某种政治目标服务的。当然服从某个政治目标也许仅仅是一个个人选择问题，不好轻易妄加是非判断。即如保尔·柯察金[①]这样的钢铁战士，现在有人质疑他付出一辈子肢体残毁的代价去追求一个虚幻的目标，值得吗？也许有人会回答说，只要他觉得值那就算值吧，不过其他人也可能有其他的选择。问题在于，应不应该用保尔式的选择去覆盖和压抑其他人的选择。

除了与中国革命的关系密不可分之外，性别研究对中国现代化解释模式也产生了较大影响。在中国近代化的过程中，女性解放与民族国家的建设始终密切相关，也与着力塑造“国民意识”的觉醒有不可忽视的联系。比如说反缠足运动，研究相关历史的人都知道，反缠足运动的主要发起人都是男性，过去卖力提倡缠足的同样也是男性。由此看来，反缠足运动是一种妇女自愿选择的解放行为吗？在后现代视野里，这就是个有争议的问题。我的看法是，某些审美行为是由男女双方共同创造的。缠足在古代有审美的功能，这种功能在现代被科学规范打破了。

现代女性身份是一种多元权力塑造的结果，而不是“自我解放”意识和行为的表达，这是后现代的一个最基

---

① 苏联小说《钢铁是怎样炼成的》里的男主角。

本逻辑。与此同时，性别研究也面临着一个巨大的困境，那就是那些借鉴性别理论研究女性的学者为什么总是提倡要“重建女性主体”？人们对此要问：性别研究为什么从来不提要“重建男性主体”？是不是所谓“女性解放”的讨论从一开始就堕入了男性霸权的控制范围，导致很多女性研究者自设陷阱？

比较典型的困惑反映在《闺塾师：明末清初江南才女文化》这本书中。此书描绘出一幅17世纪江南女性自由生活的美妙图景，这些女性可以满足自己的许多爱好，行动也很自由，可以经常参加宴会、自由读书、组织诗社，还可以与男人对话讨论人生话题。作者力图揭示古代女性优雅生活的一面，认为这些女性早已具备了个人主体意识，不一定完全受三纲五常等儒教规范的制约和压迫。这也是女性研究的一个新方向。但我以为不可过度夸大女性解放故事的意义。比如，鲁迅小说《祝福》里塑造的人物祥林嫂的命运很悲惨，集种种不幸于一身，到最后没办法活下去了。这是“五四”时期塑造的一个典型女性形象，也许可能有过度夸张的成分，却也不乏历史依据。性别研究者却偏偏要举出许多反例，证明17世纪很多女性受到过良好教育，拥有相当的行动自由和美好生活。这种后现代的想象如果走过了头，甚至想完全消解掉“五四”女性解放的命题，其说服力还是很有限的。无数的证据证明，中国女性在古代所受的压迫非常沉重，很多妇女被禁锢在一个狭小空间里，终身生活在局促无趣的状况之中。几个江南才女的生活显然无法展示也无法代表中国女性的整体命运。后现代思潮的敏锐批判力一旦推向极端就会陷入很大的困境。

最后，谈谈后现代史观与医疗史研究之间的关系。可能有人觉得医疗史研究是一种很偏狭的边缘研究领域，但是从后现代角度来看，医疗史研究却处于核心位置。医学研究的对象是什么？是人的身体。中国古代医学没有外科，中医一般是不做外科手术的。当时西方传教士到中国来做外科手术，中国人就认为这是变相的“采生折割”。所谓“采生折割”是宋代流行的一种犯罪行为，指的是一些歹徒采摘人体器官做药治病，据说有吃哪儿补哪儿的效果，实际上是一种残损人身的巫术行为，有点像后来传说的“拍花子”。在《大清律例》中，“采生折割”之人是要被凌迟处死的。在流行谣言的支配下，中国人对外科手术心生恐惧。所以医疗行为不是一个简单的医术问题，它涉及中西方对时空、身体的不同理解与双方文化心理的巨大差异。我曾写过一本书叫《再造“病人”》，这本书借鉴了小说的手法。我在书中的开头曾说，当手术刀切开中国人身体的一刹那，一个现代性的事件发生了。

从另一个角度观察，医疗行为还是政治控制的一种手段，通过监控人的身体使其服从某种政治需要，所以医疗史还涉及广泛的社会治理问题。“身体”行为往往是政治理念的一种表达方式，“医疗空间”是政治权力的一种规训场所，属于国家整体治理技术的组成部分。在民国初年的北京，曾有一段时间国民政府要求女人必须去医院生孩子。许多老百姓很排斥这种强迫行为，更乐意寻找旧式产婆负责接生。因为产婆大多是邻家大妈，接生时态度亲切，往往承担着产妇“心理医生”的角色，经常在产妇家举行各种仪式，祝愿新生儿健康长寿、升官发财。尽管产婆接生的死亡率很高，而且从表面上看这些举动也属于封建迷信行为，却能给产妇带来实实在在的心理安慰。相比之下，助产士的态度就显得冷冰冰不近人情，在接生过程中很少对产妇进行心灵安抚。这些现象都是中国现代化过程中所遭遇到的一些难题。为什么人们不愿意跟从助产士去医院接生呢？因为妇产医生做手术时会身穿白大褂。白色衣服在中国一般只集中出现在葬礼仪式上，属于不吉利的颜色。产妇被包围在穿白大褂的医生中间，会产生紧张感，其背后体现的是一种观念冲突，这都是非常有意思的话题。

以上所做的简略介绍是想初步探讨后现代与后殖民思潮对中国历史研究到底发生了什么样的影响，其成败得失是什么。我的结论是，中国有些地区正在向现代化的目标迅速迈进，而另一些地区却已经出现了后现代的迹象，说明中国正处在多种现象交织互动的历史演进状态中。城乡差异、阶层差异、职业差异、文化差异造成的巨大鸿沟，使得各种观点和理论都有其用武之地，对后现代与后殖民思潮的作用或可作如是观。

纠葛于若干对立概念之间的中国历史学[①]

从学科发展变化的角度而言，中国改革开放四十年的历史，同时也是如何引进吸纳西方观念和思想并使其合法化的历史。与之相伴随的，试图抗拒与消除西方思想的影响，竭力从自身文化中寻求正当资源的努力则书写着另一段变革的故事。从前者观察，在西学东渐浪潮的激迫下，国人认知世界的图景被迫拆散拼贴重组，最终屈从在社会科学专门化的牢锁捆绑之下。后来学界中虽陆续出现不少跨学科构想，试图冲破西学条块分割中国传统思维的壁垒，却难以拯救整体“人文”地图被蚕食鲸吞的命运。从后者观察，文化保守主义、“国学热”、“新儒学”此起彼伏地流行构成喧闹的另外一极，至今似乎没有停歇的迹象。一般而言，这些思潮的发起者尽管常常不加掩饰地流露出一副直接抵抗的姿态，却大多是前者问题意识的一个引申而已。比如，所谓“国学热”兴

① 本文原载于苏力、陈春声主编：《中国人文社会科学三十年》，北京，生活·读书·新知三联书店，2009。

起的背后总是晃动着现代民族主义诉求的影子，与提高民族自尊心的深层考量密不可分。当代“新儒家”则借着韦伯式问题旧话重提，大谈中国为什么没有出现资本主义。老子、庄子经常被强行拉上舞台中央，浓妆打扮成绿色生态论者，环境保护主义的发明权就这样被攥在了中国人的手里。凡此种种观念抵牾，均使得中西概念之间的渗透交融始终处于纠葛不清的状态，同时在相关知识的辨析与讨论上也容易呈现两极对立的态势。因此，要理解当代中国历史研究的走向和经验，似有必要从相互纠葛的概念中梳理归纳出若干问题予以辨析，才能相对接近当时的历史现场。本文拟从“规范化”与“本土化”、“田野”与“文本”、“化约论”与“语境论”三对概念入手进行讨论，借以管窥近四十年来中国历史学的变革轨迹。

一、“规范化”还是“本土化”

在20世纪90年代的学术讨论中，“规范化”和“本土化”这两个词不时会在各种场合频繁出现，大意是要表达中国学术争相与国际接轨的同时又须保持其自身特性，使两者趋于平衡。只是在相当长一段时间内，这两个词的使用比较分散，没有引起特别关注。其成为焦点对象是因为20世纪90年代末由《中国社会科学季刊》和《中国书评》杂志发起的一次讨论。这次讨论把大陆甚至海外相当一批优秀学者卷入其中。现在回想起来，这次讨论有一个令人惊异的特点，那就是大多数学者的议题不约而同地集中在了实施学术“规范化”的必要性上，甚少涉及“本土化”的实质性讨论。那么，这种态度是有意回避还是不经意地忽略了“本土化”问题的重要性呢？

在当时语境之下，“规范化”与“本土化”问题的提出，可以选择两个不同的讨论路径。一是既然两者本身存在二元对立，当我们把其中一个概念单独挑出来进行观察时，它与另外一个概念之间形成的张力折射出的现象恰恰是“社会科学”与“人文传统”存在着难以调和的冲突。两者在学术价值意义的研判上互不相让，长期呈现出此消彼长的态势。与其如此，那还不如干脆把两个概念并置在一起加以讨论，这样一来是否多少能弥合两者之间的紧张关系，并寻求出一种共融互存的模式呢？第二个路径是把“本土化”仅仅看作社会科学日趋规范化之后造成的一个结果。尽管从表面上看两者的位置至少应该处于并列状态，实际讨论时却顶多把“本土化”看作是“规范化”的衍生现象。长期以来，“本土化”在大多数学者的视野里确实并不具有自主意义，不具有独立讨论的价值。“本土化”的成败往往被认为应该取决于“规范化”的成功与否。

20世纪90年代的相关讨论基本上选取的是第二个路向，即把“本土化”看作实现中国社会科学自主性的一个延伸式表现，或者是辅助性选择。其中有一个隐秘想法不便明说，那就是中国学术如果不能实现真正的“规范化”，“本土化”就无从谈起。换言之，学术“规范化”制约着“本土化”的最终命运。这样的决定论语式让我想起了中国史学界曾经根深蒂固地流行一种说法，即认为只要经济充分发展了，文化和社会的问题就能迎刃而解。可后来中国改革的事实证明，两者完全不是一种因果论式的单向决定关系。

通过加强学术“规范化”带动“本土化”研究的思路隐含着深刻的内在焦虑。中国社会科学自主性的提升既然如此强烈地依赖学术“规范化”的实现程度，而中国历史上又从未有过“社会科学”意义上的学科建置，那些不合规矩的传统散漫“学问”自然都无法用社会科学的标准衡量计算。那么，这个命题实际上就很容易被置换成中国学术“规范化”的成败完全取决于引进西方社会科学的工作是否具有足够的广泛性与准确性。更具体地说，所谓“规范化”最后极易被压缩成一个简单表述，即西方经验的横向移植是否业已成为中国学术能否实现真正突破的关键。“本土化”在这样的问题意识导向里遭到了彻底的悬置，基本上沦为陪衬。四十年来的经验证明，对西方经验的准确移植并不意味着中国社会科学的自主性真正由此建立了起来。情况可能恰恰相反，当中国学术日益走向“规范化”时，其本土自主化的程度也可能在逐步削弱。本文目的不是权衡裁判这场讨论之得失，而是以此为切入点，透视历史学受“规范化”影响和制约之后所遭际的现实命运。

中国历史学的发展往往与西方各种思潮方法的引进与使用密切相关，也可以说走的是漫长的“规范化”之路。自梁任公提倡“新史学”以来，各种西方概念蜂拥而入，逐渐占据了中国历史学的解释舞台。这种转向并非主观意志所能完全左右，而是中国逐步向世界开放的必然后果。任公发起“新史学”的一个重要目标就是要把中国史纳入世界历史进程中加以理解，因此，借镜西方解释历史的模式实为不可阻挡之趋势。问题在于，中国历史日益被纳入世界历史进程乃是一个近代现象。这个过程实则具有双向的特质，那就是西方的军事入侵与对中国自身传统的改造过程的相互重叠，故西方文化和学术对中国人思维的强力影响并非只是一种幻象，而是一个历史事实。西方社会科学的引入与此一重大转变始终处于交叠互渗状态，乃至于这种交互印证早已成为中国史学变革的一种共通的背景，它拥有毋庸置疑的合法性。在此意义上，中国史学界在解释历史变化时多采用西方理论顺理成章，只是在被动接受还是主动迎合两种态度的选择方面存在差别。

不过，前近代的中国在并未受到西方侵扰时，常常显现出某种内发性的变革气质。以学术“规范化”的眼光看来，一切属于传统内发性的因素都会成为阻碍中国迈向近代社会的障碍，一贯按照西方模式把它们统统置于负面位置加以针砭。那么，当西方遭遇难以解决的问题时，中国古代历史中蕴积的那些经验是否仍需要按西方模式加以认知确实存在变数。我以为，近代中国许多思想家在晚期趋回文化保守立场，其内心可能都会有同样一个认识：中国步入近代变革的轨道，是西方逼迫塑造的结果，故解释中国历史兴衰之原因时，不得不从西方变革的渊源中寻找解决方案，社会科学在中国学界渐渐树立起解释霸权，并非是自然选择的结果。但是当西方的进步史观无法解释当代社会日益增多的弊端时，那些以往被惯常否定的中国传统思维要素就会有意重新浮出地表。人们开始意识到，如此无条件认定西方进步史观的优越性会造成两个后果：一是严重消解中国历史曾经拥有的自主特性；二是对前近代化状态下中国历史意义的解说太具先见预定的色彩，西方社会科学越来越具有话语暴力的倾向。有鉴于此，一些史学家会有意重访前近代的历史经验以对抗社会科学的过度规训。任公在游历完欧洲后对西方的印象陡变，思想转趋保守，开始发掘中国前近代思想中的要素，就是个突出的例子。

还有一个现象往往为人们所忽略。我们常常发现近几十年来西方学人喜用社会史或文化史的方法解读中国历史，他们认为思想的发生必然有一个社会或者文化的生成理由，因此要深切理解“思想”必须放大视界，去开掘寻找“思想”在广义上生成的社会原因。于是我们会发现，西方学术界的选题都集中在了社会史或文化史的诸多方面，思想史的课题渐受冷落。这固然有社会科学转型的背景在起支配作用，但也有一个更深层的原因，即研究思想史必须对本土文化的经典文献有过人的体悟，否则常常不得其门而入。因为要深入理解完全属于另外一种文明的中国人的内心世界，确实比仅仅理解他们的制度和表层的行为实践要复杂得多。然而中国学界却对这种复杂难言的心理背景视而不见，反而趋之若鹜地跟风，迷恋使用西式理论理解中国历史，轻易舍弃了细读“文本”以构建自身之人文释读特色的机会。

借助社会科学方法和概念框架把中国历史完全纳入适合西方研究习惯的轨道，不失为一种相对有效的办法。无须否认，把西学框架引入中国研究的方法无疑带来了一场场头脑风暴和观念变革，改变了中国史学的研究格局。诸如“公共领域”“市民社会”“过密化”“文化资本”等名词的使用，很容易因为词语的时髦和尖锐的前沿面貌而轻易获得喝彩。这些概念经过社会科学的规范处理后，也较易被模仿和操作，故一旦引进就会迅速播散流行。但运用社会科学方法探寻中国历史不仅是全球普遍化学术策略的一个表现，而且也包含着权宜之计的成分，很易成为逃避深入解读中国古典文献、拒绝探析深层历史真相的借口。因为大多数西方学者并不了解中国人真正的思维方式和行动，姑且从外围入手做表层分析，再披上一袭社会科学的华丽外衣，使其研究既显时髦又似乎天然带有理论权威性。中国学者一旦照猫画虎地仿效此行为，就完全丧失了对自身历史进行洞察分析时所应该拥有的优势地位。在提倡“规范化”目标的同时反而造成严重的“去本土化”局面。

二、“发明”还是“发现”，“田野”还是“文本”

中国近代历史学的发展和演变，从某种意义上说，往往与新史料的发现程度构成正比例关系。自王国维提出“二重证据法”和傅斯年揭示“史料即史学”之旨，“新史学”与史料的“新发现”几乎可以视为同义词。对最新史料尽可能详尽地占有变成了衡量史学研究水平高低的重要标示。随着考古学、人类学等学科不断对历史学实施交叉渗透，是否引用珍稀档案或是否从事田野调查日益成为评判史学著作具备新意程度的最重要标准。传统的“文本”解读方法大有从正统沦落为边缘的危险。史料的内涵与边界属性也相应发生了根本性变化，原有意义上的史官文献和精英流传下来的正宗史料，如各种宫廷实录、上层人物文集和史著，日益被官私档案、回忆录、私人日记、口述记录(包括刑侦警事记录、田野访谈、碑刻资料)、非主流小报等门类所取代。我曾经多次看到，某些论著因为自珍于某条稀缺史料的发现而毫无节制地直接大段引用，全然不顾及此条史料与整体论述结构之间的关系。甚至如果某篇论文没有使用原始档案，也会被讥为学术功底不足。此种风气弥漫开来所造成的恶果是，由于依赖所谓“新史料”的发现，论著写作的篇幅越拉越长，行文贪嗜烦冗之风蔓延滋长。用句时髦的话来说，就是“内卷化”的叙述论证到处横行。

一般而言，中国近代史的史料丰富程度要远过于中国古代史。中国古代史除依赖于少量考古材料外，基本上仍需依靠“二十四史”资料做底本，然后辅之以品种有限的官家史料和文人选集。然而令人困惑的是，中国近代史料越丰富越多元，研究者对近代史的认知却越模糊，越难以达成共识。故有人认为中国古代史是相对较为成熟的学科，因无数前辈大家，无论从史料细致辨析还是基本观念框架的搭设上，为中国古代史的解释体系的相对自洽与完整奠定了坚实的基础，结果自然是中国古代史定论迭出。而近代史新论频现却定见难寻，至少作为一门学科的研究成果，其范式引领意义相当有限。我这样说，当然不包括那些依托政治意识形态叙事形成的示范结论。这些悖论关系的形成，我想可能出于如下原因：近代史资料驳杂芜蔓，又近代中国迭遭西方人入侵改造，政治与社会风情倏忽即变，故很难如资料相对较少的中国古代史那样从长时段中勾勒出几条确切清晰的线索，构架出相对完整的研读视野。近代和当代史学家往往均处于时势变动不居的摇摆状态中。一些学者自己就是身处乱世的当下敏感人物，故很难超越本身的处境局限对现实状况做通盘精确的考察。

史料的多样化利用与芜蔓杂陈的使用效果，也许并非完全是负面的，至少与许多历史研究新分支的建立密切关联，如新社会史、新文化史、历史人类学的许多观点就基本建立在对新史料的“发现”基础之上。当然这种发现与社会科学的进展主题往往相互呼应衔接，比如从法国大革命史研究派生出来的“新文化史”，即注意从革命期间的象征物如旗帜、画像、服饰、谣言、文学作品等政治史忽略的边缘史料的内涵入手进行分析。结合西方层出不穷的社会理论，对若干新发现的史料进行剪裁研析，较易铺陈成篇，故新型研究方向对史料多采取“发现”珍稀私有一途自然有其道理。因思想史研究多聚焦于历史转折期的重要人物，除个别的私人史料偶有公布外，其资料经多年积累几乎穷搜殆尽，单靠“发现”似已很难有所创获。实际上这也成了思想史被边缘化的理由，或已构成研究突破的瓶颈，似乎这些近代史上大人物的经历和思想已题无剩义，再没有什么开掘的价值。

其实思想史的没落不仅在于精英人物史料的发现瓶颈难以突破，更是因为即使受到社会科学的密集训练也并不意味着就一定具备良好的历史感悟能力。有时可能情况会恰恰相反，过于训练有素的西学方法有可能会抵消中国学者的人文敏感度。思想史探索之难可能还与如下因素有关，一是思想史感觉的培养和对时事洞察的阅历需要一定时间的积累，二三十岁的年纪很难拥有深厚的涵养和感悟能力。二是思想史是最敏感的领域，极易率先被一些先入为主的政治逻辑所固化和占领。在这种情况制约下，即使有新史料的发现，也极易被强行纳入常规政治概念刻板运行的轨道。

因此，思想史研究渐趋萧条的症结并不在于资料拓展和发现的程度无法和新领域相提并论，而在于缺乏见识的超卓以引领对既有史料的重新“发明”。记得黄侃先生曾说过，史料的“发明”比“发现”更加重要，故他鼓励对常用“文本”史料的解读和分析。我的理解是，史料的发现是一个无限扩大的过程，如以此为标准判断史学价值的高低，则无异于鼓励反复追逐史料类型的多样与囤积数量的多寡，反而忽略了史识能力的涵养和对敏锐感知能力的敬畏。其结果是史学界变成了匠气十足的庸人寄居之所。

简言之，目前史学研究的最大症结并非在于甄别史料一定要划清“田野”或“文本”之别，“发现”与“发明”史料的方法之间并不存在孰优孰劣之分。例如，中国社会史的田野调查吸收了人类学的方法旨趣，又因中国幅员广大，具备了南北差异的特点，故其对地方田野的调查带有相当明显的“在地化”色彩，即相对注重运用家乡身份的感知力去建构基层社会的解释框架。他们的多年尝试丰富了对中国区域历史乃至基层社会形态的认识。同时，我们也应不断探索在其他领域磨砺历史解释敏感度的方式。

三、“化约论”还是“语境论”

近四十年来，大量概念和方法呈雪崩之势不断撞击着史学家的心灵。面对纷然杂陈的理论世界，他们始终处于饥不择食无从选择的焦灼状态，似乎只有在一波波理论的冲击下被动接受其中某一派观点，才能不为时潮所弃。中国历史学家为了摆脱政治意识形态的束缚，往往喜欢更加过激地笼统采取趋新策略，大量社会理论的名词被搬用到了中国历史进程的解释之中。可是谁也没有料到，以"现代化"替代"革命"正当性的历史叙述，同样容易陷入"目的论"的泥沼，即无论是"革命"还是"现代化"的过程和目标，均是论证中国历史如何接受西方普遍原则规训这个无可逃避的终极命运。甚至"革命"和"现代化"犹如硬币之两面，有相辅相成之作用。我将其统称为"化约论"的叙述策略。

面对被西方理论绑架而纷纷跌入万劫不复之深渊的窘境，另外一批历史学者提出一种我称为"语境论"的解救模式，用来消解对抗"化约论"的暴力规训和话语霸权。"语境论"更多强调历史人物面对当时复杂境遇做出历史选择的合理性，以挑战所谓"后世之师"式的主观论断历史的方式。"同情性地理解"或"了解之同情"这句话渐成时髦用语，其实强调的仍是历史语境对当事人的制约和塑造作用，以谨防当代研究者过多介入后形成非历史的论断。有人则说，中国近代历史因为材料太多，故应采取"顺放电影"而不是"倒放电影"的办法，说的也是相似的意思。

"语境论"对"化约论"的制衡作用相当明显，从学术史的角度而言，一些对传统人文习气深具敏感嗅觉的学者渐渐升格为尊贵的学界偶像，如章太炎、陈寅恪、钱穆等人。而社会史的崛起打破的是传统经济史对宏观政治史走向的规范作用，从区域单位的微观角度重现历史的本然状态。这些取向均有削弱“目的论”式史学解释的明显效果。然而，“语境论”对历史的同情性解读固然比“化约论”式的解释要复杂许多，但却从另外的角度把历史图像做了简单化处理。我们仅以“道统论”和士阶层的历史演变为例，对此做一概要分析。

“道统”作为一种思想谱系，在中国历史上确实存在并曾经发挥过重要作用，这点早已毋庸置疑。但如果把“道统”和士阶层的演变关联起来加以理解，难免出现歧义。因为以往的士研究总是强调他们一旦拥有“道统”，也就拥有了对抗王权的资本，具体而论，就是拥有了“内在超越”王权势力的资格。“内在超越说”有一个假设，认为中国没有真正意义上的宗教，因此无法借助上帝的外来力量超越自身的肉体，形成敬畏性的精神世界，只能依靠内在的道德修炼达致内心的自我完善。从历史上看，真正能抵御王权控制而超升于世俗境界之上的士人可谓绝无仅有。士的得志与失势大多取决于和王权瓜分现实权力和利益的多寡程度，士屈从于功利目的的暂时性可能恰恰因为并不存在足以制约王权的精神资源，“超越”也就无从谈起。中国最具所谓“超越性”的历史时期是北宋王安石时代，那也是因为只有在这个特殊历史时期才能讨论士角色的相对自由度问题。士之“超越”限度最终仍取决于王权到底想给予士人言行以多大范围的自由。如果按此标准衡量，明末士人讲学游走的自由程度因为太受王权乃至上层官僚喜怒好恶情绪的左右而显得起伏不定，更是仅具象征意义。没有任何证据证明士人曾具有超越王权控制的实际能力。“语境论”依托于“道统”传承源流的梳理，给我们营造出了黑暗政治世界之外一个清纯无比的理想境地，让人无限神往，但其到底清澈几许着实令人起疑。

从重建知识分子精神家园的角度把士的角色理想化，是情有可原的。但如果把“内在超越说”从一种思想状态的假设误当作一种历史真相，并刻意将它合理化，总是以之作为讨论问题的基础，容易把一部不乏黑暗压抑的中国历史画面涂抹上太过庄重艳丽的油彩，做出太过乐观的解读，恐怕同样难以让人接受。因为历史的真实有可能是：士作为文化精神的承担者和传播者，从明清以来不断趋于萎缩气短，日益丧失了其独立的精神品格。我们常常看到的是这样一幅画面：“道统”不但越来越难以制衡王权的力量，而且也越来越难以成为“士”和“知识分子”真正的精神底蕴和行为基石。

更悲观的一种现状是，随着朝代更迭，知识人的精神境界呈现出难以阻挡的下降趋势。自清初以来，中国知识人对王权的招安规训难以招架，几乎没有什么可炫耀于世的业绩。“道统”不断遗失、变形，残存的那点遗训遗规经过康乾时期几被剿灭无余，或扭曲湮没乏善可陈。对那些残存的士人对“道”之持守的怀恋变成了我们追寻那段历史的一个最为浅近的理由。说明真正“道”的缺失才是清末民初时代的主体特征，否则就不会有鲁迅那样空谷回响般的激愤言辞了。也许有人会讥讽说，这说法貌似有点耸人听闻，不过是另一种强调政治强暴之支配能量的“化约论”说法。

我的辩解是，正因为“语境论”给我们提供了一个令人难以置信的“士”之清冷高绝性格的理想画面，而且是刻意回避“化约论”弊端后的选择，却并不意味着中国历史一定按一种可以完全超越政治规则的路径顺利向前发展。如果一味强调士精神道德之纯正一面，反而会使我们失去从现场语境感受中国真实历史的能力。我这么说，并非要回归“化约论”的立场和态度，相反，我们应该彻底打破这种二元对立的思维状态。下面我想举一个具体的研究例子予以说明。

章学诚在清初思想界的重要性，在于他并不从属于乾隆时期的主流考据学派，亦不属于理学残余的分支，而是独标自己之学问为“经世史学”。其以史学对抗经学的架势颇有传承“道”之余脉的气质。以往的史学界也多从“道”之持守延续者的角度观察章学诚的思想，往往不是强调其与“义理之学”的差异，就是疏解其史学对“道”的彰显作用。甚至有学者把章学诚放在世界思想家的地位予以观照和评价。如章学诚研究者倪德卫就说，中国思想家往往强调直觉和实践的作用，所以其思想很难构成一套完整的体系，章学诚却是个例外。仿佛章学诚的思想具有能够完全超越王权支配的纯粹独立意义。

从这个角度观察，章学诚无疑可以被视为延绵长久之“道统”的宣示者。可惜他们却没有看到，“经学即史学”实际上还有另外一层深意，那就是“史学”对“经学”权威的削弱，特别是章学诚对“回向三代”的诉求，其实恰恰消解了唐宋以来士人阶层所建立的“道”的超越性，而把它降低到了相对世俗的层面。章学诚抬举周公的同时贬低孔子，其有意无意间解构了自唐代韩愈到宋代以后构建出的一系精神传统。更为明显的是，史学经世的思想与乾隆皇帝所设计的“大一统”控制策略有暗合呼应的迹象。比如，章学诚对方志修纂的一系列看法，均是在“以吏为师”的框架下实施的，其把方志作为吏胥之职能的看法完全是基于一种对“大一统”意识形态的全新理解和自觉贯彻，这与清初遗民士人对“道”之蕴意的解读已有相当大的不同。这听起来似乎有些令人沮丧和不安，不过从接近历史本相的角度而言，这个事实虽显残酷却更贴近真实。我的意思是，“语境论”在彰显“道”之尊严和伟大的同时，亦不应把“道”的存在完全超拔出历史的真实环境，置其于一种纯净不变的理想状态，而是须直面政治暴力支配的严酷，以及士之难以坚守时所表露的合谋态度与行为。

士阶层操守与“道统”的消解当然与政治规训技术日

臻强化有直接密切的关系。从宋代到清代，士人对“道”的持守状态确曾表现出一种直线下滑的轨迹。如果说明代士阶层还有维系道统遗存的自信的话，清代对“道统”的剿杀已经相当决绝彻底，这就是人们为什么总是把宋代与明末作为自己怀旧对象的缘故。如果把这种怀旧的情绪错误理会成“道统”在今天仍有延续的表现，那就是犯了时代错置的误会。还有一种为清代人辩护的说法是，清代人虽不具“道统”血脉延续者之身份，却从考据学中显露出了接轨近代科学精神的先兆。任公、胡适均持此观点。甚至有的学者从新文化史的角度修正清代学人缺乏思想的陈旧判断。如有人指出，江南印刷业和藏书楼的兴起使得当地学者具有更加职业化和专门化的读书人气质，那恰是其区别于以往朝代的特色。其实这还只是问题的一个方面，如果坚持辨析清代人的思想成分，特别是以“道统”持守的指标加以衡量的话，我们未尝不可以认为，学问的职业化也许正是清朝士林精神日趋萎缩的另一个原因。

我想说的是，士林精神不但不受政治污染还可修正王者施政的缺失与弊端的看法明显高估了“道统”的制约力量。又如过去人们总以为像“经学”这种东西似乎只是士人研习的专利。他们没有意识到，清代帝王早已收拢“治统”“道统”为一身，士林不但无法教化帝王，而且君主自身已形成一系“帝王经学”，对儒家经典的理解也有一套自成一体的逻辑。一旦拥有对经书的解释权，它就会缓慢地消解士林中对"道"的解释权威。如果我们仍一厢情愿地迷信士林对"道"的持守仍具备超然的性质，甚至误认为士人对"道"的崇信具有某种贞洁性，就会离历史的真相越来越远。我们发现，在这样的格局之下，士林的精神结构和身份认同也必须放在制度与思想互动纠葛的状态中才能确认其位置。文化保守主义者往往抱着存亡绝续的悲悯情怀，不断昭显士林精神的执着与伟大，却刻意回避忽略了清朝以后士林精神衰败的历史事实和演变过程。实际上使我们失去了反思自我心灵的机会。近几年，"五四"的意义多被否定，即与那些沉迷怀旧传统的学人对士林世界过度纯净的想象有关。故我以为，对"五四"精神实有重新开掘继承的必要。当年鲁迅在《病后杂谈》中曾揭示清朝士林在文字狱的威慑下如何堕落，说："中国的士大夫，该化的时候，就未必决不化。"更觉气闷的是，"但又知道了有些聪明的士大夫，依然会从血泊里寻出闲适来。"[①]这段文字至今读来仍有强烈的震撼感。

四、一点余论

中国历史学在改革开放这四十年来日益受到西方社会科学的强烈影响，改变了自身解释的格局。不过我们

① 鲁迅：《病后杂谈》，见《鲁迅全集》第六卷，169～170页，北京，人民文学出版社，1998。

仍然没有解决“如何把握和承袭中国历史中所蕴含的人文气质”这个带有根本性的问题。弥漫在历史中的这些人文因素似乎无嗅无味，却又无处不在，会不时影响着我们的思想和行动方式。社会科学的研究方法更多地考虑要尽量和现实问题贴近对话，目的是直接为政治和社会的发展解决一些具体问题，显然那些不那么和现实有关的属于软性的人文东西无法用西方社会科学的框架予以解释定位。西方按照社会科学研究套路已经建立起了对中国历史的全盘想象，牢固地支配着他们的认识取向。即以绘画为例，他们认为，西方绘画中具有以“人物”为中心的传统，与之相反，中国绘画必然被想象成以“自然山水”为中心的风格，“人”在其中显得渺小而无足轻重。但这样的二元对立的分析似乎并不能触及问题的本质。因为人融于山水物质之中，并不意味着“人”本身彻底消失了，只不过是生成了另外一种生存状态，我们对这种生存方式的理解就不能固化在一种思维里面。从更为贴近中国人的心灵世界和情绪状态的角度去把握历史的多样性，更应是我们未来的任务。

对这种“感觉世界”的洞察未尝不可以通过辨析感悟历史当事人经常使用的概念入手。比如，“文—质”这对概念就包含着丰富的历史讯息，是贯穿数千年的一种历史观的反映，我们不能仅仅从一种最表层的含义加以理解。如果用现代语言概括，“文—质”至少包含了以下复杂的含义：对世事变迁的预测、奢靡与勤俭的关系、文体由优美到简约的变化、鼎革时期的生活态度、官僚机构变化的若干原则、族群与地域差异的认同等。当然我这样概括是为了叙述之便，在具体的历史分析中实应从“文—质”本身的意义中去小心翼翼地接近当事人的使用语境，并注意把当事人和现代人的理解细致地剥离开来。

总之，中国历史学在社会科学研究范式的影响下，越来越倾向于运用诸多境外观点去解决当下的现实困境，这些问题意识与许多社会科学领域起源地的问题意识往往相互重叠。比如中国历史学一度对所谓“中国中心论”很感兴趣，并引为同调，好像从中国内部观察历史的方法是一个令人惊喜的独特发现。实际上，“中国中心论”是美国中国学对以往研究之得失成败做出的一种自我检视，采取的也是西方社会科学进行自我反思的逻辑。如果我们照搬这类模式，往往找不到真正属于我们自身历史演变特色的“人文”表达方式。这种“错把杭州作汴州”的误会早应该受到检讨了。

中国“文化史”研究的结构性缺陷及其克服[①]

一、位置的尴尬

从学科建制的背景观察，中国“文化史”研究的兴起与历史学科的转型无法脱离关系，实际上是史学专门化分科不断细化的产物。中国史学专业的分化重组发生在20世纪80年代末至90年代初，历史学开始脱离原有的学科布局结构。受政治意识形态的制约，传统的历史学分科体系基本是按经济史、政治史和思想史的框架加以安排的，其中根本没有“文化史”的位置。

20世纪90年代以后，一些中国历史学者开始借鉴人类学的方法探索基层社会组织的运行状态，由此开始从“经济史”这门传统学科中分化出“社会史”这支偏军。之所以说是偏军，一是中国的基层“社会史”研究大多是

---

① 本文原载于《中华读书报》，2010－04－23。

由出生于福建、广东地区的学者发起的，他们之后求学与研究的区域也基本与上述区域的位置相互叠合。由于身处相对边缘的地带，故他们的研究身份具有鲜明的“在地化”特征。二是“社会史”研究基本队伍中的相当一部分人是从拥有区域经济史训练背景的学者中分化出来的，故其研究方法又具有鲜明的“区域社会史”研究特征。当“社会史”从历史学科的传统布局中脱颖而出并呈蔚然大观的发展之势以后，由于其强势的崛起和扩张，使得中国“社会史”的研究主题和范围几乎可以等同于“区域社会史”。“社会史”的兴起改变了传统史学始终服务于政治意识形态构造的基本格局，特别是改变了“政治史”研究主要服务于论述政权合法性建立与巩固的叙述风格，同时也使得以“整体史”解释为本位的史学理念遭到强大冲击。特别是针对传统史学只关注上层精英和制度变迁的研究取向，“区域社会史”旗帜鲜明地提出了眼光向下的治学主张。

广义上讲，“文化史”研究的兴起也可视为对“区域史研究”理念的附和，因为两者都反复强调从下层民众的角度重构日常生活的历史场景。从某种意义上说，“文化史”长期以来仅是“社会史”的附属领域而已。最初，“文化史”研究是以脱离传统“思想史”研究取向作为自身“造反”的出发点。他们认为，“思想史”仅刻意注目于那些著名人物的思想意识，却没有充分注意社会层面“文化”多元遗迹所表现出的活力，诸如服饰、绘画、生活用具，乃至嗅觉和身体感受。“思想史”和“政治史”一样，都过多地把目光集中在上层。“文化史”力求克服“思想史”视野的狭隘和限制，把触角伸向更加有趣的人类活动的各个方面。“文化史”强调走下层路线的观点，与“社会史”的革新动向是完全一致的。

从学科建制的角度观察，“社会史”研究旗帜鲜明地借鉴人类学方法，以“历史人类学”的理论为依托建立自己的解释框架，并通过参与教育部重点研究基地的形式为自己赢得了在体制内进行学科建设的合法性，由此开始大力获取体制内资源的支持，渐渐从边缘步入主流。具体来说，“社会史”研究通过引入人类学观察方法，把某个区域的宗族、庙宇或社会组织作为观察对象，其背后的深层动机并非是对西方理论和概念的简单搬用，而是企图回应自20世纪90年代以来开始兴起的南方宗族复兴运动和庙宇祭祀风潮等独特的现实现象，并力求从区域历史演变中获得解释。

同时，“社会史”研究的崛起也有中国本土自身的传承谱系可以依托。比如，社会人类学中的“士绅理论”始终是“社会史”研究者所借助的最有力分析工具之一。“士绅理论”并非是西方人类学脉络中的“西式”产品，20世纪30年代以来，以吴文藻和费孝通为代表的人类学“中国学派”对之即有深刻的阐扬。因此“社会史”对此一传统的继承，在学科建制资源的分配中，具有毋容置疑的合法性。

但“文化史”研究就没有那么幸运了。“文化史”在中国史学建制系统中的定位始终是模糊的。它既没有如“社会史”那样，从“区域经济史”向“区域社会史”转型过程中借助人类学理论和实践而成功地获得瞩目，也缺乏社会人类学“中国学派”隐隐遗留给“社会史”研究的历史正当性。因此，它想“造”旧体制的“反”，只能依靠在“社会史”这棵大树底下获得一些有限的庇荫而已。甚至常常还得以“社会文化史”这样的尴尬表述来获取自己的基本生存空间。

二、方法论的尴尬

如上所述，中国“文化史”研究并不具备“社会史”那样可资继承的传统学术谱系，也没有像“历史人类学”这般系统的当代社会科学理论可资借鉴，以促成自身表述的制度化、正当化。当“社会史”名正言顺地沿袭着“士绅理论”开拓的研究脉络向前掘进，并在诸如宗族的作用及其组织角色等方面有所探索和创获时，“文化史”研究则显得左顾右盼，无所适从，不知从何处下手建立自身的新学统。

“文化史”的尴尬状态表现在它始终被夹在“国学”研究和“社会史”研究之间，无法给自己准确定位。“国学”研究的用意是破解旧有“思想史”谱系对传统文化的忽视乃至无理批判。自20世纪80年代以来，“国学”基本上是打着“学术史”复兴的旗号重新获取其正当性的。从表面上看，“学术史”(国学)研究与“社会史”(底层)研究的取向完全不同。一个是重述和再释精英文人学统，梁任公、胡适、傅斯年、陈寅恪等人的思想在多年沉寂之后重新大热即是明证；另一个则强调“眼光向下”，关注的是那些原被精英排斥的所谓底层落后愚昧的“迷信”言行和遗物。实际上，两者有相当一致的交集点，那就是均认为传统思想和背后所支持的相关制度有其合理的成分，通过“传统的再造”和“发明”，都能服务于当代中国的变革。只不过两者关注的层面颇有差异。

“文化史”夹在两者当中自然会显得颇为无奈。当它面对“学术史”时，因“文化史”研究本身就回避过多关注精英历史，以示自己区别于上层“思想史”的姿态，故无法与之苟同对话；当它面对“社会史”时，又在阐释工具方面无法摆脱“社会史”业已传承的历史人类学规范的桎梏与阴影，形成自身的独立品格。最后只能掇拾一些人类学剩余的理论匆忙装备自己。

具体的例子是，中国史学界引入“新文化史”的过程，实际上是对人类学中强调对“象征物”应予以特别关注这一派别的刻意模仿，比如对旗帜、服饰、艺术品、建筑所包含意义的探讨。早在20世纪80年代末，高毅曾撰有《法兰西风格：大革命的政治文化》一书，系统引进美国“新文化史”健将林·亨特的思想。可是迟至20

世纪90年代末，中国史学界才在自己的研究中对此真正有所回应。其迟疑之处即在于，“文化史”研究无法和“社会史”研究的叙述框架做彻底的切割，因为中国“社会史”同样关注宗族、寺庙与日常生活中各种符号作为隐喻的支配作用。只不过，受费孝通先生功能学派解释的影响，大多数学者把注意力放在“民族志”式的基层社会构造的解读上，对底层生活符号和“象征物”的研究没有真正独立出来，形成区别于社会功能分析之外的有效方法。

20世纪90年代以后，中国史学界终于抓住机会，从“物质文化”的解读入手开拓自己的研究空间，特别是以探索“消费文化”为名开拓了“时尚”研究的新路径。这条路径的出现大致是为了回应和间接解读当代中国消费能量以惊人速度膨胀扩展的历史原因，试图阐明其根源在明清两朝已现雏形，从而把“文化史”研究建立在与当代思想沟通对话的基础之上。但问题在于，“消费文化”的研究致力于从比较的角度揭示明清士大夫奢华生活与当代大款的糜烂享受之间存在某种传承和呼应的关系，却没有进一步揭示这种联系对士人和当代知识分子精神世界的影响，没有和“国学”或“学术史”研究形成有效的对话格局。因此，台湾有学者形容此转变为从“经世济民”到“声色犬马”。

另一方面，“物质文化”的研究也没有像“社会史”研究那样为“传统的再造”和复兴提供一种历史的解释，更没有为中国政治转型中文化层面的变化及其意义提供有说服力的说明。“物质文化”的研究还过多弥漫在怀旧感伤的氛围里，孤悬于一种文人式的自我欣赏状态之下。

“文化史”研究重寻出路的另一个路径是，依凭“建构论”的观点重构中国文化图像。如对中华民族祖先和其他符号的解构式阅读，或者是对某一地区文化被“建构”过程的梳理，都力图和以往思想史的“根基论”解释区别开来。但这种解读也有自我消解历史的嫌疑，极易陷入历史虚无论的泥沼。

“建构论”迅速渗透到了中国“社会史”和“文化史”的研究中，开始改变原有的学科布局。比如“性别研究”和“医疗史研究”的兴起，即是对国内风靡一时的“现代性”反思与批判风潮的协应。但细观中国史学界对“后现代”理论的接受史，我们会发现，凡是通过现代性批判进入历史语境的“文化史”研究著作，几乎都带有一种美化古代历史的倾向，似乎以前的一切都是那样美好，现代社会政治展现出的龌龊丑陋之一面恰好可以映衬出古代生活的优雅浪漫，与消费主义文化研究那怀旧式的沉吟冥想若合符节，几乎构成了一个等式：“后现代”=“前现代”（古代）。这样的等式完全与西方“后现代”从“现代”中自我引申出来的批判风格大异其趣。面对这个荒诞的等式，我只能说，在未来的“文化史”实践中，“根基论”与“建构论”必须有机地融合起来，才能找到出路。

除“后现代”理论外，“后殖民”理论也对中国“文化史”研究产生了一定影响。比如注重对“跨文化”语境的探索，特别关注各种“边界”状态下的历史纠结所发生的作用。但对“跨”语境的重视一旦走向极端，学者就往往会忽视“跨”与“被跨”文化内部历史特性的把握，并有可能做出错误判断。

“文化史”研究中的相当一部分论著是打着“阅读史”旗号出现的，为此也涌现出了大量与阅读行为相关的历史资料。但国内的研究仍对阅读者心理、动机和阅读目的以及制约阅读取向的历史语境等层面缺少分析力度，似乎仍处于资料整理辨析的阶段。当然，这与中国缺乏有分量的能折射阅读群体精神世界的材料有关。故“阅读史”往往通过对“印刷文化”等课题的探讨展现出来，实际上变相成为“物质文化”研究的一个分支，无法独立构成一个规范性的研究派别。

三、“文化史”研究的自我拯救

这里所说的“拯救”大体包含两层意思：一是“文化史”研究如何获得学科建制内的合理位置；二是“文化史”如何在史学大潮的革新中真正能够从方法论的意义上获取自己的主体身份，而不是总处于某个学科的附庸地位。当然，前者的实现应以后者的完善为前提条件。

我认为，“文化史”要走出“孤悬”的困境，必须要在问题意识上与社会史，特别是政治史建立起真正的横向联合。而不仅仅是在方法论方面一味模仿西方“新文化史”的解读路径，在形式上追求所谓“独立”。比如，国内兴起的“概念史”研究就更注意国内社会语境的制约作用，而不是一味寻求“概念”本身作为语言的演变轨迹。《新史学》第三卷中的多篇文章在这方面做出了尝试。更为重要的是，“文化史”研究者应该形成一个共识，“文化”归根结底是“政治”的一种表述，应该与中国历史变迁中的复杂政治过程构成相互说明和印证的关系，而不是仅仅表现成和“政治”相脱离的独吟浅唱。当然，我这里所说的“联合”并非主张要简单地回到某种政治史的叙述轨道上去，或者与某种传统“决定论”式的政治史命题重新实现妥协共处，而是借助“文化史”的认知方法，争取对中国历史上存在的重大问题做出崭新的解释。

“文化史”与“政治史”联姻的路向早已通过“政治文化”的研究取径表现了出来。在古代史研究方面，余英时的著作《朱熹的历史世界：宋代士大夫政治文化的研究》可称典范。但中国近代一直面临如此复杂的政治变动，目前却尚未出现力作来阐明“文化”在什么样的意义上促成了近代政治格局的变化。国外有关近代中国“政治文化”的论著中，费约翰所著的《唤醒中国：国民革命中的政治、文化与阶级》对此做出了崭新尝试。我们应该将其作为一个重要的路标予以重视。

“文化史”研究受到国外“新文化史”典范的影响，越来越细腻地把触角伸向了日常生活的各个方面，细致到了如何观察“身体”与“感觉”之间的复杂关系。前不久，我收到一本名为《体物入微》的论著。书内的文章直接涉及“物”与“身体感”的研究，不但揭示出近代中国人肮脏感的产生或者在馨香祷祝中香气的仪式力量，而且开始尝试从食物味觉中感知身体的变化。这些都有助于我们理解“文化”的具体表现形态。但研究做得越精致，就越应该避免出现过度“碎片化”的倾向。因为现如今，“香水”和“眼泪”这样的微小题材都能写出大部头的“文化史”。如果我们大谈特谈的所谓“文化”不能与一些重大的政治历史进程重新建立起新的关联性，其结果只能是日益走向狭隘和自闭。

“新史学”十五年的一点省思[①]

不久前[②]在南京落幕的《新史学》集刊创刊十周年研讨会被舆论戏称为史学界的“春晚”。虽知是坊间戏言不必当真，私下权当同人关爱鼓励之语，聊以自勉，可细酌起来两者实难相互比拟。“春晚”披上的是全民过节狂欢的华服，营造家和事兴之象，毕竟底色衬托国家意志，主题面面俱到，教化意味浓烈。《新史学》自边缘起步，论者出语锋锐尖利，倡言新知，不免忤逆旧论、招人侧目，虽不肯久居史学界边陲，至今是否融入主流尚且存疑。一路磕磕绊绊走来，回望经年努力之成败得失，值得认真反思检视。姑妄言之，不妨把这些年的办刊实验概括为两个“模糊”和一个“效应”。两个“模糊”是“新”与“旧”之间界线日益模糊，“世界化”与“本土化”的隔篱不断拆除。一个“效应”是《新史学》编纂体系犹如八爪鱼般荟萃散播信息，目的是集群体之力，以防

---

① 本文原载于《读书》，2018(01)。

② 2017年9月24日。——编者注

个人视界自限狭拘。

一、跨越“新”与“旧”的边界

近世以来，国人逐渐沾染上了不断崇拜新事新物的习惯，变革与求新的愿望常常相伴而生。此心理源于屡遭外人欺辱做出的本能反应，本无可厚非，关键若以趋新为名拼命舍旧，甚而弃之如敝屣，则极易养成崇洋不化的痼疾。“新”与“旧”相对峙，不时要相互转化，才保有生机，没必要演成死活对杀的僵硬棋局，国人明白这个道理经历了颇为漫长的岁月。2002 年，正逢梁任公先生发表《新史学》一百周年，九个学科的学者聚集北京香山，召开“中国需要什么样的新史学”研讨会以示纪念。会议之本意是要用更加密集的“趋新”言论去突破渐显落伍的进化史观。会前特请书法家张志和先生手书任公名句“历史者，叙述人群进化之现象而求得其公理公例者也”悬于正厅门口，就是想将此句作为议论鹄的，带有边继承边检讨的双重深意。

任公当年发明两大史观引领史学界，铸成趋新典范。

一是把史学当作培养“国民意识”的工具，讥讽国人只有家庭之念无国家认同之感，倡言以小我服从民族自立之大我。这是近代民族主义迅速崛起的嚆矢。只不过一旦“国民意识”塑造定型，难免压抑个人自由权利的张扬。特别是国家为动员民众，把民族主义编织成符合特定政治目标的耀眼旗帜。这面旗帜时常被反复高举，在凝聚民心民力的同时，极易造就盲目自恋与自卑的双重心态。

二是任公首倡研史目的乃是寻找人类历史发展之"公理公例"，这是进化论逻辑的别样表达。"公理公例"后来被频繁置换成"必然性""历史规律""阶级对抗"等术语，移植到各类历史教科书中，成为历史命定论信条的标准表述。任公晚年对此似有醒悟和反省，故多以"缘""业"等中国古典辞藻注释历史演变之势，借以矫正宿命武断的直线进化观点，从崇"新"论调开始向习古风尚迁移，至此"新"言"旧"论之间才逐渐化解开殊死争斗的纽结。

2002 年香山会议的主旨是想通过援引西方社会科学活水浇灌中国史学界之叛逆新蕾，剪除旧史残留的枯枝败叶。如今看来，这正是缺乏自信的表现，流露出难以自我救赎的焦躁情绪，与任公饥不择食吸纳西学精髓的迫切心理不谋而合。与晚清相比，2002 年的中国的情况已大有不同，正面临后现代理论乘势崛起蔚然成风的时刻。于此时再大谈"公例公理"显然太属老套。可见"趋新"的主调大体未变，只不过在恋"新"之人眼里，西化的内容日益丰满，"趋新"的前景更加绚烂。任公作为当年史学界革命宗师，一时成为今天的众矢之的，恰在于他老人家已不够"时尚"。香山会议遂以纪念为由，不自量力地担负起了批判半旧半新之中国史学的责任。现在看起来，当年九大学科学者荟萃一堂的设局难免有些刻意而为，话题多集中在社会科学入史的可能及其局限等问题的讨论上。不但任公的“进化”史观已属“旧”路，那些与西学新知无缘的所谓“旧”史学更是被悬置起来，冷落在了一边。

会议接近尾声，倒是有一个“旧”史学的李零先生跑出来讲了一段似乎与“新”全不搭调的话。他调侃说自己就是个捡垃圾的，因为考古学就是要把别人丢弃的东西重新再捡回来发现它的价值。他说理论就像敲门砖，敲完门就要丢掉，不像有些古董当年被埋掉了，再挖出来就成了宝贝。比如人类学方法的移植，如果新之又新，也就不称其为“新”了，反而成为“旧”的了。“新史学”弄不好成了“新新人类史学”。他举苏东坡的话说“自其变者而观之，则天地曾不能以一瞬”。这是从“新”的心态入手，反之“自其不变而观之”，“则物与我皆无尽也”。今人讲近代学术史经常碰到的窘境是，新学里面有旧学，旧学里面也有新学，其实是新学不新，旧学不旧，新旧的看法一下子变得复杂起来。故王国维先生说得对，学问应不分古今中外才是，否则“新”就变成了专门制造学界对立的一个字眼。

对比起来，2002 年的香山会议，大家的眼光还是紧盯着“新”的一面趋之若鹜。日本建筑师伊东丰雄说过，近代主义思想即是一种将我与他人、内与外明确加以区分的思想，这个明快直接的观念为科学技术的发展做出了巨大贡献，代价是忽略了无法加以区分的灰色领域。伊东认为，日本传统建筑空间和人际关系就有不明确的模糊特点，只有把握这些特点才能保留文化的多元性。中国的情况何尝不是如此。令人欣慰的是，十五年后的南京会议风向渐转，已有不少人开始花费更多精力去探寻“旧”事、“旧”物、“旧”观点的价值。罗志田在观察梁漱溟对东方失语困局的认识时，就发现解释系统转换后，文化表述会呈现出失语状态。他引述李文森的观点说，中西冲突大致分为两类，即“词汇转变”和“语言转变”。中国近代思想界不是移用西方个别词汇对传统历史观进行修修补补，而是全面照搬内里的思维套路，基本上属“语言转变”这一级，在依赖西学上早已病入膏肓。我曾听有人讥损说，我们只有根据什么东西不是中国的才能辨识什么才是中国的。文化无法自我表达变成了中国人持续的深层焦虑，一味趋新也许只能加重失语的病情。十五年来，中国史学界为摆脱如上焦虑状态曾尝试过以下几个变革思路。

一是“事实重建”。这条路容易被误解为乾嘉学派再现江湖，只知埋头具体细节的复原，徒劳地寻找所谓历史“客观性”。在我看来，“事实重建”派恰恰是捡回了主流史学有意无意丢弃或遮蔽的那一部分史实，重新赋予其应有的位置，不但不显“客观”，反而蕴含有另一种强烈的主观意图在内，是典型的“后现代”取向，只不过他们不便明说而已。这与李零于十五年前所讲考古学的“捡垃圾”之意颇为近之。

二是在估测旧观念的价值时，尽量剔除所谓“后见之明”。这无疑已是常识，可是我们好像觉得不把古人观点简单粗暴地当作批判解剖对象就已经对它们礼遇有加了，仍然隐隐抱着一种居高临下的施舍心理。没有认识到，古人的历史观并非如封存在博物馆展柜里的化石，只能隔窗观望，实与今人的鲜活境遇密切相关，甚至可以替代通行的进化轨则，直接作为获取历史教训的依据。自陈寅恪先生提倡对古人应具“理解之同情”，观察立场尽量与之保持同一境界后，史学界基本不会再有人自诩比古人高明而对其言行妄加非议。明显的例子是当年评价革命党与立宪派互斗，经常还会读到嘲笑任公为阻挡革命的“跳梁小丑”或“野心家”之类的轻薄言论。革命党形象则很像老电影中的脸谱化人物，一律拔高成舍己为公、义薄云天的大英雄。现今若有谁再这样臧否人物肯定会被笑为无知，说明世人虽未必真有资格有能力与历史上的各色人等站在同一境界之上，却已多少能体会他们面临人生抉择时的不易。不过史学界似不应仅仅止步于揣摩古人心境，好像古人行事与己无关，自己仍有资格权充一位旁观式的高明品评者。须意识到“古”未必劣于“今”，“今”未必胜于“古”，特别是在文化传承方面不但不应鄙薄古人，更要对其应对时势之委婉心曲抱持相当敬意，才有可能准确发掘经典内涵以为现实参照。

近年“概念史”研究热度不减，成果迭出。“概念史”表面上标榜“趋新”，力求与传统思想史学术史划清界限，但骨子里仍坚持紧贴古典或近代文本发言，阅读材料和细致勾画史境原委的意图实则偏于“趋旧”。最直接的例子是黄兴涛所撰的《重塑中华》一书，书中大篇幅叙述“中华民族”概念的源起流变。“中华民族”看上去纯粹是个近代概念，不管最初发明者是谁，都与塑造现代“国家”观念的意图密不可分，与中国古典思想难以搭上瓜葛。“中华民族”的基本要义是要摒弃种族区隔，尝试在同一个空间内容纳、共享多民族的文化资源，以此为基础组成一个政治共同体。这个思路表面上阐述的是一个现代观念的形成样态，因为其终极指向仍是“国家”，但在融汇多族群为一体的构想方面传承的完全是古典“大一统”思路。“中华民族”概念是由立宪党人提出的。他们是清末君主立宪的首倡者，故从“大一统”思路出发阐释维系中华统一之局理所应当，也似乎更为“趋旧”。然而，如果站在现代“国家”的立场观察，从中华民国到中华人民共和国，无论是疆域规划还是民族兼容政策的制订均大体继承了清代“大一统”的治理方案。因此，“中华民族”的提法又可谓“旧”中蕴“新”。

与之相对立的革命党，在发动反清运动之初，谨守“夷夏之辩”的宗旨，大谈“反满兴汉”的种族纯化论。其建立民主国家的革命动机可谓全新，使用的论辩工具却多属旧论，一点也没有什么新意，无外乎“非我族类，其心必异”之类的老套说辞。可是他们对种族关系的认知却又与现代西方国家的族群理论颇为近似。西方人种学在研判一个文明体的组成模式时，往往一律认定，由于对血缘和人种的自我认同意愿过于强烈，族群之间的边界设定必然是清晰严格、不可混淆的，这才是酝酿政治冲突的最终根源。他们把这个判断直接移用到中国历史的认识之中，却没有看到中国内部延绵长久的所谓“夷夏之辩”不是一个种族观念，而是一个文化概念。夷夏之间虽有族群身份之别，却可以通过文化的相互涵化冲淡彼此的界限。革命党所使用的恰是类似于西方族群理论这一套，故意回避了夷夏相互转换的古义，其论述又特具“趋新”色彩，故而具有强大的煽动力。

由此可知，一种历史认识确曾可能同时包含着“新”与“旧”多个层面，关键是史学家在面对具体语境时，往往喜欢挑取那些更方便作为现实工具加以使用的资源。一个具体例子是，美国“新清史”刻意强调满族人的族裔身份对建立清朝统治的决定性作用，硬是夸大说清朝统治与明朝正统绝了缘、断了线，铸造出新型帝国自成一格。仔细辨析起来，“新清史”之所以“新”，不过就是运用西方族群区隔理论重新破解“大一统”传承谱系的一个尝试。“新清史”强行把满族人与汉族人的文化品性做严格区分，其外貌虽与“夷夏之辩”的旧说相类似，却不理解中国“夷夏之辩”相互转化的深意之所在。故从“理解之同情"出发，有可能意识越"趋旧"，对中国历史的了解程度就越深。相反，越忙着表面热闹地"趋新"，对中国历史的感悟能力却相应变得越低。

又如晚清学人喜谈"统"的构造和延续。康有为就大谈"通三统"。"三统"旧说追慕的是远古"三代"，貌似也是一种退化论式的提法，好像时代越古世道越精彩，这是明显"趋旧"的思路。然而到了康有为手里，"三统"居然倒转过来，融入了"进化"的意思。"三统"不是往后看，而是指向未来的"大同"之境。在古人眼里，"大同"是对过往世界的想象。在康有为的预想中，"大同"却是连先进的西方民主国家一时都难以企及的未来幻想世界。你说，康有为是"守旧"还是"维新"？结论不言自明。

二、消弭"本土化"与"世界化"的二元对立

十五年来，为了应对西化浪潮的侵袭，中国学界发明了一个词叫"本土化"，专门用来抗衡无孔不入的"世界化"或"全球化"。多年讨论下来，对"本土化"的定义似仍未达成共识，只是笼统地认定要尽量少用西方理论，发展自身的认知能力。实际上，虚拟出的所谓"本土"与"世界"的对立本来就难以准确界定。经过百年淘洗激荡，很难说学界使用的哪个名词就是纯粹"本土"的，哪个名词一定就是纯粹"世界"或"全球"的。把两

者判然二分也有把“世界”机械地等同于“西方”的嫌疑。近些年流行一种说法叫“早期近代论”，这是美国中国学者特别喜欢使用的一个标签，大意是指中国历史内部绝非以往“冲击—回应说”所断定的那般僵化停滞，而是早已蕴育着类似西方那样的“近代化”因素，只是这些近代因素出于某种原因未被发现和调动出来而已。不可否认，这些学者怀着对中国的美好感情，竭力辨识中国历史上具有不亚于西方的进步动力与发展潜质。这也是中国学界最喜欢听到的一种论调，正可通过外国学者之口进行自我麻醉，借以克服多年紧跟西方形成的自卑感。但“早期近代化”的提法显然仍立足于对“近代”因素的寻觅，并以之证明中国历史演化机制具有自我修复和再生能力，所谓“近代”的提法是一种“西式”发明，中国只是被动接受的一方。论证中国早有此要素，顶多为中国学界在西方人面前挣回一点面子和自尊心，却难以深谙中国思想本身内存的语法规则。正如有些学者坚持不懈地幻想中国曾经出现过“科学”“民主”一样，结果多半只能徒劳无功。

把“本土化”与“世界化”做截然二分的处理，容易重新把自己固封在自我陶醉的情境之中，好像只要执拗地寻找出足够丰富的内发衍生型文化要素，就有了对抗西方的本钱，或者意淫式地想象中国文化就是西方的未来。我以为，与其执意标榜“本土化”，不如通过对历史过程的细致描述积累更多微妙的观察经验。任何理论只具有对个别经验的凝聚和提炼作用，它可以防止经验被缺乏节制地滥用而流于琐碎化，却无法普遍通用。理论提炼的成功与否首先取决于局部经验是否勾勒得足够丰满细腻，也包括研究者选择题材对象时是否具备足够的洞察力。

以“华南研究”为例。从表面上看，“华南研究”一开始就给自己贴上了鲜明的地域标签，很像是刻意经由某个局部单位的深描，寻找一种特别“本土化”的研究经验。对宗族、户籍、沙田、祭祀等特殊地域标识的辨析，目的是寻求一种纯粹“地方性”的意义，以便和“世界化”的普遍性解释相对抗。实际上，“华南研究”的真正目标不是对局部历史表象的彰显，而是要寻找历史演变的贯通性法则。比如，对民间祭祀系统到底是遵循“正统化”“标准化”还是“地方多样性”规则的争论，就昭示出地方社会与“文化大一统”之间既对立又妥协的微妙关系。无论是对华南本地要素的梳理，还是寻找其中认同中央王朝的迹象都是长期刻画历史细节的艰苦劳作，不是简单标榜“本土化”立场就能天然获得强大的阐释权力。

“华南研究”虽从“地方研究”起步，却已经开始注意与中央一级的“帝王之学”乃至世界体系进行对话。赵世瑜在此次会上提交了一篇文章，其中就以“结构过程”和“礼仪标识”作为“华南研究”的主要方法。大意是地方性研究经过对各种时空要素不断反复加以凝练，最后整理成序。这些要素被“结构”的过程也是地方历史演化图景逐渐清晰表现出来的过程，同时也为地方性因素进入“世界化”格局提供了传输渠道。最突出的例子是丁荷生与郑振满所做的闽南祭祀圈与东南亚贸易网络关系的探查，描绘的完全是一幅中国与东亚乃至世界进行交往的全新图景。所以郑振满有一次做讲演才敢说：这回我要讲一个从泉州出发的世界史故事。这是源自对家乡历史足够熟稔后的自信，同时也消解掉了“本土”与“世界”之间相互对峙产生的紧张感。

再如近年孙江带领的团队对“历史记忆”所展开的研究，同样具有破除“本土”与“世界”对立隔阂的作用。我们过去的历史观太容易陷入强烈的意识形态诉求，最常规的做法就是有目的性地选择某些历史材料，主观圈定其天然具有客观性质，然后据此串联图解出一幅带有终极目标的普遍前景。“历史记忆”研究撕破的就是这类政治神话，揭示在客观性外衣包装压抑之下人情人性如何呈现其多样与歧义，历史的温度经此减压过程被慢慢地触摸感受。从方法论的角度说，无论是“逆推顺述”还是“倒放电影”，都是要克服当代人对历史发生过程嵌入过多无理想象和草率判断，叙述而非阐释的力量通过记忆重构缓缓显现，“动情的历史学”终于有机会登场了。

对文化汉奸与南京大屠杀的再叙述就是个例子。“汉奸”作为一种政治污名，是根据政治审判的普遍逻辑强行设定的，落到谁的头上都会成为原罪。身背“汉奸”

罪名的个人在以前的历史记述中全无自我辩解的可能。可是如果把污名化的“汉奸”角色倒推回当时历史情境发生的起点重新展开叙述，其复杂程度绝不亚于罗生门式的诡异场景。起因在于政权合法性对“汉奸”身份的认定既有很大随机成分，也无法涵盖具体个人经历的多重意义。这说明今人自以为是的正义审判有可能对历史真相或多或少进行了扭曲和删改。有趣的是，对南京大屠杀现场进行抢救性调查的最早倡议者竟然是几位对中国抱有友好感情的日本友人。也就是说，在相当长一段时间内，南京大屠杀在中国人的记忆中基本是缺席的，而唤醒这种记忆的恰恰是原来属于敌方阵营中的友好人士，正可谓你中有我我中有你。这说明，对个人经历的书写和彰显早应纳入历史记录的序列，至少应该寻究其与政治合法性既有叙述的对应关系，这与“事实重建”的趋向异途而同归。经过多种方法的交互借鉴，虽不奢望彻底撼动主流叙事逻辑，却可丰富历史认识的诸多面相。

三、“八爪鱼”效应

十五年前，在香山召开的“中国需要什么样的新史学”会议主要目的是“趋新”。在创新旗帜的感召下，九个学科的优秀学者欣然参与讨论。回顾当日情形，作为会议发起人之一，我心里确实淤积着一种强烈的自卑感，一开始就把中国史学当作一具僵死的木乃伊，心中企求一股外界刺激促使其分解蜕变。在激越求变心理的支配下，诸如以下一些似是而非的念头多多少少影响了会议的导向：中国史学缺乏理论，只具史料收集之责，必须等待西方社会科学理论的输入才能完成自我救赎。当年邀请参会者时曾提出一个原则，那就是无论属于哪个学科的学者，只要处理的是历史资料，均可纳入“新史学”之列。这种貌似包容多元的设想实施效果却是得失参半。一方面，是九大学科的学者讨论起来交锋不断，热闹非凡。尽管各类学者在方法使用上存在不小差异，难以达成共识，毕竟实现了多学科交叉互动的预期目标。另一方面，因近世史包括明清史学者相对而言并不避讳借助社会科学方法处理史料，研究古史的学者则比较喜欢恪守多年形成的治史习惯，很少公开明确表示自己运用社会科学方法治史，故不被视为“趋新”之同道，遂导致古史研究高人完全被排除在会议之外，“新史学”讨论有陷入一小撮人自说自话的危险。

十五年后，南京会议筹备期间最初设计的标题是“中国需要什么样的历史学”，字数完全与香山会议一致，只是改动了一个字。隐去“新”字乃出于两点考虑，一是十五年来中国史学的发展已不必用“新”字刻意标榜，而是更强调“新”“旧”之间如何对应转化。这次会议有意邀约古史研究者参与，不想以“趋新”为名强行划界断限、自陷藩篱。南京会议的与会者包括了从“40后”到“80后”各个年龄段的优秀学者，以展示不同时段不同风格方法对史学现状思考之异同。这样筹划起来，学科交叉互渗的色彩虽被淡化，多元争鸣的样态却并未消失。

当年《新史学》集刊创刊时曾提出各卷邀约专人轮流主编的构想，我将其称为“八爪鱼模式”。“八爪鱼模式”不只是一种编辑刊物的思路，也可扩到新史学运动各项活动的组织过程中，“新史学 & 多元对话系列”丛书的运作即是一个例子。从最初崇拜西方式宏论，一味趋“新”破“旧”，组成小圈子作自闭式讨论，到重审“新”“旧”之别，兼顾平衡理论思辨与叙述手段之间的张力，均体现出所谓“新史学”理念并不在于呼喊的调门有多高，更应如一张灵动的大网，把触角尽量伸向四面八方，或像是一座兼容多种尝试的思维容器，酝酿出启人心智的思想。

重估“大一统”历史观与清代政治史研究的突破[①]

清代政治史研究的一个重要课题是如何看待清朝统治与前朝的区别，也就是说要明晰其统治的特点是什么。一般观点认为，一统中国疆域并实施有效治理是清朝统治最为成功的历史经验。元朝在中国历史上曾经拥有最为广大的领土，可实际治理的有效程度并不高。宋明两朝总为北方“夷狄”侵蚀包围，宋朝在辽金进逼下不断裂土赔金，明朝受到瓦剌人和满族人袭扰，双方关系时常处于战争拉锯状态，致使北方军事分界线不断移动，故都谈不上真正的“一统”。只有清朝把相互对抗摩擦的不同族群整合进了一个幅员辽阔的空间之内，大体实现了共融共处的目标。一些清初帝王如乾隆帝也认为，如果从“朝代间比赛”的角度评估清朝统治的独到之处，那么其超越前代的功绩主要就体现在“一统天下”并实施了有效治理。至于依靠什么力量或采取了什么方法

---

① 本文原载于《清史研究》，2010(2)。

达到了“大一统”的目的，对此应如何评价，历来清史研究者的观点却多有分歧。

比如，钱穆先生就把清朝统治的特点定性为“部族政权”，说其不同于“士人政权”，以区别于明朝和其他汉族王朝。所谓“部族政权”是指其统治权力仅仅掌握在某个文化弱势的族群手里，而相对处于强势文明地位的汉族人难以分享到利益。因此疏离于文明中心的族群一定是私心的，故属于“异族政权”。这个政权采取之一切措施，便不好算是政治制度，而只好算是一种法术，一种控制政权的手段。满洲部族凌驾于汉族读书人之上，是一种部族专制，而非皇帝专制。[①] 在钱穆眼里，清朝对中国疆域的控制虽然宏远辽阔，却始终沾染着野蛮色彩，并不具有正统性。钱穆并没有说明既然是出于“私心”，那么满族人入主中原后为什么能迅速扩张至四方，最终控驭广大的国土和众多生活于其上的民族。显然，这种说法仍习惯于把满族人当作一个迥异于汉族人的特殊群体加以看待，特别是把满族人整体当作汉族士人阶层的对立面予以贬斥。

另一种论点则沿袭了“汉化说”的思路，认为凡是历代属于少数民族统治的族群一旦进入汉族人聚居境内，几乎毫无例外地会被汉族人的文明所同化，其政权统治方式也会移用汉族人遗留下来的治理风格。这些少数民

---

① 钱穆：《中国历代政治之得失》，141～145页，北京，生活·读书·新知三联书店，2001。

族在统治策略的实施上只有“学习”的资格，他们几乎不可能真正拥有独立的政治与文化品格。满族人对中国的统治自然也不例外。其“大一统”的构思不过是《春秋公羊传》中所昭示的儒家经典表述的延续而已。这套说辞与钱穆对清朝政权性质的负面观点十分相似，明显受制于明代中叶以后流行起来的“华夷之辨”思维逻辑，也间接隐约受到晚清革命党人和理论家“反满兴汉”民族主义言说遗留的影响。比如，晚清反满口号中“非我族类，其心必异”的说法，未尝不会以比较学术的方式在史学研究中被变相表述出来。“华夷之辨”基本上把汉族人的文化价值高置于其他族群之上，并以异族吸收汉族文化的程度作为衡量统治合理性的标准。如此论述肯定对近代以来清史研究的叙述模式起到了不小的支配作用。

当然，这种老旧的历史阐释观念近些年开始遭到不断挑战，美国中国学界兴起的“新清史”研究就以强势介入的姿态开启了另一个争论空间。“新清史”认为，清朝统治获得成功并非沿袭明朝等汉族王朝积累下来的历史经验和统治风格，而是更加依赖其“满族特性”，以及在此基础上对不同民族区域政治文化传统的协调与统摄。因此，“大一统”局面的形成并非如“汉化模式”所说是学习汉族王朝统治经验的结果，而恰恰是融汇了不同民族地区习俗而造就的平衡格局，汉族经验只是整体民族格局内的一个平行组成部分，其文化特质对这种局面的形成只起到了部分支撑作用。“新清史”秉承西方古典

“汉学”的研究思路，特别注重汲取其对西域、中亚地区以及西北、东北疆域等地的探索成果。致力于辨析边界地区宗教、语言、民族、文化的冲突和融合问题。在史料的收集与运用上，“新清史”借鉴了西方汉学重视民俗调查与遗址考古发掘的治学一脉，相当关注对满文档案的利用和对满族习俗的考察，并从中寻求非汉族因素在清朝统治风格中所起的作用。

然而在我看来，“新清史”研究者本身仍然难以摆脱西方历史思维模式。他们把清朝对“内亚”地区的拓展和统治比拟为近代西方殖民主义者对东方世界的扩张征服史，同时又把清朝统治框架内的边疆区域如西藏、新疆地区比拟为具有现代独立文化特质的弱势族群聚居地，认为在清朝入主之前这些地区早已存在着属于特定区域的宗教信仰与文化自主内涵，暗示其在当代政治境况下拥有潜在的民族自觉权力。这套以现代西方民族主义兴起的模式比附清朝统治的逻辑，其背后可能自觉或不自觉地隐藏着某种政治意图。按照此思路，“大一统”的整体政治布局被拆解成了不同族群对各自文化的守护与传承，对某个局部传统的认同恰恰是清政府统治维系广大疆域控制的基本条件，而“江南”地区以汉族人为中心所持守的“道统”传承与之相比就显得无足轻重。因为在他们看来，建立在“汉化模式”基础上的“大一统”观，恰恰是消解各民族文化多样性，以推行一元化专制统治的历史根源，是应该被清算和抛弃的。

对清朝“大一统”治理格局进行重新解读的另一种尝试是把“华夏”世界理解为从边缘建构而成的结果。中国台湾学者王明珂就提出了“华夏边缘说”。在他看来，中国历史的演进图式固然存在从中原地区播迁开来再向周边地区辐射的现象，但中原核心文化同时也被边缘地区的少数族群吸收改造，重新被纳入当地的文化系统中，形成地区性的传承脉络。这些脉络中既包容有汉族人历史的遗迹，同时又体现出地方特色，确立了自身不同于汉文化的区域性传统。比如汉族的英雄祖先故事在徙边后，常常被西南民族搬演为自身的血缘凝聚和分化故事，从而使分布于华夏疆域边缘的各个区域性传统如群星般各自闪耀，衍化为自身的源流叙述，这些叙述同时也与内地的历史叙事有着某种潜在的呼应和关联。正是在“华夏”的整体格局下，各民族得以充分展现出自身文化“异”中有“同”，“同”中存“异”的气质，最终勾勒出了中华民族共同体边界的面貌。

从表面上看，“华夏边缘论”的观点貌似一种后现代的“建构论”，意即凡是有关中华民族历史和源流的观点均是近代民族主义知识分子建构的结果。实际上，其主要论点与“建构论”有很大区别。“华夏边缘论”把中华共同体周边族群播迁演变的历程看作一个长期与中原地区融合互动的历史，而非仅是某一个特定时期靠文人想象构建起来的短期行为，或者说中华民族的形成和融合并非是一种简单的话语呈现。这是与后现代论述的着力点完全不同的地方。①

对“大一统”历史观的歧义理解还有一种论点值得注意，那就是20世纪以来兴起的“东亚论”。“东亚论”大致源起于近代的所谓“大亚细亚主义”，主要由一些日本学者提出，其基本论点是不应该以清朝自身设定的“大一统”边界框架来理解中国乃至周边国家的发展历史，更拒绝再把中日关系定性为古典意义上的朝贡关系，而是以“东亚”为范围重构中国与周边国家的历史联系。“东亚论”的出现与日本在近代迅速转变成亚洲先进国家，从而极大地增强了自信力这一现象有关。日本学者借此机会重新评估日本在亚洲历史中的地位，认为清朝以中国作为东亚中心的历史应该重新改写，提倡所谓“华夷变态说”，意思是日本应该取代中国成为东亚的中心。虽然我们不宜直接把“东亚论”与当年“大东亚共荣圈”的侵略理论直接挂钩予以苛评，但“东亚论”提出的背后仍体现出日本急于争夺近代文明中心的焦虑心态。韩国学者近些年也提倡所谓“东亚连带论”，主张把朝鲜历史演变与中国、日本的变革进程连带起来加以认识。同样可以将其看作提高民族自信心和自尊心的一种举措，不妨视其为“东亚论”的延伸表述。如果说“新清史”借助“汉学”思维，力图通过重新诠释“西部”的意义以解构“大一统”历史观的话，那么“东亚论”则企图重

① 参见王明珂：《英雄祖先与弟兄民族：根基历史的文本与情境》，北京，中华书局，2009。

构“东部”历史格局以消解掉“大一统”历史观的解释力。一些中国学者最近提出了“东海论”的观点，即呼吁注意近世以来东亚历史从相对完整的融合状态走向分离的过程。其实也可以看作对“东亚论”的一种回应。[①]

面对以上种种挑战，我以为，国内清代政治史研究要寻求新的突破，就必须首先对“大一统”历史观及其与清朝正统性的建立之间到底有何关联进行重新解释。以往的清代政治史研究基本上把“大一统”历史观理解为对疆域的广泛占有和有效治理，实际上是延续了清朝帝王对开疆拓土之功绩的自我期许。但是在回答“大一统”的政治文化内涵到底应该是什么这个重要问题上，却基本采取的是“汉化模式”，即认为满族人是在有效吸收了汉文化的基础上才获得了统治合法性。在清朝对周边地区少数民族统治策略的评估方面也突出强调其行政治理的逐步渗透过程及随之发生的实际效果。比如，对西藏地区的治理就比较强调驻藏大臣如何逐渐扩大行政权力，最终使得达赖喇嘛只具备宗教的象征意义。

比较而言，“汉化模式”的最大问题是只强调汉文化的同化力量，并突出强制性的行政权力扩张在推行汉化过程中所起到的突出作用，而没有洞悉满族人本身即是以少数民族身份入主中原，其对广大疆域实施有效治理的历史经验不可能仅仅凭借汉化这一种资源就能顺利完

① 参见葛兆光：《从“西域”到“东海”：一个新历史世界的形成，方法及问题》，载《文史哲》，2010(1)。

成，而是必须根据不同地区和族群的特点，对异质于汉族人乃至满族人的多样习性采取包容与吸纳的态度，寻求如何在“大一统”的政治框架下极力促成不同族群拓展出其各自的发展空间。仅就此而言，“新清史”强调清朝统治者对满族人特性的利用倒是对汉化史观多少会起到一点纠偏的作用。

清朝帝王对边疆地区实施治理的时候非常注意如何平衡当地传统习俗与行政干预强度之间的关系，如在新疆和蒙古地区采取符合民众生活习惯的伯克制度和盟旗制度，就是顾及异地文化特征的典型例证。又如对西藏的治理，乾隆帝鉴于驻藏官员在边地任职，多采取因循苟且的观望态度，熬磨到升迁之日就急于脱身，故藏事多操于达赖喇嘛和贵族之手的现象，遂决定委派“干吏”前往，以加强中央对地方政治的行政控制力。尽管如此，乾隆帝仍明确给藏地佛教的发展预留下了足够的空间，比如他在简派驻藏大臣时挑选出的两位能干大员——和琳与松筠——都是藏传佛教的信徒。乾隆帝召见他们时一方面要其谨守中央官员的身份和职责，另一方面也表示他们仍可按黄教的习俗向达赖喇嘛等宗教领袖照行礼拜的仪轨。事后证明，和琳与松筠的信徒身份使得他们对藏地的宗教和文化十分了解，有利于更加因地制宜地制订相应的治理方略，同时他们也是朝廷的驻藏代表，必须有效贯彻清廷在西藏的行政意志。正是由于身兼两种角色，却又把握了适当的行事分寸，和琳与松筠治藏均能不辱使命，既执行了乾隆帝的地方治理意图，又最大限度地护持着藏地免遭过度行政化的侵蚀。事实证明，只有在行政干预与文化尊重两者达致平衡状态时，才会使藏地的发展趋于合理。传统清代政治史研究往往过多强调清朝政策在维护祖国统一中所起的作用，或者单方面突出清朝治理边疆在行政操作方面所表现出的有效性，而较少关注清朝在针对不同地区文化差异时采取了什么样的实际举措。

我认为，过度彰扬清朝“大一统”扩张对边疆地区进行的“同质性”征伐和行政管理方略多么有效，并不利于从更丰富的层面解析清朝历史的复杂性。相反，如果我们不仅把“大一统”简单地理解为对地域四界的扩张或中央政府由上而下对不同少数民族实施单向管理过程，同时也理解为对不同族群文化采取吸收融汇乃至兼容并蓄策略的话，清代政治史研究的格局与深度都将发生重要改变。

当然，分析清朝对不同地区族群实施文化包容政策，并不意味着彻底否定“汉化模式”具有某种合理性，否则我们就无法解释清朝帝王何以会如饥似渴地学习汉文化经典、不少帝王还具有相当高深的儒学修养这个历史现象，也无法解释清朝帝王与官僚在政治行动中对汉族历史经验的高效使用。我们也应该看到，清朝统治者所构造出的“大一统”历史观并非完全照搬前朝汉族士人的文化传统，而是对之进行了刻意改造。比如，对儒家

“道统”的消解，虽然有助于知识界摆脱“华夷之辨”的狭隘陈见，却从另一个角度严重削弱了士人阶层的思想批判能力。“道统”的坍塌造成了士林世界的普遍失语，这绝非罗列几个文字狱的具体事实就能解释清楚，而是关涉着士林阶层整体精神境界的变异和堕落。[①]“大一统”历史观的这一复杂面相也是需要我们加以仔细审思的。

① 参见杨念群：《“道统”的坍塌》，载《读书》，2008(1)。

如何诠释“正统性”是理解清朝历史的关键

——《何处是“江南”?》韩文版序言

中国的清史研究包含许多传统议题，如清朝与明朝宫廷结构与制度的异同、超大疆域的控制与民间治理的得失、满汉关系的持续纠结、人口的爆发式增长与经济发展之间的关系等。持续沉浸于传统议题容易形成路径依赖。比如，有些学者总是喜欢刻板地强调明清两朝的连续性，仅仅把清朝统治的成功经验归结为对明朝体制的再现与模仿。甚至清朝被反复诟病的一些现象，如满汉冲突引起的民族压迫，也被断定为满族人受文明浸淫的程度不够，这是“汉化论”的核心观点。最近几年强势崛起的新清史突出强调清朝与前朝，主要是明朝，制度的差异性。由于清朝是以少数民族身份入主大统，同时又实际控制着有史以来最为广大复杂的多民族共存的疆域空间，这两个条件恰恰都是以往汉族王朝统治所不具备的。故在西方学者眼里，清朝呈现出了一种貌似西方的帝国气象。在我看来，这两个极端论述均有失偏颇，很容易为对方的批评留下口实。

当代一些学者大致沿袭了宋学家们的看法，即以宋、明王朝模式衡量清朝统治之得失，同时以汲取儒家意识形态的深浅程度作为判别文明优劣的唯一标准。他们假设，以汉族人为中心打造完成的儒学系统在中国历史上一直占有无可置疑的垄断地位，其他民族要想入主大统，就必须以汉化为基本前提。然而，最近的研究表明，宋代以前的儒家对基层的控制力是极其薄弱的，它只不过是上层王权争夺统治正当性的工具，并没有在乡村治理层面加以有效运用。至少我们没有足够证据表明在宋代以前儒家对普通老百姓的日常生活起着决定性的影响。朱子撰写《家礼》，率先把儒家礼仪灌注于乡村基层，才得以使普通民众有了接触道德教化的机会。可在此之前，儒学凭借什么样的渠道向下渗透呢？总不能仅靠个别“循吏”心血来潮式的短期推广就遍地开花了吧？也就是说，在宋代以前，并不存在有说服力的儒学制度化普及模式。所以，所谓的“汉化说”只不过是宋人构造出来的一套儒家思想早已遍行世界的想象性话语，对以往的历史解释力是非常有限的。这套自说自话明显高估了儒教统合政治与社会资源的能力，容易堕入文化决定论的窠臼。

我们要知道，“汉化论”背后隐藏着一套令人尴尬的历史逻辑。宋代留给我们的印象总是被北方的辽金政权进逼勒索，军事上屡战屡败，领土日益缩窄。钱锺书先生有个幽默的比喻，他说宋的国势远没有汉唐强大，宋太祖睡的还是卧榻，到了南宋，那张卧榻更从八尺方床收缩而为行军帆布床了。既然“一统”格局终成一梦，宋人自然要加倍努力培植文化优越感，突出主张种族之间的交往不应以武力取胜为准，想借此面对辽金威胁时仍保留心理上的优势。“夷夏之辨”在宋代兴盛，即起因于疆域狭小引起的自卑感，也与宋儒企图用文化优势弥补军事衰败的脆弱心理有关。对此微妙的局势，论者不可不深察明辨。

儒家文化固然在宋明时期以相当稳健的姿态向宫廷和民间进行双向渗透，最终成为主导意识形态。但仅凭源自“夷夏之辨”影响的“汉化论”不足以明了清朝如何获得了统治的正当性，很容易拘囿在对少数民族的妖魔化想象里不能自拔，从而无法理解清朝何以能够实现《春秋公羊传》中预设的“大一统”格局，以及重新构造多民族共融共存局面的真正意义之所在。往远了说，植根于宋人舆论的“汉化论”同样无法解释汉唐王朝形成的历史特点。自古以来，种族身份与文化认同的关系并非始终处于剑拔弩张的对峙状态，而是因时而变。自秦朝一统天下，来自西北的秦人就有混血夷狄的嫌疑，唐人身份杂糅胡汉已几成定论。故陈垣先生在《元西域人华化考》这本著作中谨慎地使用了“华化”而没有沿用“汉化”的表述。我以为是相当明智的选择。

另外一种极端的论述源自新清史。新清史假设清朝是与明朝完全不同的王朝实体，力主沿袭拉铁摩尔“从边疆发现中国”的奇特思路，把清朝的历史看作是“内亚性格”的展示，是一种征服王朝的类型。新清史聚焦于中国是否为“帝国”的讨论，力图把清朝对西北版图的治理与西方的帝国统治特性相接榫，据此联想两种帝国形态的异同，以摆脱对中国传统历史叙述的依赖。比如，他们热衷于考证在欧洲人的眼中，何时中国成了一个“帝国”。在他们看来，13 世纪，虽然马可·波罗已经称元朝为“帝国”，但马可·波罗以契丹(Khitan)Catai 一词指称的帝国，指的是成吉思汗和忽必烈汗的蒙古大帝国(Yeke Mongghol-ulus)，位置在中原北部疆土一带，而不是指中原地区。在马可·波罗的游记中，今天覆盖“中国”一词的地域，在蒙古人的地理概念中，只被称作“蛮子”(Mangi)，也就是前南宋的畛域。

直到 17 世纪中叶，西方仍然仅仅把中国看作是某个“地区”或“王国”而已。17 世纪中叶以后，随着满洲人征服中原，建立大清国，其开国功业明显让欧洲观察者感到其表现出了一种帝国本色。清朝统治聚合了多元种族，在欧洲人眼里，必然与神圣罗马帝国(962—1806)、奥斯曼帝国(1299—1922)、莫卧儿帝国(1526—1857)和俄国罗曼诺夫王朝(1613—1917)等西方帝国相类似。如果日耳曼、莫卧儿、土耳其和俄国能被称为“帝国”，中国理所当然也可被称作“帝国”，它的统治者——皇、帝(或者汗)——自动成为帝国的皇帝。这在

18 世纪以后的欧洲各种语言论述中已达成共识。

正是接续了这一“共识”，新清史学者提出了他们的核心见解，即可否不经质疑地直接将清朝等于中国？难道不该将其视为“满洲帝国”，而中国仅是其之一部分？新清史史学家倾向在“清朝”与“中国”之间划下一条界线，避免仅仅称呼清朝为“中国”，也不仅仅称呼清朝皇帝为中国皇帝。为了论证清朝不是标准意义上的“中国”，新清史在清朝的制度运作里努力寻找其区别于明朝的“满洲特性”，发现其建构的皇权是引自中国和亚洲内陆其他地区两个不同政治秩序的混合体。例如，清廷中显著的藏传佛教成分、清朝的多语共用现象、从非一般正式渠道处理官方事务的偏好、对西北边疆地区的重视与经营等。

这样一套论述模式对习惯听取“汉化论”的陈词滥调以致耳朵里能磨出茧子的清史学界来说，的确给人耳目一新之感。新清史企图用“帝国”的概念，既涵盖明朝以来汉族人统治的历史模式，同时又兼顾满族人在西北东北发明的独特治理技术，以取代中国传统叙事脉络里的清史研究，不能不说开辟了一个新路径。但我以为，弊端也由此而生。因为新清史学者固然看出清朝在亚洲内陆的政治运作与明朝相比存在着差异，却硬性地把明朝列入“中国”，并把清朝实施的内亚政策与“中国”历史相切割，使得“亚洲内陆”与“中国”处于截然对立状态，然后再试图用“帝国”这个西方术语做黏合剂，生硬地拼贴两者。

问题在于，这样的拼贴术并没有确切指明是什么样的因素使得亚洲内陆和“中国”能够整合在同一个王朝的统治之下，或者说清朝凭借什么样的政治理念获取了广大疆域中精英与民众的广泛认同。简单移用西式“帝国”的解释是无法回答这个问题的。因为，新清史对“帝国”的模仿式叙述，太具有功能论的色彩，他们假设清朝是个类似西方的征服王朝，一切的文化因素都附属于开疆拓土的功利性选择，无论儒教还是所谓“满洲特性”只可能是皇帝在这种选择过程中采取的变通策略而已。这套说辞貌似新颖，却无法回答清朝成功进行统治的深层合理依据到底是什么。所谓“内亚性格”的输入只能说明清朝在军事扩张和政治治理方面变得更加灵活多样，但并不能证明其理所当然地获得了正统地位。换言之，整合“中国”和“内亚”的关键不能照搬西方的“帝国”概念，而仍必须从中国历史形成的固有脉络中寻找答案，这个答案应该与传统的“汉化论”叙述严格加以区分。无论是哪个族群的人当了皇帝，无论是汉族人、蒙古族人还是满族人，都无法绕过政权如何获得“正统性”这个关键问题。清朝自然也不例外。

中国历代任何种族在夺得大统之际，首要考虑的都是如何确立自身的“正统性”。“正统性”包括三个核心含义。一是“大一统”，即王朝需要占据足够广阔的疆域，同时具备上天赐予的德性。二是需要制礼作乐，董仲舒就说过："王者必改正朔，易服色，制礼乐，一统于天下。"三是以中国之地为本位，"内诸夏而外夷狄"，处理好民族之间离合聚散的关系。这第三条最容易被新清史学者所引用，作为自古"中国"与"夷狄"相互区隔的证据，或者当作清朝"内亚性格"形成的渊源。其实，如果仔细辨析"正统性"的获得过程，中国之地从先秦时期开始就不断出现张弛伸缩的态势，"夷狄"身份自然随之变通不定，往往被包含在"大一统"的论述之内，并非总是处于非此即彼的对立状态，其关键在于统治者是否真正采取德政。

古代记史有正闰之说，有王霸之辨，还有正史、霸史之分。如果谁被写入霸史，就会处于闰位，失去正统位置。这是每个统治者都心存敬畏的标准，丝毫马虎不得。唐代的王勃就主张唐朝直接继承周、汉，魏晋以下皆是闰位。元朝是蒙古族当政，在汉族眼里当然处于闰位，是霸道的典型。这些历史书写规则给同样是少数民族的清朝皇帝很大压力，使他们不得不认真对待正统性问题。

正闰位的历史书写规则往往以区分"正统"与伪、贼、蛮夷的界限为己任，在宋代遂成显学。正闰与王霸问题相对应，昭示出仅靠武力平定天下是得不到"正统"地位的。清朝入关后面临的正闰问题非常突出，一是清朝以武力灭掉明朝，有用"霸"的嫌疑，二是满族以少数民族的身份入主中原，易遭夷狄篡权的指控。这正是新清史研究的盲点：他们误以为仅靠军事征服就可立足于天下，可以丝毫不顾及文化层面的考量。

欧阳修在《正统论》中有一个对“正统”的经典定义，他说：“正者，所以正天下之不正也，统者，所以合天下之不一也。”用这个标准衡量，清初的统治者虽开疆拓土，征服各类族群，占据前朝无所匹敌的广袤空间，却也只具备“合天下之不一”的功绩。要博得正统之位，还须尽量剔除异族的膻腥，遮掩强霸的面孔，否则就与“伪”“贼”和“蛮夷”的称号脱不开干系，在正统的谱系里找不到位置。为了摆脱困境，雍正帝采取了一个聪明的论述策略，他刻意模糊种族的地域性，把它纳入“大一统”的解说范畴。他说，远古帝王和圣人都曾拥有东夷西夷的身份，因此，蛮夷称号并不限于一时一地，也不会为某个族群所特有。这就把华夏与蛮夷的边界变成了一个可以自由变动的体系。

清朝皇帝还引用了《北史》中的一段话，说“南书谓北为索虏，北书指南为岛夷”，相互攻讦，谁都看不起对方。这段文字说明了一个道理，“汉人”的身份也是不断变化的。谭其骧先生曾考证出湖南人的“蛮族”血统就是一个很好的验证。由此可见，清朝皇帝早已打破了“汉人中心论”，这却并不意味着他们放弃了中国的“正统”资格，另外开辟出一个什么具有“内亚性格”的帝国。也许恰恰相反，清朝对获得“正统性”的重视程度反而远高于前朝，并希望接续前朝的正统谱系，与之形成一个连续体。满族人入关之初就打出剿灭闯贼，为明朝王室复仇的旗号，其寓意也在这里。所以，在新清史和"汉化说"的争论中，一些学者频繁使用"汉化"这个词描述清朝的历史实在是个误读，因为中国历史上从未存在过纯粹的"汉化"理论。

即使摘出一些最激烈的"夷夏说"言论做点分析，也发现其不过是一种广义的"华化论"而已。在传统的历史叙述中，统治者只要有拥有"德"性，推行王道政治就可居正统王位。哪怕最重"夷夏"区隔的宋人也说正统霸统之别，端在于是否"以功德而得天下者"。秦朝短命的原因就在于虽有一统之局，而历数不得于天，治乱不得于人，所以不能称正统。这与秦人是否具有西北的夷狄血统没有太大关联。故那些强调"汉化"的学者无异于授人以柄，给自己挖掘了一个陷阱。

史上最激烈的夷夏对抗言论当推郑思肖的《心史》。郑思肖断言，夷狄行中国之事曰"僭"，人臣篡人君之位曰"逆"，并说圣人、正统、中国必须合体而观，得天下者如果是夷狄入主未可以言中国，得中国者因多有统而不皆正则未可以言正统，得正统者未可以言圣人。这几条入围文明的门槛条件实在太高，把它们统统加诸清朝人之身未免过于苛刻，但其又是促使其"中国化"的内在动力，这并非"汉化"的狭隘种族观所能解释。

如何理直气壮地持有"正统性"的资格，是盛清时期几个皇帝殚思竭虑急需解决的重要课题，乾隆帝修正史官对杨维桢历史观的评价就是个突出的例子。杨维桢虽为元朝臣子，却继承宋朝人的书写习惯，以“道统”配合“治统”，认为元朝应该接续宋朝的正统地位而非与辽金历史纠缠捆绑在一起，就是想说明即使拥有夷狄身份，也有可能通过接受“道统”的教化进入正统谱系。这套正统论正合清朝皇帝的心意，乾隆帝深谙其中之利害，指示史官把清朝与宋元明三朝相对接，果断舍弃了与辽金接统的笔法，可见其对清朝在“中国”脉络中处于什么样的地位是何等关注。清帝的论述显然得到了汉族精英的支持，如李慈铭就说过“正闰当论邪正，不当论内外”，从此更新了“内诸夏外夷狄”这类过度强调种族对立的僵硬的史观。

有趣的是，“正统性”可以在不同种族与王朝之间往来转移，犹如接力传递，朝鲜对清朝的态度就是个很好的例子。我们都知道，朝鲜皇室曾经长期不认同清朝统治，认为满族人是夷狄，清朝统治是夷狄僭位，这与明朝遗民的观点是完全一致的。朝鲜因怀抱接续明朝正统的梦想，自称“小中华”，由此形成了学习模仿儒教的强大心理动力。当时的朝鲜凡事都严格遵守以明朝为代表的中华礼仪风俗，对正宗儒教和朱子家礼的研习更是普及到了农村。在朝鲜人的眼中，中国大陆的文化传统已经遭受污染而趋于丧失，只有朝鲜才有资格维系其纯洁性。不过，朝鲜对明朝“华夷”秩序的坚守又证明，“华夷”概念并不是中国或汉族所独有的，而是处于不断移动的状态，其中包含普遍主义的立场，任何地域和民族只要具备合适的条件，就可以成为“华”。后来日本也出现了鄙视中国文明的核心地位，尝试以日本为中华文明继承人的“华夷变态论”。当年日本侵华据说也动了和清朝统治者同样的心思，觉得中国已经落后，自己当年虽是中国的藩属国，现在乃是东亚先进文明的代表，只要通过军事征服就可彻底改变现代“华夷”秩序，成为东亚霸主，结果终因并未获得足够的“正统性”而归于失败。这也从反向证明，“正统性”的建立和持有仍是维系清朝统治的基本条件。

由上面的论述我们可以得出一点结论，那就是，讨论何谓“中国”，不宜采用“外在于”或“内在于”清代“帝国”的所谓新视角。因为新清史所展示的清朝颇具“内亚性格”的边疆治理举措只是一种技术手段，甚至只是实现“大一统”格局的前提因素。手段和前提固然非常重要，却只具功能性的意义，不能随意拔高为王朝政治运作的正当性基石，也无法成为清王朝的普遍性制度基础。相反，我们更应该看到，清朝统治的核心依据恰恰是与前代王朝获取“正统性”的历史经验相接续的，是不可割裂的一个连续性过程，这个过程无法用“汉化论”加以概括。概言之，新清史所标榜的那些颇具“内亚”品格的社会控制和管理技术，只不过是为清朝更好地承接以往王朝“正统性”准备了更加充分的条件而已。

最后，对《何处是“江南”?》能够出版韩文版我深感荣幸，因为书中所涉及的诸多议题与朝鲜的历史息息相关，我亦从大量朝鲜汉文文献中反观清朝历史而受到诸多启发。我也要特别感谢以朴桂花、李永燮教授为首的翻译团队为将拙著译成韩文所做出的艰苦而富有成效的努力。我能够想象，即便仅是把书中引述的大段古文史料转译成另外一种文字就需要付出怎样的辛劳。这令我十分感佩。

科举制度终结110周年祭[①]

自1905年废除科举制起，至今已过去了110多年。在已经过去的百年中，经过革命与现代化思潮的洗礼，“科举”在人们的头脑中一直是帝制腐朽的象征，科举被废既是发动革命的理由也是清朝崩亡的前兆，更屡被嘲讽成古代教育制度失败的一个负面标本，科举制似乎不值得大家花时间加以认真关注，它充其量只能作为一个批判的对象，甚至直接沦落为一个衰落王朝推行庸才教育的符号。如今这种不正常的状态已经有所改变，史学界开始认真检讨过去的评价，希望从全新的角度对科举制进行准确定位。

为什么要对科举制进行重新定位呢？因为，在我们从小所受的教育里，科举制从来就是一个经常被妖魔化的名词。一谈到科举，人们脑子里几乎会不约而同地闪现出《儒林外史》中范进中举的滑稽故事。范进这个人穷

---

① 本文为2015年9月19日杨念群先生在“科举与选举——科举制度废除110周年研讨会”上的发言。今增订后收入本书中。——编者注

年累月地应试，人到中年突然中举，听到消息后一激动晕厥过去，还得靠老丈人一个嘴巴把他扇个半醒，从此就开始变得不正常。这就是一名科举考生的典型形象，也喻示着广大科举士子的共同命运。在我们的头脑里，科举只能造就一帮死背经书教条，毫无实践能力的读书人。我记得《范进中举》好像一度收入了小学课本，那么在一代代的学生记忆中，范进的形象就被刻意丑化成整个科举制戕害人性的一个缩影。大家对科举制的印象基本上是从这个故事的叙述里面获得的。

从历史上看，科举制的取缔是和清朝的灭亡直接联系在一起的，是一个前后相续的历史阶段。科举制的废除同时也和近现代中国革命的发生和展开过程密不可分。这种预设出的关联性蕴育着一个潜在危险，很容易让我们不假思索地得出以下结论，那就是中国现代国家的建立、现代民主制度的生成，只有通过废除科举才能达成。这个逻辑把科举考试与清朝崩灭、民国肇建等历史现象自然勾连在一起，形成一套毋庸置疑的历史叙事，隐藏在所有的课本和教材里面，以致无论讨论宪政改革还是武装革命，科举废除的必然性都是不容置疑的。在人们的眼中，科举这东西就是垃圾，清除它的恶劣影响已经变成了革命、民主和现代国家建立的前提条件。科举制的具体内容到底是什么、科举在中国历史上到底起过什么作用、其特点何在，在以往的研究视野里面基本是缺席的。我觉得这样的局面如果仍不加以改变的话，不仅对于中国近代史、中国古代史研究，而且对现代政治制度是如何建立的、中国民主制度应该向何处去等相关问题的有效讨论都是一个非常巨大的障碍。怎么强调其重要性都不为过。

那么，科举制到底是个什么东西？大家可能完全不了解。一般只是习惯地认为，科举制度就是一场考试而已，科举好像可以直接和八股文画等号，不过是教育史研究的对象。这种理解显然过于狭窄。其实一般的科举考试共有三场，不仅包括四书五经的记诵，还包括诏、诰、表、判和策问等内容。八股文只占第一场中的很一小部分。如果只知道有第一场，把后面两场都排除在观察视线之外的话，那么我们理解的所谓科举只不过是其内容的四分之一甚至五分之一而已。科举的考试结构是相当复杂的，我们必须改变以往的简单认识。

在具体论述科举制的试题结构之前，我想先谈谈科举制作为一个制度安排的特点。我们不能把科举制仅仅看成是一个狭隘的考试系统，而应该把它看成中国古代政治制度建立的基础。这个基础的特征体现在什么方面呢？

科举制表现出的第一个特点是对知识群体身份的一种合理分类。为什么这么说？因为科举考试是一个选拔官僚人才的过程，你要想当官就必须通过考试，考试过关之后就可以当官。但是这个官不是随便当的，必须通过选拔程序被分别安排在适宜的位置。例如，考中进士可以进翰林院，有机会当上宫廷里面的大臣；考中举人，虽然进不了中央一级的机构，但可以当县官，也就是现在所谓的中层干部；如果只考中秀才，县官都当不上，只能在乡村里面当一个教书先生，也就是可以充当一名绅士。这个选拔和安排人才的机制是非常合理的，为什么这么说？因为它基本会严格按照你考试时显露出的才能，分别将你配置在上、中、下三个层次，各司其职，形成一种相对均衡的分布状况。这三个层次的人才分布不能说绝对均匀，但却使人才各取所需，各得其位，各有所值。无论中西古今，从来就没有一个制度是绝对完善的，所以才有人形容说民主制度也是最坏的制度里面相对不坏的制度。科举制度也是一样，没有必要把它理想化。

第二，这套人才分配的制度是上下循环流动的，不是固定在某个位置始终不变的，这是与贵族等级制度最不一样的地方。一个普通人只要不停顿地努力参加考试，就有可能进入官僚行列。相反的情况是，中举之后一旦当了大官也不可能一劳永逸地在城里生活，退休之后还得返乡服务。为什么太平天国鼎盛一时，却最后败在曾国藩的手里？就是因为曾国藩当官之后一度返乡，太平天国之乱时他正好在家当乡绅。要不是靠曾国藩这个乡绅拼命抵抗太平军，可能大清那时就完了，扛不到宣统年。所以，科举制不是封闭的，而是开放的、流动的。如果最初你只考中了秀才也没关系，就看你的本事，哪怕考三十年你最后也可能会当上一个大官。当然一辈子考不上的事同样经常发生。

可见，科举制最大的优势就是均匀地把人才合理布局在上、中、下三个层次，然后不断进行上下循环更替。它为中国基层的乡村政权建设奠定了一个很好的文化基础。因为它是流动的，不管你当了多大官，都有回归祖宗故里的情结，退休后大多选择返老还乡，为地方社会和文化事业做出贡献。当代官员做不到这点，因为没有制度保障把人才留在基层。乡下人一旦考上大学，大多打算留在城里，有几个肯回乡服务的？现在城里人下乡都是当村官干两天，给自己的公务员履历镀上点金，终极目标还是回城里谋职。但是看科举制度，秀才就能终生扎根乡下，他们成为士绅阶层之后老老实实为地方的文化和社会事业做奉献。现在中国还有这样的人吗？少之又少！这种人不是靠道德感召，不是靠纪委监察，而是靠制度运行的保证。也就是说，秀才升不上去，只能待在乡下，却因有文化修养，能够在基层获得较高的地位，可以安心服务乡里。

前文已提到，我们对科举制的一个最大误解就是把科举制等同于八股文。八股文确实可以被看作科举制度的一个核心组成部分，因为第一场就要考四书五经，考生必须把经书内容背得很熟。考生还要作试帖诗，诗也定好了韵律和主题，非常刻板。但是有一点，八股文训练对于培养一个人的经典修养是有好处的。为什么现在我们的国学底子那么差？很大程度上是因为记诵的程度不够。与此相关的是，大家都没有意识到科举考试另外几场的重要性。第二、三场有诰，有表，有判，有策问。什么叫诰？就是模仿皇帝的语气发布文书。诰非常难写，考你怎么站在皇帝的立场看整个政治的变化，就像今天让你模仿中央领导的语气写一份报告，要写得好确实不容易。什么叫表？是指臣民向皇帝陈述意见的一种文书，要写得透彻得体有相当难度。判是考验考生的断案能力。现在高考有这类题目吗？即使有考生也未必能答得好。最重要的是策问，策问是什么？策问是考验应试者对实际事务的处理能力。考官提出的问题往往涵盖实际行政事务的方方面面，诸如吏治、仓储、水利、缉盗、钱币、地理等方面的知识。考官会假设，如果你当一个县官，或者当一个基层地区的领导，你必须面对整个地区的社会现状提出一些解决问题的方案，相当于现在的中层干部提交一份施政报告。比如策问中会经常给考生出几个问题，包括怎样治水、怎么合理建立一个基层组织、如何应对粮食短缺，如何处理词讼、如何振兴学校等，全是些相当具体的问题。我想，如果依靠现在一般高中学生的训练水平，绝对答不出来。

这里可随便举一个例子，有一道策问题给我的印象特别深刻。首先考官会声明说你们这些考生都是从乡下来的，应该对地方状况很熟悉，那么，你们可知中国的保甲制度严格来说是从什么时候开始出现的？到现在为止实施的情况又怎么样？第二个问题与保甲实行的具体状态相关。如果要让你做一个保甲的推行者，你应该怎么做？熟悉保甲史的人都知道，保甲实施的前提是必须按村和户的规模进行设计。但很多地方居民过于分散，有的住在山上，有的散住在洼地，有的渔民则长年住在船上，四处流动。面对这种种复杂的情况，保甲怎么实行？用现在的话说，怎么才能更加有效地进行基层地方治理？这是多么精彩的一个问题，现在有几个学生能答得出来？弄不好拿到卷子都傻了。反正我当时答不出来，至少得琢磨一阵，也不见得就一定答得好。这就是除八股文之外科举考试的另一部分真实内容。请问科举制高明不高明？我认为高明得不只一点半点。你怎么能轻易说科举制是垃圾呢？到了近代，科举制实行改革，张之洞联合刘坤一，向皇帝递上了《江楚会奏三疏》，主张更多地在科举考试中引进西方科学的内容。在具体的改革举措中，更是主张干脆把策论拿到第一场，把四书五经挪到最后去了。如果大家有兴趣去翻翻张之洞的《书目答问》。这本书是给考生准备的基本阅读书目，里面列了两千多种书，甚至包括算学、地理学等与现代科技相关的著作。这本书目是作为国学基本常识编纂的，也可当作科举考试的一个基本辅助教材。我一翻就惊着了，自己一辈子哪里看得过来这么多书。当时就感觉考上科举真是太不容易了，不是因为你能背多少前人的语录，而是你必须自己独立思考许多实际问题，并试图加以解决。

现在许多学者特别喜欢把科举跟民主、宪政等西方制度勾连起来加以思考。当然，作为一种思辨尝试未尝不可。但我个人不同意把两者生拉硬拽地捆绑在一起。有人觉得西方的选举制不好，其实好还是不好要看其运用的具体条件如何。在中国的历史脉络里观察科举到底产生了怎样类似现代选举的功能，可以做一个有限而审慎的探讨。首先，科举制根据不同地区的文化和社会差异进行名额分配。这有可能促成科举具有某种代议的功能，为参政议政提供便利条件。我们知道科举名额是按地区分配的，王朝上层往往根据区域差异的具体情况有非常微妙的调整，对文化发达地区有一定限制，对不发达地区尽量增加名额，通过名额调控使教育资源的使用达到一个相对公平的状态。这不仅涉及一个名额分配和如何照顾教育不发达地区的问题，也不仅仅是一个如何实施教育公平的策略问题。要实现人才的合理分布和流动就必须提供有效的机制保障，那就是农村一定要存在一个人数众多的士绅阶层，他们往往是某一地区里面最有文化的人群。历朝的科举实践经过循环往复的筛选之后，有一批精英会沉淀在底层地区，这对于中国文化在乡村的积淀是非常重要的因素。士绅阶层在某一特定地区往往起到代议的作用，老百姓有什么话要说可以通过士绅向官方反映，士绅有时候会扮演老百姓和地方基层干部之间的中介角色。我认为这就是中国式的代议制度。所有的民主制度要正常运行，都必须采取一个符合民情的特定方式。士绅作为一个代表地方利益的阶层，或者部分作为百姓利益的代言人，所起的职能作用是非常大的。当然，也不排除有掠夺百姓利益的土豪劣绅存在，我只是从制度设计的内涵上加以概要分析。士绅阶层被消灭以后，乡村基层就被彻底空心化了，老百姓也从此缺乏一个与上层进行沟通的中间代言阶层。

最后，我的看法是不要把科举制看作一种单一的制度。它的设计和运行与皇权制度和官僚体系的构成密切相关，它们往往相互连带在一起。同时科举制度跟基层地方宗族的产生和培养也是一体共存的。这个一体化的系统通过上下不断循环、不断演变才形成一个相对稳定的体系。有人主张要重建科举，这只是非常美好的愿望，目前并不具备相应的条件。首先，皇权体系已经不存在了。我们前几年曾经讨论过皇帝作为一个符号被推倒之后对中国的影响到底如何，导致的后果是正面还是负面的。现在真是很难说。皇帝如果作为文化符号得以保留，可能有一套比较顺畅的体制随之延续下来，科举内核中对当代政治比较有利的一面就可能会承接下去。与此相关的是，官僚体制随着皇帝的消失也改变了，通过科举制形成的上下筛选循环的机制是与官僚体制的存在互为表里才能够正常运行的。另外，宗族制度现在已经被废除了，没有宗族制度在基层做人材储备的依托，退休官员也就丧失了返归家乡服务的愿望，士绅阶层也就会随之消失。没有绅士的支持，科举制在地方社会是很难推行的。所以，科举制度与皇权官僚体系一荣俱荣、一损俱损，与整个中国古代王朝制度的覆灭密切相关，很难从个别的现象里面把它抽离出来单独进行分析，或者以此为据直接服务于现在的政治体制改革目标。尽管如此，从很多方面而言，科举制度本身为中国社会和文化做出了重大贡献，这是我们绝不应该轻易忘记的历史事实。

“断裂”还是“延续”？

——关于中华民国史研究如何汲取传统资源的思考[①]

梁任公先生在20世纪初曾写过一篇文章，名字叫《过渡时代论》(1901)，预示着中国进入了“过渡时期”。在这篇文字中，梁任公指出，中国“祖宗遗传、深顽厚锢之根据地，遂渐渐催落失陷，而全国民族，亦遂不得不经营惨澹，跋涉苦辛，相率而就于过渡之道”[②]。他比喻当时中国的状况如旅人驾一叶扁舟放逐于中流，处于两头不到岸的境地。

所谓“过渡之道”大致可归纳为以下几个特征。政治上的“过渡期”表现在“人民既愤独夫民贼愚民专制之政，而未能组织新政体以代之”。学问上的“过渡期”则表现在“士子既鄙考据词章庸恶陋劣之学，而未能开辟新学界以代之”。理想风俗上的“过渡期”表现在“社会既厌

① 本文原载于《南京大学学报(哲学·人文科学·社会科学)》，2013(1)。

② 梁启超：《过渡时代论》，见《梁启超选集》，168页，上海，上海人民出版社，1984。

三纲压抑虚文缛节之俗，而未能研究新道德以代之”，“过渡时期”还包括制度方面的旧制已废，新政未兴的残破状态。“则例案已烧矣，而无新法典。科举议变矣，而无新教育；元凶处刑矣，而无新人才；北京残破矣，而无新都城。”①任公主要还是以晚清的状况为例来定义“过渡时代”。其实以此来比附民国初建时的状况同样相当适合，而且比晚清时期更能彰显出百废待兴的窘境。中华民国自建立以后处于“准统一”状态的时间十分短促，总共只有 37 年(1912—1949)。这中间加上抗战十四年的蹂躏和偏安，真正用于统一建国的时间可能还不到 20 年，实际上根本没有完成传统意义上的政治、社会和疆域的整合。在这样短暂的过渡时间里，各种传统和现代的要素必然杂糅并存，处于极度朦胧暧昧的状态。从鼎革更替的角度看，这段历史也是从“延续”走向“断裂”的敏感时期。诸如政治制度、社会组织、文化思想的变革，都表现出无限趋新的态势。许多属于传统“延续”下来的东西都被遗弃，毫不留情地为新颖的思想和制度安排所代替。舆论界几乎一致认为，只有和过去断裂的时尚思想与制度才是中国最为需要的。

以往学界对中华民国历史的解释，也大多是从和过去决裂的角度切入分析，仿佛一切都呈现出一种全新的变化形态。从制度到思想，从文化到风俗，均强调与清

① 梁启超：《过渡时代论》，见《梁启超选集》，168～169 页，上海，上海人民出版社，1984。

朝乃至历代王朝发生了根本的裂变。评价尺度也依据的是民国改革是否符合西方意义上的进化标准。于是“革命史叙事”和后来取而代之的“现代化叙事”占据了解释的主流位置。在“革命史叙事”谱系中，“辛亥革命”一直拥有异乎寻常的重要地位。在“革命史叙事”的公式化表述“三大高潮，八大运动”中，“辛亥革命”与“太平天国”并列，成为同时被赋予“高潮”和“运动”两大荣耀头衔的历史事件。在“现代化叙事”中，“辛亥革命”也是开启模仿西方现代政治改革的核心事件。可见，作为中华民国肇端的“辛亥革命”一直强调其和前朝历史的断裂性质。

但如前文所论，过渡期历史的一个重要特征除了在制度转型时受西风吹拂的影响、大量汲取与前朝断裂的新式因素之外，由于中华民国作为历史“过渡期”具有十分短暂的时间特质，这也决定其不可能完全实现计划中的诸多断裂式的变革，反而有可能延续和保留了诸多传统的因素，并使其自然转化为新政权的肌体养料。然而这方面的历史探求却被严重忽略了。正如钱穆所云：“凡最近数十年来有志革新之士，莫不讴歌欧美，力求步趋，其心神之所向往在是，其耳目之所闻睹亦在是。迷于彼而忘其我，拘于貌而忽其情。反观祖国，凡彼之所盛自张扬而夸道者，我乃一无有。于是中国自秦以来两千多年，乃若一冬蛰之虫，生气未绝，活动全失。”钱穆提出的解决办法是，“治国史之第一任务，在能于国家民族之内部自身，求得其独特精神之所在"①。

钱穆先生被认为是文化保守主义的代表。但我们此处对其治史态度的理解主要不是从诠释历史上是否具有或如何持守某种"历史精神"的保守立场出发进行评价，而是从其在历史研究中如何汲取传统资源的角度入手，评估其对中华民国史研究的意义。钱穆先生言论的启示乃是在于，中国传统并非"冬蛰之虫"。在历史的转变时期，这些原本充满生气的资源会不时被唤醒，在新的过渡时期持续发挥作用。有时候我们会发现，正是因为这些延续下来的传统因素发挥的作用，才保证中国现代历史的演变结构有别于西方的模式。以下我尝试地归纳出作为特殊"过渡期"的中华民国历史研究中应该注意的若干方面，以供讨论。

审视这段"过渡期"历史，首先需要面对的是，前朝"正统性"与新的现代国家所建立的"合法性"之间如何协调的问题。在大多数人对过去的记忆里，中华民国取代清朝建立现代中国的历程似乎具有天然的正统性，因为其演化趋势符合世界历史的大潮流，所以似乎不加论证即可自然予以认定。在这套叙事中充满了对清朝黑暗统治的谴责与批判，以及对革命者的言论与行动正义与正当性的褒扬。实际发生的情况却远为复杂。中华民国在建立其新的政制体系时，不仅必须大量吸收西方的经

---

① 钱穆：《国史大纲》，10～11页，北京，商务印书馆，1996。

验以实现其创造性转化，也必须认真面对清朝留下的诸多遗产，努力寻找两者之间的平衡关系，才能平稳有效地实现过渡。比如，在辛亥期间，南北同时存在着两大势力。南方代表相对草根的革命党势力，依赖的是秘密结社和海外华侨的资助与支持，北方则是由清朝皇室和北洋新军结合成的皇权正统力量。革命的发生与中华民国的建国正是这新旧两股势力反复谈判妥协博弈的结果，是一股复杂的合力所致，而并非是所谓革命党一家独大加以促成的。近年来对革命的解释出现了不同的声音，法学界一些学者即认为，应该重新评价清帝逊位在清末民初政治转型中的独特意义。因为清帝通过禅让的非暴力形式把权力顺利移交给中华民国，阻止了因南北政见不合所导致的战争内乱的继续，为中国现代民主宪政的建立奠定了基础，其意义犹如英国的光荣革命在中国上演。此说引起了很大争议，焦点在于到底是“革命”还是“逊位”真正开启和推动了民国政治改革的新局面。此分歧的出现或可视为当年“革命”还是“立宪”两派争论话题的一个当代回响。

不过，我在此想提出一个与两者均有区别的第三个视角，即从“正统性”与“合法性”相互纠缠互动的角度重新审视清末民初变革的成败得失，并由此理解清帝逊位的意义。我注意到，清帝逊位后不久，就出现了大量批评民国的言论。不但清末遗老和立宪派人士对民国初年的现状深感不满，就是其对立面如一些革命党人也对民国建立后变革迟滞与混乱的现状频加讥讽，说明其统治合法性并未获得充分的认可。在我看来，民国肇建之始就出现对民国统治合法性不予信任的迹象，恰恰说明新政权没有处理好与清朝“正统性”之间的继承衔接关系，而把“革命”过程仅仅视为是与旧制度的彻底决裂。一些革命党人天真地以为，只要彻底铲除了清朝皇权，摧毁其政治体制，按照西方模式建立起形式上的民主宪政架构，就自然获取了统治合法性。实际上，事情远非如此简单。

在此，我们有必要对“正统性”与“合法性”两个概念稍做辨析，以便于进行讨论。“正统性”是从传统君主统治的意义上加以界定的。清朝的“正统性”聚焦于皇帝，所谓“正统性”不仅表示皇帝作为政治符号指涉向一个王位，而且他还是“政治—社会与道德—文化”的核心凝聚点，具有一种统合四方的象征意义，换一种说法也可将其称为“普遍王权”。如果皇帝整合政治社会与道德文化的能力出现动摇迹象，就说明王朝发生了“正统性危机”，理应逐步让渡给新政权的建设。但皇位的倒塌并不意味着王朝“正统性”会自动弥散消失，其作为某种聚合符号所统摄的一些观念和治理技术会持续影响着新政权的建立过程。也就是说，新政权要获得合法性，就必须找到一个能够替代皇权、起着相似聚合作用的象征物。

按照人类学的说法，每个文化架构都有一个神圣的核心。这个神圣核心有助于社会和政治定位，使得社会成员认清自身的地位，它由此成为文化、社会和政治汇聚的所在地。人类学家又称此“文化架构”为“主导性虚构”(master fiction)。“主导性虚构”曾被认为是永恒不朽的“传统”，其合理性根本无须自觉特意地加以论证。如果置于中国历史中观察，所谓“主导性虚构”大意是指传统王权作为整合符号维系政治、社会与文化的关键作用，而不单单指王位本身。

“革命”的发生往往是从破坏文化架构的有效性开始。例如，法国大革命向旧制度发动攻击时，就首先对王权所拥有的统合政治、社会和文化的能力发起挑战。但法国大革命也同时造成一种困境，即当激进派反对传统的威权模式，揭露旧制度下的“主导性虚构”中的虚构性，并将其尽情展现时，却在社会和政治空间里诱发产生了可怕的真空。真空一旦形成就会导致恐慌的发生：人们一时找不到社会的新核心，也不知如何表现这个核心，无法确认一个非神圣的新核心到底对新体制意味着什么。新民主政治威权需要新的“主导性虚构”，但其基础应该置于何处仍难确定。① 与法国大革命相似，辛亥革命推翻清朝统治后也出现过类似的“真空”状态。在失去传统皇权这个“主导性虚构”之后，民国政府显然缺乏全面整合政治社会与道德文化的能力。如果换一种说法

① ［美］林·亨特：《法国大革命中的政治、文化和阶级》，108页，上海，华东师范大学出版社，2011。

就是新政权在寻求建立统治“合法性”的过程中出现了困境。这个困境与传统王朝的倒塌所引起的“正统性危机”相联系，实则是一种相互衔接的连续性历史状态，却又有本质的区别。

马克斯·韦伯曾经认为，政权更替过程中之所以会遭遇统治合法性困境，是因为新的建设者往往不尊重传统因素的制约作用而只迷信法律的约束力。因此，要克服“合法性危机”就必须既让人们相信法律制度是合法的，政权可以按照正规程序制订和使用法律，但又要防止人们把合法性信念过度缩窄为对法制程序的尊崇，似乎只要做出决策的方式合法就行了，而丝毫不顾忌第二个条件，即建立规范制度必须具备充分的根据。[①] 就清帝逊位前后的形势而言，我的理解是，一个新生政权如果对法律的过度依赖，且没有一个合理的传统政教关系做支撑，就很难具有真正的“合法性”。由此推知，“合法性”的建立可能还需部分继承清王朝中残存的“正统性”成分。清帝逊位以后，民国在接手清朝营造自身合法性的过程中，大量出现政客牟取私利的贪腐现象，引发了遗老、立宪派和革命党人的多方批评。这与没有合理汲取清朝“正统性”的资源有关。

“正统性”不是单纯指涉某种具体的政治权威，或是对政治体制某一特殊面相的描述，而是基于官僚、士人

① ［德］尤尔根·哈贝马斯：《合法性危机》，7页，台北，时报文化出版有限公司，1994。

与民众对清朝君权具有统合维系政治、社会与文化能力的信任。尽管这种信任随着西方的不断挑战而持续受到消减。在我看来，民国要想在“过渡期”获取自身的统治“合法性”，至少需要需要解决以下两个问题。

第一个问题是，如何既积极汲取清朝的“大一统”的疆域观和与之相对应的治理格局，同时又在国体上符合现代民族国家的建国形式。从如何汲取“大一统”资源以融入现代建国之旨趣这一点来看，清朝曾经实际控制着有史以来最为广阔的疆域领土，其成就远超历代，当然可以作为其确认自身“正统性”的一大要素。早期革命党人曾以传统的“夷夏之辨”论述作为反抗清朝统治的思想武器，其各种宣传文献中充斥着对满族人的歧视性话语。如早年邹容的《革命军》和章太炎、孙中山等人的著作中常常把满族人直接喻为“禽兽”，贬为“逆胡”“虏”“戎”“狄”等，对是否继承清朝“大一统”疆域观态度十分暧昧。章太炎认为中华民国的疆域只包括汉族人居住的以直隶为中心的明代疆界，孙中山也曾表示应以汉族人居住地为主的十八行省为民国的领土范围。他们均把清朝统治的藩部地区排除在外。

相反，立宪派则较早地意识到，对清朝“大一统”思想的继承将为未来中国的现代国家建设提供一个基本的框架。故他们在晚清就提出，以汉族为中心，同化其他族群，以建立中华民族共同体为目标的构想。如梁启超在戊戌维新期间就主张要“平满汉之界”，在 20 世纪初又进一步提出合满、汉、回、苗、藏等族人为一体，共同对抗外来势力入侵的观点。另一位立宪派人士杨度则更是明确指出，“中华”一词不是“血统之种名”，而是“文化之族名”。这就为从文化共融而非种族差异的角度论证中华民族的形成奠定了理论基础。民国初期，革命党人仍受西方理念的刻板影响，长期徘徊于是采纳西方“联邦制”还是“民族自觉论”的争辩之中。直到 20 世纪 20 年代以后，才出现重归“大一统”疆域观的迹象。

我们从之后国共两党对建国框架的解释中发现，尽管两党在政治理念上出现了重大分歧，以致最终发展到势如水火的境地，但在疆域观和治理模式上却不约而同地继承了清朝的“大一统”框架。由此构成了一个奇特的现代国家景观，即对外是独立的民族国家的形式，对内仍继承了清帝国对多民族统治的版图结构。这似乎是个二元悖反的格局，与其他国家往往以血缘族群为独立建国之标准的西方模式有了很大区别，也成为“过渡期”历史中发生中国式变化的一个典范例子。

中华民国要在过渡阶段建立自身统治合法性面临的第二个问题是，清朝曾经拥有迥异于西方意识形态的“政教观”和道德实践秩序，以及相应和它配套运行的制度安排，如科举制。随着晚清危机的日益严重，这套体系或濒于瓦解或已经崩毁，但其内在的精神却是“过渡期”历史不应忽视的资源。中华民国如何在富国强兵的大框架下承袭此资源并使其发挥作用应该是个无法回避的课题。

中国古代王权均认为，政治的合理运转出于一种“教化”秩序的得体安排，而非单纯的强制治理。由君王到民众均要受到道德善行的训练，并落实到具体的社会管理之中。“政教”联动关系的实施主要由士阶层担当贯彻，在制度层面上则由科举制度的有效运行加以实现。清朝君主更是注重由上到下地贯彻政教制度。乾隆帝曾多次下达谕旨，要求地方官员有效地实施“教养观”，其实就把“政”“教”“养”三个要素贯穿联系了起来，形成有别于单一性行政制度的多重管理机制。从此角度而言，对“政教观”的认同与实践乃是清朝拥有“正统性”的道德与制度基础。而在摧毁了清朝“正统性”建立的基石“政教观”以及相应的道德秩序之后，民国政府仅仅迷恋于宪政与法律制度的建设，而并没有考虑即便是区分于旧王朝的政教系统，新政权的建立也无法忽视道德基础的传承与复兴，因为西方式的宪政与法律制度并不能单纯取代政教传统而自动转变为新正统的源泉。

随着西方势力的逐步深入，清朝“大一统”格局遭到蚕食，而西方教育体系的引进则直接导致科举制最终走向消亡。由于新教育的实施和普及，士绅阶层渐趋分化瓦解，支持王权“正统性”的要素纷纷分崩离析，政治社会空间里出现了可怕的真空。与之相对应的是，辛亥以后新型政权的建立主要是按照西方宪政制度的设计刻意加以安排的。民国政权的主导者认为，只要按照法制信念做出决策，就能天然获得政权的“合法性”。这种思路并没有意识到，新政府同样需要一个“主导性虚构”，即需要通过对清朝“大一统”疆域观和“政教”关系的反思与继承、重建新生政权的“政治—社会”和“文化—道德”的整合能力。民国初年曾考虑用“人民”作为取代皇帝的“主导性虚构”，“人民”也从被统治者上升为统治主体。但泛化意义上的“人民”并不具备满洲皇帝所具有的多维统治象征意义。满洲皇帝不但是汉族人的君主，是满族人和蒙古族人的大汗，还是喇嘛教的转轮圣王，隐喻其对分布着不同族群的广大疆域的统治。“人民”的泛称显然无法拥有如此多元的象征含义。

如果进一步引申而言，民初出现的“合法性危机”与“正统性危机”的区别乃是在于，清朝“正统性”的证成既依赖于“大一统”疆域的完整维系，也依赖于政教关系对政治权威的有效支持，而这两大要素恰恰是由作为“主导性虚构”的君王加以凝聚和实施的。因为清帝作为统治广大疆域中众多民族的共主形象，具有以往汉族君主无法具备的统合多民族群体的象征意义和治理能力。所以立宪党人曾明确指出，正是因为满族皇帝具有多重象征意义，汉族皇帝与之相比并不具备如此的凝聚力，所以维持满族皇帝作为多民族共存的符号就仍有其时代性的意义。尽管后来革命党人成功推翻了帝制，在形式上建立了民主共和政体，但如何建立起能真正统摄多民族共同体的新机制以替代皇权的多维象征形象，仍是一个无法回避的问题。

当然，这套整合系统发生危机的另一个重要原因是建立在原有科举制基础上的政教关系不适应现代科学教育和职业训练的要求，但并不意味着民初的教育和人才选拔体制就完全应该沿袭西方式培训技术官僚的道路，而漠视基本的道德教化传统。革命党人虽然意识到了清朝“大一统”疆域观对建设多民族共同体的重要借鉴作用，并最终汲取了其成功的经验，但却并没有认真考虑如何解决政教关系解体后所产生的道德文化真空问题。

如果从民初统治出现合法性危机的角度观察清帝逊位，我们就会发现，清帝逊位本身是否应被定义为“禅让”，或者其逊位是否为民初宪政建设提供了现实基础，都不是问题之关键所在。因为类似的观点早已出现在晚清立宪派“虚君共和”的主张之中，并不鲜见。关键在于，民国政权建设的成败很大程度上取决于其是否真正以继承而非决然断裂的眼光审视清朝遗留下来的传统资源，并通过现代政治的实践对之实行有效转化。

“社会”是一个关键词

——“五四解释学”反思①

一、引　言

2009年是“五四”运动90周年纪念的年份，也注定是一个热闹的年份。史学界多年已养成习惯，每逢“大年”“小年”，只要是“革命”历程中的重大事件都要举行一场拜祭典礼，故可称之为“纪念史学”。尤其是“五四”在中国革命史的叙事中又是一个具有转折意义的事件，祭拜之风渐趋火爆热烈并不出人意料。不过祭台上下想移情换景的呼声也越来越大，大概是已难忍祭典演出的仪规陈旧乏味，拜辞俗腔滥调，每次祭拜的程式和颂辞无外乎要照旧祭出“德先生”（民主）与“赛先生”（科学）两尊神位，尤以“赛先生”的位置最为尊崇。故神位

① 本文原载于《开放时代》，2009(4)。

又照以往轮次甫一出场亮相，难免让人心生厌倦。不是这两位“先生”不好，而是演员的演技太差，出场频率过高反而会倒了观赏者的胃口。直到20世纪80年代，才有人提醒别忘了“五四”还有个大明星叫“费小姐”(自由)，不应该让她总陷寂寞，不妨与“德”“赛”两位先生一起出场献艺，才使得历年的祭拜风情不至于陈腔依旧。

“五四解释学”自进入知识生产流程以来，就一贯难脱政治史解读的窠臼。标准的党史叙事习惯把“五四”看作是一场相对单纯的爱国抗议事件，“五四”犹如薪柴燃料，点燃了社会主义运动蓬勃兴起的熊熊火焰，它漫天辉映着，与作为近代革命之开端性标志的“鸦片战争”遥相呼应，“五四”的作用就是把自己变成中国近代史叙述末端的一个句号。[①] 自“费小姐”登场并日益走红以来，大多数的“五四”研究才开始转向，试图把它解释成一场触及中国人灵魂和精神变化的“文化改造运动”。这场运动的一个最佳描述就是“人的觉醒”。周策纵先生那本研究“五四”的名著的英文名字就直截了当地说“五四”是现代中国的一场思想革命(Intellectual Revolution in Modern China)。[②] 既然是“思想革命”就不是短暂的政治运动影响力能够涵盖说明的，而是一种具有持久性的精神力量。当年胡适也称“五四”是中国发生的一场文艺复兴运

---

① 参见彭明:《五四运动史》，北京，人民出版社，1984。

② 参见[美]周策纵:《五四运动史》，长沙，岳麓书社，1999。

动，大意也是如此。

不难发现，这种解读自觉不自觉地在大唱“纪念史学”，突出“五四”政治特性的反调，显示的是“自由主义”式的思想关怀，特别能展示出台湾学者所崇尚的一种史学意识。同时也反映出台湾和大陆研究语境的明显不同。大陆的“五四”研究，除“赛先生”持续大受热捧外，“德先生”和“费小姐”每回上台虽粉妆依旧，台下却仍觉雾里看花，模样含糊。甚至有人直指“费小姐”在民族自救的乱世狼烟中惊骇得花容失色，早已多年未见登台，“赛先生”则被持续追捧，终获升格为治国名角。可到了 20 世纪 80 年代末期，当“五四”度过了 70 岁生日之际，人们忽然发现，没了“德先生”和“费小姐”的帮衬助演，“五四叙事学”就如双翼或三翼折掉了一只或两只，成了“跛脚的瘸子”。因为提倡“科学”是以反传统为代价的，崇拜“科学”的口号人人能讲，可无论精英还是大众，对人文传统的悟解和感受能力却在普遍退化，又何谈人的觉醒?

恰在此时，台湾“五四”研究的观点被高速引进大陆史学界。台湾史学界秉持的是西方自由主义的解释传统，即把个人的觉醒看作“五四”最珍贵的历史遗产，想以此消解“五四”运动本身所具有的特殊政治意义。甚至有人认为，对“五四”个人主义觉醒的维护还是否定应该成为评价其研究价值的最重要依据。这个解释思路对于那些刚从极左意识形态的压抑中解放出来的大陆研究者来说无疑具有巨大的吸引力。一时间“自由”的旗帜到处猎猎飘扬，其凯歌行进之势，大有并吞思想八荒的势头。

不应否认，个人主义的觉醒确实是“五四”时期知识精英阐扬的一个最重要思想主题。但我以为，不可忽视的是，“五四”以后掀起的“社会改造”运动同样也是非常重要的历史遗产。而且其波及范围之大、影响程度之深，要远远超过对个体“自由”观念的认同和诠释。从研究价值上而言，两者至少是不可相互替代的。但大陆史学界却基本不加反思地直接承传了自由主义的解释方法，个人觉醒程度不但几乎被推许为具有至高无上的重要性，而且是否推进和干扰了个人价值的实现越来越成为衡量“五四”以后历史变迁之得失的标准。甚至有人更为极端地认为，民族主义式的救亡理念和社会改造运动压抑了个人解放的顺利实现，并最终导致“五四”启蒙运动的自我瓦解。这种把“个人觉醒”与“社会改造”运动对立起来的做法，基本上搬用了西方的自由主义思想原则，却未必适用于解释现代中国历史演变。因为“五四”以后，不但“社会改造”运动成了历史的主调，而且由此生发出的各种变革理念也深刻支配着中国人的精神世界。在日益复杂的互动过程中，“个人”与“社会”之间也并非只构成了“觉醒”和“压抑”的简单对应关系。

在近二十年的“自由主义”叙说中，还有一种观点认为，“五四”期间流行的“反传统”思想造成的文化真空导致“五四”自身发生了严重的意识危机，由此酿出的悲剧情绪已逐渐盖过了倡扬“五四”为现代革命起源的浪漫狂喜，甚至“五四”精神还须为“文化大革命”负起部分沉重的历史责任。于是，否定“五四”的批判精神又渐成当代的时尚话题，捍守“国学”的“新冬烘”们仿佛从冬眠中苏醒，趁机重施雅黛粉墨登台，大扮起了遗老遗少。至此，“五四解释学”构筑起的神坛顷刻出现了崩裂瓦解的态势。那么，问题到底出在哪儿了呢?

二、“五四叙事学”的缺陷：过度依赖“思想史”分析

说到“五四”的整体叙事格局，我在前面已简单勾勒出了一幅轮廓。这幅画面显示，九十年来史学界构筑“五四叙事学”，除少数讲法一如既往地飙扬乐观的高调外，大多已流露出悲观抑郁的腔调。起因无外是说“五四”的反传统反过了头，造成了自由主义前途的黯淡与“科学主义”猖獗的谬误。于是，“五四叙事学”的旋律充满了忧患感伤，音调悲怆地反复谴责假借现代话语暴力群殴传统，造成权威流失的惨象；或者慨叹个人自由之身殒丧于挽救危亡的“圣战”之途，分别把“五四”的悲剧归罪于内外两种因缘的伤害。既然悲情调子已定，那么大家尽可删繁就简地各采不同的解释方向，目的都是探询人性觉醒努力的失败的原因。

内因论影响最巨者甚至提炼出了一个异常简化的公式。这公式大体是说，“五四知识精英”之所以激烈地全盘反传统，是因为骨子里有一种“以思想文化解决问题”的遗传。古代的文人习惯先处理文化问题，然后再考虑政治制度的建构，或者用处理文化的方式应对政治社会问题。这样的方法在过去有效，但拿到近代就完全失灵。结果“五四”青年用传统反传统，就像自己打自己的耳光。[①] 据说“思想优先”的处事办法是由孟子发明，一直流传到“五四”。这公式虽简化得让人起疑，却精明地概括了半部中国思想史。何出此言？

宋代以后，是理学发威的时代，士大夫一度形成与皇帝共治天下的表象，靠的就是用“道德教化”的方式与皇帝沟通联谊。也就是说，直到宋代以后，那些老知识精英宣称自己得了秘法心传，可以讲一套道德教化的道理去“正君心”，皇帝也相信自己道德修养的高低会影响政治制度的运转效率，与是否坐稳江山大有干系。这样，那些士人就开始有了密集出入宫廷的机会，他们由此自信满满地认为不但可以教育小孩还可以教育皇帝。但并不是说孟子时代的王者就已经那么好被说服。宋代以前的皇帝基本不相信教化有如此强大的力量，他们更相信“天”的旨意，比如地震和灾祸的示警作用。按照学术界的说法是受“天谴论”的支配，大体说孟子的“道德

---

① ［美］林毓生：《中国意识的危机——“五四”时期激烈的反传统主义》，贵阳，贵州人民出版社，1986。

主义”到宋代才被重新发现和有效地加以使用。①

至于宋以前士人是否曾用“思想优先于政治”的看法去解决问题就很难加以证明了。这种道德教化优先的方法不能说在近代中国没有表现。比如，康有为策动晚清的变革运动，在处理与光绪皇帝的关系时，采取的仍是用道德完善催化制度变革的办法。他以为只要光绪帝一个人的道德修为够高，就自然会推及政治制度的变革，甚至无视光绪帝是个无权无势的傀儡这个显著事实。在今天看来康氏似乎傻得可笑，可是如果放在道德优先的历史传承脉络里，就会理解其行为的正当性。不过借此例子断定近代的知识人都如康有为这般天真可爱却大可存疑。

应该承认，这种把“五四”思想概括为一种激烈的反传统主义的论述是颇具吸引力的，尤其是其叙述风格兼具哲学论辩的形式美和音乐韵律的节奏感，亦不乏相当的历史证据作支持。但我脑子里至少有两点疑问。第一，以“道德教化律”连续涵盖整个中国历史上知识精英的思维是否有效？这样做的风险是首先必须承认儒学“普遍化”到可以不间断地发生效用。我们前面已经说明某些原则如道德教化律令可能只在某个特定时间段是有效的，换个时期就难说了。特别是西方高度入侵后，其是否还可以作为影响士人的绝对思维条件就更加可疑。

① 关于从“天谴论”向“道德论”转变的历史状况，请参见[日]沟口雄三：《中国的思想》，10～17页，北京，中国社会科学出版社，1995。

第二，儒学即使作为一种意识形态具有“普遍性”，可在多大程度上能持续支配着身处不同时期和不同区域的知识精英，也令人怀疑。与此相关，儒学在多大程度上能够对皇帝的行为施加影响也要打个问号。有一种说法是，儒生不间断地把道德修身的教条灌输给皇帝，他们强调用个体的道德意志控制局面，并相信其具有超绝的力量，故而导致其道德负担过重，无法应对整个帝国日趋复杂的经济、政治和法律问题，最终在西方入侵之下难逃失败的命运。[①] 这种推断把古代中国的衰落归结为“道德主义”的无孔不入，似有夸大文化思想作用的嫌疑。我们至少可以看出一个明显的历史现象，那就是儒学一旦转换了生存的场所，就很容易变得面目全非，难以用普遍整体的观念加以把握。

我们往往是把“五四”当作传统的终结者加以认识的。这个终端之前的历史虽然犹如一根线索般地一直蔓延下来，不曾中断，然而在西方人看来却如腐朽自闭的密棺。他们发现，中国人的历史观就是一套自我密闭的循环论。中国起源期的历史好像永远被认为是最好的时期，越往后越糟糕，按古人的说法是“三代”是黄金时期，以后的历史都是在模仿“三代”，因为总是学不像，

---

① 黄仁宇在《万历十五年》中一直强调道德意志所发挥的决定性力量导致明朝的体制运转缺乏活力。这个观点对西方中国学界有很大影响，持相似观点者又可参见［美］狄百瑞：《儒家的困境》，北京，北京大学出版社，2009。

自然是越往后看越悲观。所以西方才有理由说中国历史总是停滞的，必须由外力冲击到一定程度，才能逼使它从循环变成进化。其实把中国历史观完全理解为循环论是一个误解，中国士人把目光总指向“三代”常常是一种叙述策略，或者大多仅是一种表态，他们更多的是改造和挪用远古的资源。比如，宋代士人把“道德教化”变成控制权威的手段就是打着孟子的旗号，其实是对孟子思想的变形挪用，最后却比孟子更加成功。从宋代情况看，士人和政治权威的关系比孔孟和君王的关系还要紧密，尽管维持的时间十分短暂。如果观察某个特定历史时期的思想状况，就不完全是前代一定胜过后代，也许情况恰恰相反。我这么说的意思是后来的儒者经常“解构”或重新组装儒学的理论零件，不可能直接拿来就用，到最后很可能走样。所以说，如果真认为“五四”时期的陈独秀还袭用的是孟子那套观念，恐怕没有多少说服力。

另外一个历史常识是儒学到宋代以后就越来越碎片化了，碎片化的理由太复杂。我在此不想多说，只想指出一个历史事实，宋代以后，经济和文化中心不断南移，儒学的中心地位也随之被分散了。只要看到《宋元学案》和《明儒学案》开始按地区讲解儒学流派，你就会明白，儒学碎片化到了岭南之地都出了自创一派的儒家大师。你很难想象他们都整齐划一地认同“道德教化”的思想策略，当年闽学和岭学因为地域传承的差异常争执到水火不容的地步，吵得没完没了。我们在观察思想传统的流变时，对这种空间和区域上的碎片化总不能视而不见。①

其实，只要我们引入“区域”的观察维度，“五四”前后知识人群的思想差异还是相当大的。出生在岭南的康有为和梁启超拥有相对强烈的以道德教化手段正君心兴变革的意识。他们的“道德主义”诉求不但寄托在对光绪帝改革能力的浪漫幻想上，也持续体现在他们的行动方式上，其突出特征是过多期望通过办报结社等舆论干预的方式支配大众心理，期冀由此渠道引发社会变革。出身江南地区的胡适等人的道德教化心态其实要比康、梁弱化许多，他们对待传统更多采取的是“科学主义”的功利态度。对美国杜威实验主义的张扬和贯彻为什么集中在胡适本人身上就很说明问题。尽管出生于江南的陈独秀提出过“伦理革命”是最后之革命的口号，表面做出的反传统姿态决绝得可怕，似乎咬牙切齿要把道德打碎揉烂，再踏上一只脚。但其骨子里仍持有相当实用的功利主义思想，他后来改口说要从事“社会”改革运动就是否定了自己伦理革命的前期主张。

再看看出身湖湘地区的毛泽东，早年他也奉行过生命哲学和崇尚道德自律，晚年鼓动思想改造，引爆灵魂深处的革命。但毛泽东的实践逻辑是一种更加复杂的政

---

① 参见杨念群：《儒学地域化的近代形态——三大知识群体互动的比较研究》，北京，生活·读书·新知三联书店，1997。

治实用主义。面对毛泽东早年多面的思想意识，我们根本无法仅仅从道德优先于政治社会的角度去解读其行为逻辑。毫无疑问，无论是出生于岭南、江南、湖湘还是黄河以北地区，近代知识人都隐隐约约与传统思维难脱关系。只是我们绝不可以天真地认为，他们秉承的就是一种悬置于普遍状态的所谓"儒学"的思考方式。岭南康有为表现出更强烈的道德主义倾向的理由与这个地区自明代起形成的"心学"氛围有关，陈白沙、湛若水的一支边缘思想流派明显形塑了康氏的性格；江南才子们对杜威实验主义的痴迷则与清初形成的考据学传统不无关系，两者的相遇有时代际遇的成分也有传统在其中发酵酝酿的原因。如果硬说胡适是道德主义的优先论者恐怕太过勉强，也违反常识。毛泽东早年行事独服曾文正公，虽在言语措辞上像个充满激情的道德理想主义者，但行为风格更多延续了晚清以来新崛起之湖湘群体鲜明的政治功利性格，在处理近代中国的事务时凸显的恰恰不是书生气较重的道德教化优先的策略。

在近代中国的历史变局中，政治实用主义的变通性与具有强烈理想色彩的道德主义操守虽非水火不容却常处对立状态。如果只强调其中某个方面，就容易忽略当时历史呈现出的复杂性，因为一些地区如江南的知识分子，由于和清初的考据学瓜葛太深，故比较容易在接受西方思想时发生功利而非人文的冲动。

如前所述，自 20 世纪 80 年代以来，"五四解释学"

的一个最大特点是把“个人解放”或“人的觉醒”作为衡量其价值的最重要前提，是否认同于个人价值的实现也变成了“五四”作为一场运动成败与否的关键。如此言说其实是有意避开“五四”作为一场政治事件的叙述方式，也有意回避把“五四”作为中共党史叙述链条之一个环节的官方叙事，以凸显自由主义所推崇的人性解放的独特价值。这无疑是针对集体意识支配下服从于民族主义救亡目标的“五四”政治解释所采取的一种反拨姿态，因此具有鲜明的“思想史”特征。但是一旦由此路径发展下去，却很容易走向一个极端，即把“个人觉醒”或“个人解放”的争取看作“五四”时期最重要的价值诉求，以致凡是与这种诉求不一致的其他追求都被看作对“五四”价值的背叛，也被视为造成“五四”悲剧的重要原因。比如20世纪80年代流行一种看法，就是面对国难与内乱的复杂局面，由于缺乏一种安谧的治学环境和冷静的思索氛围，个人主义根本就没有容身之地。“五四”人只好放弃对个人觉醒的追求，个人解放的启蒙任务被迫让位于救亡的残酷政治抉择。与强调“五四”人受到“思想文化优先于政治”的传统思维支配的思路恰恰相反，这种解释过度强调了现实政治选择策略的支配性和决定性作用。①

还有一种观点与上述看法颇为相似，即认为“五四”

---

① 李泽厚：《启蒙与救亡的双重变奏》，见《中国现代思想史论》，7～49页，北京，东方出版社，1987。

知识人在对待传统文化的立场上保持了高度一致，均认为中国古代传统是“五四”个人觉醒的一种障碍，于是批判传统的“态度一致性”最终凝聚起了启蒙的力量。“人的觉醒”“人的解放”作为“五四”高扬的人本主义口号，并没有类似西方资本主义经济关系制约下的文化传统作为培养土壤，故在内忧外患的煎迫下，“五四”式的个人解放必然会发生异变。包括“个体主义”与“民族主义”、“个人自由”与“阶级解放”的关系都无从合理地加以安置，前者只能屈从于后者的安排，从而导致了启蒙运动的自我瓦解。①

无论是抱怨救亡的外力妨害了启蒙的实现，还是针砭启蒙对待传统与西学态度的草率延误了自我意识的觉醒历程，都是受到自由主义论述的深刻影响，即都把个人自由当作高于其他价值的思潮加以看待，并把个人自由的觉醒看作是“五四”最重要也最需急迫加以完成的任务。其他任务一旦妨害了这个目标的实现，仿佛就是对“五四”基本价值的根本否定至少是严重偏离。当然不能否认，“五四”时期个人觉醒作为实现自由主义的前提无疑是非常重要的，甚至是实现另一个主要目标“民主”的基本条件。但如果把它认定为“五四”唯一或者是最高的目标，而其他的努力完全被归属于此目标之下，甚而以此衡量所有“五四”行动的价值和意义，似乎亦有很大的

① 汪晖：《中国现代历史中的“五四”启蒙运动》，见《汪晖自选集》，306～340页，桂林，广西师范大学出版社，1997。

问题。

我认为至少有两个问题必须回答。一是把西方式的“个人主义”孤悬为“五四”目标的想法固然有其道理，但以此没有经过中国历史经验检验过的西方式思想作为实际变革操作的最终圭臬，如何从历史进程中实际检验其效果？第二个疑问更加致命：如果把“个人主义”当作检验“五四”成败的最终标准，那么如何解释经过“五四”自由主义洗礼的大批知识精英会心甘情愿地选择与他们当年的启蒙奋斗初衷相违背的政治理念和政治行动？为什么他们会甘愿在集体意识和准则的规训状态中从事各种压抑个人精神的活动？“救亡”局势的峻烈急促抑制了个人意识的伸张的说法不能说没有道理，但无助于解释“五四”知识人精神世界是如何从内部发生转变的。

自由主义式的“五四叙事学”把“五四”的解释缩挤到了“个人主义”的发现这个单一的主题上，实际上逼窄了“五四”的精神含义。这种“思想史”式的解读没有意识到，“五四”除了是一场知识精英操持的“思想运动”之外，还是一场影响深远的“社会改造”运动。这场运动虽由精英发起，却弥散渗透到了社会的各个角落，进而形成了广泛的社会动员。自“五四”以后，如何改造“社会”已经逐渐成为时代主调，从此变成了各种变革运动必须关注的焦点问题。不管是有意还是无意，忽略“社会改造”这个层面，都等于无视“五四”运动发生以后的变化在知识精英思想之外所造成的重大后果与当年思想探索的历史联系。“五四”的真相绝非仅仅是几个精英人物发表刺激舆论的表演秀。

“五四叙事学”对“思想史”分析的过度依赖自然有其难以明说的原因。我猜想，因为持有这种观点的学者对以往把“五四”看作马克思主义从边缘走向主流的契机这种意识形态解释心存疑虑，同时也对“五四”以后中国社会变革探索过程中所产生的种种弊端和不如意现象颇有微词，故刻意强调“五四”追求个人主义风格的理想一面。难以否认的是，由“五四”运动酝酿出来的各种社会变革的方案未必是最佳的，与之相关的各类冒险尝试甚至是极其失败的。知识分子对革命道路的终极选择，其成败得失也见仁见智。但我们始终无法回避的是，这些社会改造方案的抉择大多都是“五四”思想的产儿。如果仅关注自由主义的个人际遇和心灵嬗变，并以此替代对社会变革得失的探讨，无疑会造成“五四”意义解读的严重缺失。

三、修正途径：“五四”叙事的“社会史化”

鉴于对“五四”进行过度的“思想史”分析容易出现上述问题，我提议用一种方法对此予以补救。我暂且把它命名为“五四”研究的“社会史化”。所谓“社会史化”大致包括两层含义：一是要关注“五四”前后“社会”作为一个论域的产生以及如何替代其他主题的历史；二是要更多地关注“五四”发生的社会环境及其演化意义，特别是要着力研究“五四”不同群体的行为差异及其后果。我们无须否认，“五四”曾经以反抗军阀政府出卖国家主权的姿态掀起过民族主义抗议风暴，从此被打上了政治运动的明显印记；也无可否认，“五四”的知识人曾以特立独行的方式揭示了“人之觉醒”的极端重要性。故而把“五四”定位为一场政治事件或一种个人自由觉醒与挣扎的张扬表演都有充分的理由。与此对应，无论是“政治史”的描述还是“思想史”的分析，都应在“五四”叙事中占有一席之地。不过在我看来，如果过多地刻意择取“五四”某一剖面并加以放大分析，或把一个侧面的有限意义夸大到足以取代其他侧面的程度，实不足以窥见“五四”之全貌。

“五四”运动从其爆发的一瞬间来看很可能只是一个抵抗外侮的“广场故事”，一个纯而又纯的标准政治事件。可是“五四”的意义绝非如此单薄，它既是以往一系列政治变革活动的延续，同时其思想遗产又暗含启迪了后来的“社会革命”风潮，更被看成传统与现代思想对垒较量的文化培养基。我的主张是，把“五四”看作近代历史长程运动中的一个环节重新加以审视，聚焦的目光不限于其作为政治运动瞬间发生的事件含义，也不限于揭示心灵自我重新发现过程中生发出的内在紧张状态，而是把“五四”扩展到与清末变革和民初社会革命的前后长线关联中予以定位。当然，这样的阐释必须与政治党派的合法性历史叙述区分开来，更应有别于已被定性的意识形态化政治史表述。只有如此，我们才会发现“五四”斑驳多彩、异常复杂的历史真相。

“五四”思想的复杂性在于，它既是清末民初政治转型的产物，同时也是对政治改革失败的背叛。“五四”运动固然由新潮知识分子发起，但其变革的初衷基本可以说是脱胎于清末民初的政局。民初的首要问题是如何面对清朝灭亡后遗留下的政治真空局面以重建国体政体。知识分子的眼光也只能聚焦在如何建立现代政治党派以应对上层变革的紧迫要求。但当时军阀交替主导政权的结果使得民主改革的美好愿望迅即破灭，短短数年民初知识人就已累积形成了深刻的心理危机。“五四”运动的爆发从广义上说就是对民主改革深陷危机状况的一个回应，巴黎和会损害中国主权不过是内部政治变革连遭挫折的一个折射反映。民国初年，政治改革的失败诱发了知识分子对民族国家建设由憧憬幻想到绝望厌弃的悲观情绪。正在此时，第一次世界大战爆发，本来被奉为学习榜样的西方国家内部出现严重的劳资纠纷与贫富分化现象，使得中国知识分子对西方民主国家的崇拜心理发生动摇，与上层“国家”改造相对峙的“社会”变革概念日益渗透进知识界并迅速扩大其影响力。民初知识人有一个从迷信国家制度的创生能力到崇尚“社会”改造思想的转换过程。原先企图通过国家政体设计顺利实现社会、文化乃至心理变迁连带反应的期盼完全破灭，陈独秀甚至写出了《偶像破坏论》这样的文章，把国家列为“骗人的偶像”，攻击它不过是要维护贵族地主的权利。[①]

在“五四”前后的几年里，像梁启超这样的“制度主义”爱好者和政治党魁都开始产生了厌恶政治的情绪。1906 年，任公与孙中山辩论时还坚持救中国唯有“国家主义”有效，其他民族主义、社会主义皆当在其之下的观点。[②] 然而在 1915 年 1 月，任公忽然发表了一篇感言式的文字，题为《吾今后所以报国者》，修改了自己拟定的国家变革一定优先于社会变革的时间表。在这篇文字中，任公检讨自己二十年的政治生涯，得出了自己从政以后皆“败绩失据”的悲观结论。[③] 可能是出于对民国党争的失望，故认为现在之政治社会，绝无容政治团体活动之余地，又发现政治之基础恒在“社会”，要实现健全的政论，必须在“社会”领域里有所作为，否则政论不过是徒供感情之用，或成剽窃干禄之资。[④] 可见这时任公已开始认为政治的衰败不振，实源于“社会”的堕落坏朽，“社会”治理乃是政治振兴的根基所在。下面他说的这段话把这层意思表达得十分透彻：“质言之，则中国社会之堕落窳败，晦盲否塞，实使人不寒而栗。以智识

---

① 陈独秀：《偶像破坏论》，载《新青年》，第 2 期，1918。
② 梁启超：《杂答某报（节录）》，见《梁启超选集》，527 页，上海，上海人民出版社，1984。
③ 梁启超：《吾今后所以报国者》，见《梁启超选集》，643 页。
④ 梁启超：《吾今后所以报国者》，见《梁启超选集》，645 页。

才技之晻陋若彼，势必劣败于此物竞至剧之世，举全国而为饿殍，以人心风俗之偷窳若彼，势必尽丧吾祖若宗遗传之善性，举全国而为禽兽。在此等社会上而谋政治之建设，则虽岁变更其国体，日废置其机关，法令高与山齐，庙堂日昃不食，其亦曷由致治，有蹙蹙以底于亡已耳!”他紧接着说，“夫社会之敝，极于今日，而欲以手援天下，夫孰不知其难？虽然，举全国聪明才智之士，悉辏集于政界，而社会方面空无人焉，则江河日下，又何足怪？”①

我这里引述任公这么长一段话是想说明，此时“社会”已经替代“政治”成为民初知识精英重点讨论的关键词。但对“社会”的讨论和理解显然不是“思想史”意义上的纸上空谈，而是一种实际行动的表现。所以我们还须考察决定知识精英话题转换的一个“社会史”因素，这个因素即是“代际转换”及其与此相关的人际网络的变化轨迹。“五四”新文化运动是新知识界发起的运动，但“五四”本身的主题有一个转换的过程，即经历了一个从政治关怀向文化问题迁徙，最后又向社会问题移动的过程。这种变化不是简单的线性递进，而是交叠演化，不能仅限于在思想层面上加以讨论。我们还须注意“五四”前后不同时期是什么类型的知识群体操控着主题的转换方略，以及这个方略对其行为方式的影响如何。

---

① 梁启超:《梁启超选集》，645～646 页，上海，上海人民出版社，1984。

“五四”无疑是新型知识人发动的一场运动，但“五四”的发展经历了较长时段的变迁，因此对“五四”变革主题和行动方式的支配并非由一个单一色彩的群体所能独自包揽，而是由不同的群体交替掌控。即以“五四”时期的刊物《新青年》而论，首批作者和后来加入的作者群体拥有极为不同的复杂背景。这批人大多出生于19世纪七八十年代，几乎都有通过秘密结社颠覆清廷统治的革命阅历，当然不少人也有留学的经验，但也多为留学生中政治反叛活动的积极分子，如蔡元培、李大钊、陈独秀、高一涵、潘赞化、章士钊、吴稚晖等人。他们也正是凭借着反清元老的政治资本相互援引呼应，对上层实施政治变革兴趣浓厚，是最早的一批国家主义者，惯常以较为宏大的政治思维风格判断事务，左右民初政局。

而后来进入《新青年》作者队伍的一批人则多有留学欧美的学术背景，如胡适、傅斯年、王星拱、任鸿隽等。他们与早期作者对政治变革的关注方式大有不同，对政体如何变化的政论表述程式既不敏感也不擅长。欧美留学群体更娴熟于一种科学化的训练，更多展示出的是学院派的行事风格。他们惯常把研究对象区分成较为专门化的片段逐一加以审视。比如，胡适提出“重估一切价值”的口号，却不肯止步于倡导“主义”的笼统议题，而一定要把“主义”切片化解成“问题”，再具体辅之以“多研究些问题”的方法加以审视。因为在他看来，“主义”的提法再显崇高浪漫，也必须分解成社会科学式的细胞单位作为试验对象。

对某类“问题”拥有优雅的嗅觉敏感并不等于就天然具有实际解决问题的能力。“学院派”们的讨论均限于“文化”的狭窄范围，或者是囿于较为抽象的学术论域，其贡献也就是把“文化”重新通过科学方式纳入学院的语境中予以检视，于实际人生没有多少切实的指导意义，甚至无法应对日益急迫的变革要求。特别是当“社会”问题替代上层政治变革而凸显其紧迫性时，“学院派”的实验风格很快就显得苍白无力。因为“社会”问题的出现并非可以密封在实验室里用科学方法的专门化手段予以观察，然后像分解标本般指指点点即可大功告成，而是必须聚焦在具体的实际对象，如“劳工问题”“农村问题”“教育的普及率问题”之上，通过细致的实践步骤实地加以解决。

由此可知，如何有说服力地描绘出“社会改造”的具体图式就变成了考验“后五四”时期知识人表现能力的试金石。实际上，是否具有一种实践的含义变成了衡量知识分子对“社会”的认知和改造能力的标准，尽管采取的策略差异很大。如无政府主义者主要注重日常生活秩序的重建以及个人在社会中如何起作用的问题；乡村建设者则具体考量如何在“社区”的局部范围内重建一种政治、文化与社会混合并存的新秩序，从而通过地方改造的途径逐渐渗透进基层而生效。社会主义者则以阶级冲突为社会之基本特征，主张从根本上用暴力手段颠覆和改造现行制度。可见，“社会”一旦成为“五四”的关键词，“五四”就不仅表现为一次性的政治事件，也不会仅仅成为被囚禁的个体心灵寻求自由时释放出的焦灼私语，而是一种“行为”选择构成的异动与挑战。这些“行为”的载体分别与不同的人际网络的联系方式和认同基础有关。我们的视野如果不聚焦在这些人群行为的差异上，就难以理解“五四”作为革命象征的真正含义。

四、对“社会”的认知与“五四”知识精英的行动方略

值得注意的是，“五四”知识人对“社会”的认识来源于西方“国家”发生的危机对心理造成的刺激，而不是对西方资本主义初始意义上“国家—社会”复杂关系的理解。同时，在具体的探索行动中又有传统观念对农村社会组织的印象在起作用。对“社会”问题的重视首先缘起于一些外因的刺激，第一次世界大战使得欧洲诸国作为现代国家的楷模形象大受损害，它所引发的俄国政权变动使得“社会改造”作为一种“革命”形式被国人所熟知。中国人开始认识到，国家之间的相互仇杀起因于国家内部的“社会”出现了问题。当然还有以上提及的原因，即“五四”知识分子对“文化”仅仅进行了抽象的讨论，越来越无助于解决具体的生活实践问题。“社会”作为一个

独立的思考单位由此不但开始单独从“国家”形象中剥离出来，而且也开始从“文化”(包括那些“个人觉醒”的抽象话题)讨论中剥离出来，具有了对象化的意义。

陈独秀当时即已指出，“新文化运动”不应把自身局促成新知识分子参与的独一无二的运动，他们也应参加诸如妇女地位、劳工环境、人口问题等论题的社会运动。他把“文化运动”与“社会运动”做出区分，而且越来越偏向于采纳“社会运动”的方式。陈独秀意识到，要探求解决中国政治、社会、经济问题的根本方法，走“社会运动”的道路显然比单纯采取抽象的文化讨论要有意义。他的这个立场与尚且迷恋于“文化”试验游戏的“自由主义”者划清了界限。也可以说，“社会”问题的凸显引起了“五四”知识群体的真正分化。“社会变革”作为政治变革的基础和条件逐渐进入了现代知识分子的讨论视野。“社会”从此有机会单独组成一个论域，并由此被“问题化”了。

在“社会”变成了“五四”讨论主题的过程中，无政府主义者起到了相当关键的作用。无政府主义最先传到中国的时间很早，到晚清时已经具备了很强的势力，在“五四”运动爆发前据说全国已有几万的信奉者。无政府主义赋予“五四”一种既区别于上层“政治建制”讨论也区别于“文化理念试验”的行动逻辑。在无政府主义者看来，“社会革命”不是靠政客的论坛激辩与文化精英的空谈实验所能达致，而是必须依靠介入日常生活的崭新行动方略才能最终完成。无政府主义者首先将“社会革命”设想为一个社会活动的参与过程，一个“全体之革命”。在他们看来，“社会革命”与“政治革命”的差别不仅是目的上的，而且是方法上的。“政治革命”是在少数政党精英操控下的行动，“社会革命”则是大多数人的革命，即平民革命。

无政府主义的行动方式是以教育替代政治党争，这也是出于对民初政治经验的检讨。在他们看来，国家不但是战争的导火线，是少数人压制多数人的机构，而且国家通过保护阶级制度妨碍人类共同的生活。民初政治虽在形式上企图以党派制衡手段达到民主建国的目标，可各类政党几乎无一不最终屈从在军阀的武力淫威之下，毫无自由表达政治立场的空间，这是从袁世凯时期即已定下的政治基调。所以无政府主义的行动逻辑首先就是要摆脱与民初军阀政治势力的纠葛关系，避免陷入“以暴易暴”的权力循环圈。他们认为，政治革命作为一种行动策略只能服务于短期目标，而教育的效用则是永久的，对人类的改变也是永久的。不像有政府的教育传授军事主义、法律意识和宗教，或一语蔽之曰——服从权力，无政府主义教育则传授真理、公道即自由、平等和自治能力。[①] 他们通过建立“工读组织”和劳动学校的方式提供一种承诺，即不仅在抽象的意义上改变思想，

① 参见[美]德里克：《中国革命中的无政府主义》，85 页，桂林，广西师范大学出版社，2006。

而且要在个人的日常生活中引起激变。

按照自由主义的诠释逻辑，对“社会改造”的认识也是瓦解“五四”个人启蒙精神的开始。“个人”刚摆脱“国家”的控制又改而依附于“社会”，悲剧由此发生了。这个逻辑不能说没有一定道理。有一个特点需要注意，“社会”问题的凸显使得实施民主政治的主体发生了变化，既然“劳动问题”和分配不公问题成了讨论中心，劳动阶级升格为“民主”的主角成为必然，这是个划时代的变化。但还有一个因素不能不考虑，那就是对“社会”不平等的理解是基于对西方劳工纠纷的成熟资本主义状态的粗浅认识，而非对中国具体状态的切实了解。故当时就有人指出两者暗含语境的差异与不对称的弊病，这种不对称到中国就被偷偷置换和修正了。当时的“劳工阶级”即工人阶级的比例并不高，故“无产阶级”甚至包含着“勤耕苦作而困厄颠连者”“没有产业，专靠劳动食饭的那一层”，等等。中国“社会改造”者希望的是在山林高旷的地方组织一个“皮肉一致、表里相应的劳动社会”。①

那么，在无政府主义者的眼里，什么才是“个人”可以合理得到安顿的理想“社会”呢？其实他们自己也并不清楚，原因在于“社会”必须有一个清晰的界定和范围。古代的“社会”边界基本上是靠村庄、家庭和宗族网络加

① 参见杨奎松、董士伟：《海市蜃楼与大漠绿洲——中国近代社会主义思潮研究》，135～150页，上海，上海人民出版社，1991。

以确认的。当年梁任公提倡"合群"与"公德"，就是主张在救亡图存的背景下，个人不应该面对着家庭、宗族、村庄等社会网络组织，而是应直接置身于"国"的范围中去认定自己的位置。① 但吴稚晖却认为，国权是滋生强权毒化人性的名利场，应该另建一种社会网络才能克服这些弊端。② 但这个社会网络到底是什么？是否果真能起到净化心灵和个人生活的目的？好像又都语焉不详。

从古意来看，"社会"一词最早见于宋朝程伊川《二程全书》中"乡民为社会"一句。"社"本指土地之神，"社会"即指为祭神而举行的集会或集合。但从"社会史"的角度说，当年费孝通先生提出一个看法，他说"社会"还包含着以地方精英统率乡民维系一种基层秩序的含义在里面。因此，帝国的体系实际包括上下两个层次，上层的行政化与下层的自治格局处于同构而又异质的状态。只不过现代国家的建立摧毁了这一"双轨制"的原则。③ 当时的社会改造运动在如何面对传统乡村治理网络的时候尚处在犹疑不决的阶段。早年"乡土重建"论者，如梁任公在湖南策动维新运动时就提出依赖地方士

① 梁启超：《新民说》，见《梁启超选集》，213 页，上海，上海人民出版社，1984。

② 吴稚晖：《无政府主义以教育为革命说》，见葛懋春、蒋俊、李兴芝编：《无政府主义思想资料选》，7～8 页，北京，北京大学出版社，1984。

③ 费孝通：《乡土重建》，见《费孝通文集》第四卷，334～364 页，北京，群言出版社，1999。

绅完成政治改革的设想，不过在以后的变革中始终没有提出重建“乡绅阶层”的具体方案。

无政府主义者在面对乡村社会的固有网络时表现出更加决绝的态度，他们希望越过传统的地方构造，创造一种新型的人际网络关系，他们称之为“社会人”。这种“社会人”既能够避免由现实利益的驱动去盲目参与国家政治、最终成为实现政治目标的牺牲品的悲剧命运，同时又能摆脱原有的基层社会网络的控制，拥有一种自性无染的理想人性状态。这种既不依赖国家的制度安排，又不打算尊重和开掘传统基层社会资源的做法很容易陷于进退失据的境地。他们提出的一个解决方案是建立“社会组织”作为新的人性成长的基点。在他们的自我表述中，各种“劳工组织”“劳工学校”和自治团体即是这些“社会组织”的一些形式。不过事实证明，脱离了国家的控制，也没有乡土的人际网络作根基的所谓“组织”实际上没有存在的任何动力，很快就遭遇到了离散瓦解的命运。

无政府主义者在组织形式上的失败源于他们对中国平民复杂状况的无知。前面已提及，由于“劳工阶级”的比例不高，故“无产阶级”应该把大多数的农民阶级包含在内。但是，无政府主义者采纳的所谓新型“社会组织”的形式基本上是从城市结构出发来加以设计的，并没有考虑广大中国乡村的具体生活状态，完全脱离了农村的现实需要，相反却以摧毁乡村的基本社会结构为其变革的前提。因此，其创建“社会组织”的构思与自性无染的浪漫幻想均无法在真正的实际行动中得到印证也属自然。

尽管如此，无政府主义者的主要思想仍强烈影响着以后中国革命话语的形成和构造方式。简单地说，以后的中国革命者均想通过平民教育的手段实现脑力劳动与体力劳动的结合。这是与其对中国社会的一个基本判断有关。他们认为，历史上脑力劳动与体力劳动的分离是社会发生不平等和导致个人贫困的根源，必须创造不同于以往的社会构造形式才能促成大众生活的根本改变。问题在于，他们并没有把中国社会中平民人群的真正需要纳入自己的考虑范围，也没有形成明确具体的人群划分框架去分析中国社会的特质。其所有的“社会组织”设计都是为了防范中国再次发生类似西方资本主义社会曾经出现的纠纷和冲突，大多数的构想并不适用于中国社会的需要，更别提具体的实践步骤了。

其实，“五四”时期活跃着一批边缘知识群体。这批人没有如“五四”核心圈那样显赫的留学学历和名牌学堂的出身背景，却逐渐在边缘地区集聚起了不小的舆论和行动能量，最后决定性地影响了中国革命的历史走向。稍加注意，我们就会看到，从“五四”到“后五四”阶段，知识群体一直呈现一种“核心—边缘”的不均衡分布状态。最初是一批辛亥的老革命家在厌弃民初政治变革失败的悲观气氛里开始转向文化讨论，一批留学欧美的知识人随之把“五四”运动烙上了“思想文化运动”的色彩，他们以北京为中心，活动位置处于“五四”的核心地带。无政府主义者在“五四”运动发生的一段时间内则一直游离在边缘的位置，“社会革命”成为时代主题后他们才渐趋活跃。但由于其对“社会”内涵的理解混乱不清，导致其组织新型社会的行为缺乏可操作的实践功能，最后难免流于失败。而另外一批身处核心圈外的知识人则开始在边缘地区集聚起了力量。以毛泽东为代表的湖南第一师范群体就是“五四”舆论圈网络最外围的群体。

为什么说这批人身处“五四”舆论圈的最外围呢？理由是毛泽东一直与“五四”核心圈保持着若即若离的关系。因为不具备足够的政治和文化资本，毛泽东无法加入核心话题的讨论，而是采取了冷眼观望的态度。除了短暂的北大图书馆员生涯之外，毛泽东与“五四”运动的关系恐怕仅仅反映在他发表于《新青年》杂志上的《体育之研究》这篇文章。毛泽东于此文中强调“精神训练”与“身体锻炼”之间的关系，认为“身体”与“知识”之间若发生关联，必须经过艰苦的“体育”训练才能实现。因为过多突出了行为实践对心灵改造的范导意义，这套论述与“五四”核心圈单独强调“伦理革命”的突出作用和个人觉醒价值的主流话语并不合拍。同时，文章的主要论点来源于中国的思想传统，如采纳清初颜习斋、李刚主“经世”实践的方略，却批评近代新式学堂教育中把“体育”形式化的模式，更是不合时宜的论调。

既然缺乏“五四”核心精英的留学背景和高等学历的文化资本，毛泽东转而采取发掘地方历史传统的方法作为编织身份网络的资源。他的基本思路是，以湖南区域在中国近代历史上的特殊位置和贡献作为凝聚知识团体和组织社会动员的基本依据。比如，他特别推崇如下史实：湖南从以往默默无闻的荒蛮之地通过平定“洪杨之役”一跃成为举足轻重的区域，曾国藩等人就是利用亲属师友网络来强化湖南人注重实践的行事风格。此风格强调“知识”必须从躬行践履的政治行动中得到验证，否则必定劳而无功，从而为湖南边缘知识群体在“五四”时期争夺舆论位置摸清了近代历史源流。毛泽东早年参与“湖南共和国”独立运动即与这种地方性的历史情结常纠结于胸中不无关系。青年毛泽东也是一个无政府主义者，比如他在岳麓山举办过“新村实验”，但毛泽东最终选择的行动策略显然与无政府主义有了很大区别。“五四”时期出现了许多形形色色的组织，也有不少打出了实现社会革命目标的旗号，却多在具体行动上时不时表现出个人主义式的意气用事，在各种理念的设计上过多依赖西方的原创思想，却很难与中国之实际状况接榫，故总表现出幻想大于实际的虚夸状态。

要谋取“社会革命”的成功，显然不可以仅凭个人主义的书生激情论辩，而是必须以个人网络的联系为基础，最终要超越个体的层面进入高度组织的程序之中，方能成事。加入其中的人必须受到超越个人之上的戒律和理想目标的强力约束，才能付诸有效的革命行动。当时“五四”的众多社团中没有一个组织符合这个要求，可能唯一一个例外就是毛泽东组织的“新民学会”。“新民学会”的构成具有高度的同质性特征，其会员均来自湖南第一师范，他们共享着近代湖南凭借对政治的高度敏感和实践取得成功的历史记忆，形成了独特的地方责任伦理。不像无政府主义者那样极度厌恶各种类别的政治行动，“新民学会”不排除通过政治手段争取社会平等和广大民众利益的实现，甚至不排除借助暴力手段。这样就和马克思主义具有广泛世界意义的意识形态原则和组织戒律建立起了联系，从而又能使之超越地方历史意识和个人网络的局限，在更高的准则上确认自己的奋斗目标。

“五四”知识人吸收的是一种无政府主义思想，是以消灭家庭作为“社会改造”手段的，这条路径被社会主义者延续了下来。他们形成的共识是，中国基层社会的原有资源是完全靠不住的，必须彻底加以摧毁。其实，历史经验证明，“社会革命”之能否成功，很大程度上取决于乡村的文化基础是否能够得到妥善地利用和有效的转换。因此我以为，“后五四”时期弥漫开来的“社会革命”风潮，其要义不在于遏止了个人的自由解放，而在于彻底阻断了乡村文化再生产的渠道。这才是“后五四”时期发生的最大悲剧之所在。

五、结论："社会革命"得失谈

通过以上对"五四"运动诸多特征的分析，不难发现，"五四"绝非一场单纯的政治运动，其意义也非单独的思想文化乃至社会运动所能概括，但"五四"确又是对政治、文化和社会变革进行全面反思和力图把这种思想尝试付诸行动的长期历史过程。"五四"的丰富性和复杂性在于，我们抉取其中任何一个片段都不足以窥其全豹。过去的正统史观把"五四"仅仅视为一种民族主义的抗议表现，或是中国共产党争取统治合法化地位的开端和前奏，显然有过度意识形态化的嫌疑。但自由主义史观借助"启蒙—反启蒙"的叙述框架，把"五四"视为个人主义觉醒的思想培养基，以"个人主义"的张扬和自我的发现来对抗政治史叙事，甚至把"个人主义"的难以实现归咎于"五四"知识分子对传统文化的严厉批判，并把"反传统主义"当作"五四"陷入启蒙悲剧命运的罪魁。此观点虽影响甚大，也颇具启发性，却似乎从另外一个角度过度窄化了"五四"的丰富意义。特别是"后五四"时期出现的"社会革命"风潮，由于"新启蒙"观点有意规避正统政治史叙事的缘故，被长期摒除出了研究的视野，就更令人感到遗憾。

本文撰写的目的是接续对"后五四"时期发生的社会革命意义的解读，以彰显被"新启蒙"叙事遮蔽的另一层历史真相。“社会”无疑是“五四”后期居于中心地位的关键词。对此各家的理解纷纭难辨，莫衷一是。但对“社会”观念的阐释和如何把“社会变革”付诸实践，确实是检验“五四”知识人是否只具备某种思想能力还是真正具有行动能力的分水岭。“五四”具有自由主义倾向的启蒙者只关注思想文化对于个人觉醒的意义，对“社会改造”的路径不甚了解。无政府主义者虽标榜“社会革命”的重要性，却把“社会”理解为要打造出与传统组织和现实政治无关的领域，想凭空在现实利益弥漫的氛围中建立崭新的社会组织，其结局只能是走向失败。

“五四”时期的社会主义者早年大多数是无政府主义的信徒，但并不排斥政治动员和戒律约束对革命群体的规训作用，也不排斥运用阶级斗争等实现革命的暴力手段。这种手段也是自由主义者所诟病的。我们在此并不想在革命手段的采用上明辨是非，而是更注意中国式的社会主义者对“社会”的认知态度和改造程序之效果如何。一些社会主义者和无政府主义者都同样意识到，现代官僚机构和教育体制对人性具有压抑作用，比如毛泽东毕生都在批判现代学校与社会的隔阂不通，一生都想实现“社会”与“学校”相通相融的梦想。这让我们联想起当年他的乡先辈左宗棠任书院教习时，不在屋内授课反而跑到山里实地演练攻守进退之战法的轶事，可见其思想与湖湘经世派有着多么微妙相通的渊源关系。“五四”前后，毛泽东曾亲自试办自修大学、夜校、新式私塾等机构进行教育试验。1949 年以后的教育改革在学校里增加了务农务工课程，直至发动知识青年上山下乡奔赴农村，均为毛泽东持续打通学校与社会之隔阂的不懈尝试。因为高等教育的专门化与社会知识汲取途径的日益脱节成为毛泽东自青年时代起就挥之不去的遗憾。

问题在于，毛泽东的教育改革方略是建立在科举制的废墟之上的。在我看来，科举制实际上是一个沟通上层体制与底层社会的筛选机制，一部分成绩优秀者如举人、进士被提升到官僚阶层职掌上层政治事务，另一部分秀才、贡生等则被沉淀到基层组织网络中担当民间协调人。这两部分人又分别承担国家的行政和地方自治事务，上层以官僚行政机构为依托完成职责，下层则以宗族等组织为基础行使职权，依附在宗族系统之上的所谓"士绅阶层"就像一条基层组织的输血管，通过科举功名的认同网络相互连接起来，构成一种上下循环的良性系统。

最为重要的是，中国乡土文化的一个重要特点是，人才相对均匀地散布在地方上，成为基层建设的支撑力量。费孝通和潘光旦先生曾分析过 915 个清代贡生、举人和进士的出身，发现他们从地域分布上说，52. 5% 出身自城市，41. 16% 出身自乡村，另有 6. 34% 出身自介于城乡之间的市镇。从省份分别上看，直、苏、浙、鲁、皖、晋、豫 7 省，乡贡百分比超过城贡的有鲁、皖、晋、豫 4 省。这些数字说明科举制的运转把大部分的人才都留在了乡村。这些人物中父亲已有功名的和父亲没有功名的比例，城乡双方几乎相等：城方是17∶8，乡方是16∶9。[1] 说明士绅即使跃登龙门后也多能返本归根，回到地方效力，再继续培养人才。科举实际上不仅为官僚系统提供人才，还通过循环作育的环节，为草根社会筹备人才。所以费孝通认为中国士大夫对于地方事业的负责程度比任何其他国家的中间阶级更甚。

清朝灭亡后，科举制随之被遗弃，输血管被强行阻塞，这套上下贯通的循环系统也随之不复存在。不过在辛亥革命之后，尽管科举制被取消，但基层系统的大部分组织至少在形式方面尚能保存完好，没有完全遭到破坏。也就是说，作为“社会”的根基，其能否生存还有转圜的余地。地方组织如宗族作为输血枢纽的地位能否得以保留，成为社会变革是否合理的关键。然而历史却走向了反面，在基层起着运转枢纽作用的家族体系在“五四”时期被一致视为攻伐的对象，从“家族有罪论”到“四大枷锁”论，都把家族列为妨害中国实现现代化的最大障碍。“社会革命”一度成为“家庭革命”的同义词，在狂飙突起的社会革命浪潮中，“家族”“宗族”以及士绅阶层等都是首先被扫除的对象。

无政府主义者和社会主义者在对待乡村传统的态度上是一致的。国民政府致力于“上层政治改革”，对基层

---

① 费孝通：《乡土重建》，见《费孝通文集》第四卷，356～357页，北京，群言出版社，1999。

网络包括士绅社会关系抱有维持现状的态度，还试图维系其原有功能，比如人们至今还津津乐道民国的内阁总理唐绍仪在辞去总理职务时跑到自己的家乡香山县做起了县官。一些知识精英也主张保留乡村中的家族制度作为变革的基础。比如，潘光旦就曾比较民族意识和家族意识，认为家族意识的发展不是弊端，甚至说真要有强有力的民族意识，非先有适当的家族意识不可，真正的民族意识是以家族意识为张本，而脱胎于家族意识的。潘光旦进一步论证说："所以我们目下所求的，决不是家族意识和家族意识所由培植的工具的革除，决不是以民族意识完全代替家族意识；而是家族意识畸形的修正和这种工具的利导与限制，使不再教家族意识走上畸形发展的途径。宗祠的制度在农村中心的社会里，自有它教育的、伦理的、经济的效用，应在利导与限制之列，而不在取缔与革除之列。"①

然而基层社会以士绅为治理细胞的组织结构在现代化的冲击下趋于崩坏，几乎无法修复，甚至处于劣绅恶霸当道的境况。面对此困境，中国共产党主张依靠发动基层民众，舍弃传统乡村权力骨架，实现社会变革。这就等于彻底摧毁了作为基层文化承载者的士绅角色，却又缺乏合适的替代者。毛泽东显然意识到了这个问题，他通过号召和强迫城市知识青年向乡村流动的办法，意

---

① 匿名(潘光旦)：《笃亲兴仁》，载《华年》，第28期，1932。

图弥补基层社会在"士绅阶级"消失后缺少文化资源的窘境。这种强行输血的方法乃是不得已而为之，只有短暂输血的效应而无造血的能力。他没有意识到，城市知识青年所接受的现代学校教育是西方式的专门化教育，与基层的传统教育毫无关联。他的构想是一方面通过城市向农村进行政治输血，另一方面又想通过上山下乡运动使城市知识阶层拥有日常劳动的特征。显然还是延续了无政府主义时期企图建立"社会组织"新式职能的预想，但却因无法与乡村传统进行有效衔接而归于失败。

由此可知，把个人主义觉醒概括为"新启蒙"思想的神髓固然有其道理，但如果以个人觉醒的程度为唯一标准，并以此自由主义的态度衡量"后五四"时期的政治救亡和社会革命，甚至进而认为这些变革是对"新启蒙"运动的压抑，似乎也容易导致另一种认知偏颇，那就是对具有广泛影响力的"社会"运动所带来的变化视而不见。我并非认为这些运动的效果都是正面的，也并非想为"后五四"时期所有政治和社会变革所付出的各种代价辩护，只是试图在"五四"90 周年诞辰之际，表达自己的一种愿望。那就是，"五四"研究应该在更加丰富的认识框架中加以展开，而不要限制了自己的探索视野。

我国近代"防疫"体系的演变

——2003 年 9 月 4 日在中国人民大学的讲演

"瘟疫"的发生与普通疾病不同。个体病痛如不传染，基本可与他人无涉。但瘟疫一起，则仿佛好大一片天空都被毒魔吞噬笼罩，毒气四溢之际，人人惶惶自危，常常闹得昏云惨雾，天地为之色变。正因如此，近代以来的防疫行为从来都不是以个体活动的形式出现的。每当毒雾弥散之际，四处剿杀追逐病毒，强行区隔正常与非常之人的宏大场面，就极易演变成一种相当壮观而又规训严整的医疗群体行动。"防疫"与"避疫"也就不可能单纯作为一种医疗手段仅仅与局部的个体病人发生关系，而是与各种复杂的社会生活形态密切相关。

一、传统认知："医疗"也是"社会"现象

在中国传统地方社会的认知框架中，"医疗"是作为一种"社会"现象而被对待的。例如，在传统地方社区面

临瘟疫传播的威胁时，施医治病往往就是社会化的慈善事业的一个组成部分而根本无法独立出来。“医疗”过程作为一种专门化的程序被从社会生活中剥离出来加以观察，是现代科学眼光审视下发生的结果。可是如果仅仅用后人形成的所谓“科学眼光”来看待弥漫于“社会”之中而熏染出来的中国“医疗”观，自然常常会觉得荒诞不经，令人难以苟同，从而把根植于日常生活中的“医疗”现象与国人同样植根于如此情境中看待世界的方式分离开来，形成了相当单调的判别标准。

如果回到中国历史的现场中进行观察，会发现许多医疗现象的出现不但是文化环境的产物，而且其治疗过程本身就是一种相当复杂的社会行为。比如中国农村中长期存在的“准疾病状态”的现象，病人发作时的临床症状根本无法通过中西医的任何正常诊疗手段加以治愈，而必须求助于被传统与现代医学排斥的文化仪式行为，如画符、祭扫、作法等方式。这时，纯粹的科学解释就会显得极为苍白无力。更为重要的是，当疾病作为个别现象存在于个体病人身上时，完全可以通过施医送药的纯粹医疗途径予以解决，可当某种疾病以大规模瘟疫传播蔓延的方式影响着社会秩序的稳定时，对付病菌已不仅仅取决于医治病症本身是否有效，更是一种复杂的政治应对策略是否能快速见效的问题。

清代的历史已经证明，瘟疫控制的程度大小和时间长短往往与社会和政治应对策略的有效性成正比关系，而不完全取决于医疗对个体病患者的实际治愈水平。或者也可以说，不同的政治与社会组织的应对策略决定着防疫的成效和水平。从“社会史”而不是从单纯“医疗史”的角度观察，正可以看出时疫发生时社会与政府行为在社会动员组织与整合能力方面的差异性。

二、清代：“济贫”“施医”开始分离

清代咸同时期以后，瘟疫愈发频繁发作，但清政府出面进行官方干预控制的行为和实际作用却在萎缩。深究其原因，就会发现这种悖论现象的产生与清初中央政府与基层社会在对民间生活进行控制方面出现了利益格局的再分配有关。

就清代最为富庶的江南地区情况来看，虽然医疗职能普遍由地方社会承担，如宗族、各种善堂等慈善机构，但它们都具有一个共同的特点，即均不能算是纯粹单独的医疗机构，而是大多在主体救济功能之外兼具施医诊治的作用。比如乾隆时上海的同善堂就兼有施棺、施药、惜字、掩埋的多项功能，所以不是“专门化”的医疗机构。而且这些慈善功能基本延续着宋代以来分散性的乡贤救治的地方传统。如《水浒传》中描写宋江出场时就说他：“常散施棺材药饵，济人贫苦。”在地方社会遭遇大疫时，这些零散的救助活动很难真正发挥作用。但另一方面，道光以后，中国地方社会的综合性善堂急速

增多，意味着其中所包含的医疗救治成分也会相应地增多，这就为西方医疗行政体系的介入奠定了基础。后来更有施医局这样的机构从善堂系统中分化出来独立运作，从而使原来善堂救济“贫病”的功能内涵悄悄发生了变化。“病”作为救济对象已不只是“贫”的延伸，而是被相对独立划分了出来。所以道光以后的施医局等专门机构的出现是传统医疗资源自身发展的结果，它与西医医院虽在诊疗手段和组织形式上大有不同，但在对疾病治疗进行空间组织方面却有相互衔接与共容的地方。不过，是否可以马上就此得出结论说，西方医药文明与中国传统医药资源共同促成现代医院的出现与发展，似乎还难以仓促定论。

由此可知，要解释这一现象的发生，显然不能靠纯粹意义上的所谓“医疗史”研究加以说明，也不能依赖于传统意义上对上层机构的“制度史”分析方法予以诠释。因为清代的防疫体系往往与各种传统的社会组织功能缠绕在一起，通过它们的作用才得以显现，这种复杂的情况不是纯粹依赖观察医疗现象的视野能够加以归纳的。与之相关的是，清代防疫系统似乎只有在“地区性”的境况中才能凸显其意义，而无法从传统政府整体职能运筹的角度评估其有效性。

三、古人的“隔离”观念：不仁

既然中国近代以来的救灾赈济可以被勾画出一种临

时应对机制向常设机构转换的线索，由于时疫流行也有一定的效率和周期，因此其应对方式也有从临时性向常设性转换的过程，同时又大多受制于特定的社会和文化观念。如果从文化观念传承的角度观察，对什么是“时疫”的观察，古人与今人即有较大差异。“时疫”可通过各种渠道利用细菌传染的看法完全是西方现代医学传入后发生的观念。直到清代，中国人对“时疫”的认识仍是把“流行病”与“传染病”相混淆。中国古代虽有“预防论”较早出现的记录，却对疾病能够“传染”缺乏有效的认知。所以古人“避疫”皆出于本能反应，如重九登高健身等，这种本能经验与医理上对瘟疫传染的阐明没有直接的联系。这并不是说古人就没有“隔离”的观念。古人虽无法认知时疫由细菌所致，但有瘟疫是由暑湿秽恶之气所致的观念，故避疫法中亦有回避疫气的各种方法。宋代苏轼在杭州任官时即捐资创立安乐病坊。宋徽宗又诏令各郡设安济坊，有的安济坊可设病房数间，用于隔离病人以防传染。不过古人隔离观念的完善一直受制于文化观念与机构设置的双重压力。

从文化传统上而言，自古“隔离”观念就受到中国道德观频繁而顽强的阻击。如晋时就有记载说当朝臣家染上时疫，只要有三人以上被感染时，即使没有被染上的人，在百日之内不得入宫。这种有效的隔离方法却被当时人讥讽为行为“不仁”。到了清代，江南文献中还有不少弘扬时疫流行、人不敢叩门时坚持照看病人的记载。

更有的文人写出《避疫论》这样的著作，抨击“隔离”措施是使“子不能见其父，弟不能见其兄，妻不能见其夫，此其残忍刻薄之行，虽禽兽不忍而为”，显然是把本能的“隔离”行为提高到了捍卫儒家道统的角度来认识了。

从机构演变的历史立论，明清以后的系统“隔离”措施确实有日益萎缩的趋势，其功能常常由救济机构如善堂等承担起来。如此推断，遭逢大疫时，“隔离”作为救治手段并没有成为整个社会的自觉行为，这与当事人对时疫控制总是采取临时性、分散性的应对策略而无法组织起大规模的有效动员行动的现象是互相吻合的。民间社会的传统中医绝大多数采取坐堂应诊的方式，有时是坐店（药店）应诊，完全处于个体分散状态。所以当瘟疫爆发并以极快速度流行开来时，虽然中医不乏特效药方施治成功的例子，但因缺乏防疫隔离的群体动员规模和强制性空间抑制机制，所以在时疫流行控制方面难有作为。

四、统治方式的变化与地方医疗资源的近代性

那么，为什么会出现政府控制疾病能力逐步萎缩这种历史现象呢？原因固然很复杂，不过宋代以后中央政府与地方社会之间的关系发生了明显的变化应是影响其控制疾病机制的重要因素。

从基层社会结构演变态势而言，宋代以后，官府在

医疗事业方面所采取的举措很大程度上开始让位于地方基层组织，这大致出自两个原因。一是中华帝国的统治机能在宋以后发生了重大变化，表面上其官僚职能的运作效率日趋低下，实际上是整个统治空间地域的扩大化导致治理模式的转换。治理秩序的稳定与否当然是历代官府关注的聚焦点，但宋以后统治区域的扩大导致原先依靠律法监控为主要手段的统治方式无法面面俱到地把触角伸向底层社会，所以必须在基层寻找“地方代理人”以贯彻上层意图。这些被称为“乡绅阶层”的地方代理人往往不是官僚系统里面的正式成员，其控制社会的方式也与官府仅仅依靠律法施政的传统有所不同，从而演变成了以“教化”为先的“道德化”基层治理模式。他们的出现会逐渐开始分享和争夺官方的统治资源。二是正因为官府往往只注意投入更多的精力去稳定社会秩序，而对并非直接关系到统治秩序的地方福利与医疗卫生事业缺乏积极干预的兴趣，而地方社会则通过宗族、乡约等组织从“道德化”的角度承担起维护社会秩序的任务。只有在社会控制形式开始从依靠律法暴力统治向以教化为主要统治手段实行过渡后，政府无力在道德层面上直接对基层社会施加影响，而必须把这个空间出让给地方代理人时，才可以理解为什么宋以后的医疗组织往往包含在慈善组织的运转中。因为慈善组织恰恰是中国整个社会秩序的维系方式越来越趋于“道德化”的一种体现。

江南医疗机构日益从慈善组织中独立出来，与清中叶以后地方组织日趋活跃有非常密切的关系。从某种意义上说，这种现象的发生是中国社会内在发展需要的结果。有许多论者往往由此出发，从反“西方中心论”的角度极力寻找中国社会自主运转的合理性。如果从地方社会与国家互动关系的角度观察，民间医疗资源在乾嘉以后确实出现了重新整合的迹象。在嘉道以后不但日常性的救疗措施渐趋增多，而且许多专门医疗机构如医药局等也逐步从综合性的慈善机构中分离出来独立运作。而能够支撑这种相对独立运作的缘由之一是其经费来源开始依靠稳定而具有灵活性的丝捐和铺捐等，并通过收取号金的方式累积治疗资金，这样就改变了过去单靠不稳定的乡绅捐助维持慈善事业的旧格局。这些变化都可以说与近代西方医疗体系的进入有相契合的地方。

五、清末以后中西医冲突的焦点：防疫

不过这尚不足以说明江南地方医疗资源的重组就已具备典型的“近代性”特征，因为它们缺乏近代医疗系统所具有的规训与强制的色彩。现代医疗制度的一个重要特征是国家介入地方组织进行统一规划，使之形成一种社会动员式的运作方式。特别是面对疫病流行的场合时，“防疫”作为卫生行政的应急措施启动后，其强制程度更为明显，如强迫隔离、注射疫苗、强行疏散人口和集中消毒等行为，无不与中国地方社会温情脉脉的救济

原则和传统医疗模式相冲突，甚至会导致相当普遍的心理恐慌。所以像中医在瘟疫扩散传播时所采取的个体治疗行为，到了民国年间显然已不适应整个国家建设对防疫系统的特殊要求。

清人秉承古人的认识，认为瘟疫的出现是由疫气所致，医疗界的主流观点是认为瘟疫由呼吸传染，而对水传染、接触传染、食品传染及虫媒传染只有直觉的认识而未形成主流看法。由于缺乏对疾病多元传染渠道的认识，中医治疗时疫往往是以施药和针灸等方式进行“个体”诊治，基本没有有组织的空间隔离观念。现代卫生行政的观念直至20世纪初才较为有效地向中国城市推广，但显然很难与遍布于农村之中的中医诊疗系统相协调。对于20世纪30年代发生的“废止中医案”与随之而兴起的“中医自救运动”，时人多从中西医理念冲突的角度入手进行分析，认为是中西方基于不同的文化背景所造成的观念和诊疗手段的冲突。其实，当时“废止中医案”中余岩所提议案中批评中医体系的核心论点，就是中医缺乏群体应对瘟疫时的系统整合能力。在“防疫”这种范围广泛的空间协调行为中，中医无法实施有效全面的隔离策略从而阻止瘟疫向四处蔓延，而对于中医建基于阴阳五行哲学理念上的各种理论的抨击反而倒在其次。也许中医也多少意识到了自己这一致命的弱点，所以在大量反击西医批评的言论中，多采取避实击虚的讨论策略，大谈中医医理自古就具有“科学性”，至少可与西医的理论互补并行，而回避从正面讨论中医在现代医疗行政方面与西医相比的不足。

但“防疫”系统是否完善为什么在清末以后才演变为中西医冲突的焦点问题，倒是值得我们深思的一个现象。它促使我们不得不考虑中国社会生存和发展的内在需要在多大程度上会受到外来因素的强力制约。比如中国乡村防疫体系要在民国建立以后很长时间才出现，其真正趋于健全的时间就更晚了。而这个体系从出现到健全的程度实际取决于中国作为现代民族国家对社会控制的能力。中国作为现代国家对基层的控制能力在 20 世纪有一个明显变化的过程，20 世纪 30 年代到 50 年代由于战争和社会分裂的缘故，国家对地方的控制处于调整磨合阶段。而到 50 年代以后，中国国家所采取的“全能主义”领导方式使其有能量重新整合地方资源。在这种条件下，“防疫”行为借助于某些政治意识形态的合法性包装如“爱国卫生运动”才得以成功组织起来，尽管这种政治合法性仍需借助乡间的亲情网络才能真正贯彻下去。

六、现代防疫行为与乡间亲情网络结合的产物：赤脚医生

关于防疫行为在多大程度上借助了现代卫生行政的形式，又在多大程度上与基层的社会关系网络有关，确

是个有待深入探讨的问题。我的观点是，现代医疗行政体系一旦与国家制度的有效运作相结合，固然可以在防疫行动中发挥主导作用，然而这种行政控制的形式在基层尤其是乡村地区实施时如果不能与传统意义上的民间关系网络建立起合理的联系，那么这种卫生行政的实施效果必然是有限的。据民国初年的统计，当时全国中医的人数有八十多万，大多分布于农村，而西医只有一千多人，几乎都集中在城市。可民初每当防疫时期来临，中医却总被排斥在外。新中国成立初期，每遇防疫的特殊时期，部分传统中医就被一些由西医主持的巡回医疗队所吸收，发挥其以中药配合防疫的角色优势，同时学习简单的西医注射技术。这样就使传统中医被部分整合进了现代国家防疫系统，这显然与民国初年对中医的彻底排斥策略大有区别。但国家在基层所实施的真正有效的防疫行为仍是依靠逐渐完善的三级保健系统（公社、大队和生产队）中的最底层人员“赤脚医生”加以完成的。而“赤脚医生”制度的实行恰恰就是现代卫生行政与民间亲情关系网络相结合的最好例证。

“赤脚医生”体系固然是现代国家推行卫生行政制度中的一个环节，很明显带有卫生行政自上而下的强制色彩，甚至其组织形式都是当时政府发起的大规模政治运动“文化大革命”的组成部分，可“赤脚医生”确实接续了乡土中国植根于民间亲情网络以整合医疗资源的传统。

“赤脚医生”制度与近代由西方引进的标准卫生行政训练机制的区别在于，其培训的基本人员完全从最底层的村庄选拔。虽然在表面上依据的是相当刻板的政治表现和贫下中农出身的硬性标准，但是选拔程序还是使其身份角色与乡土亲情关系网络重新建立起了相当密切的联系。尽管“赤脚医生”的名称源起于“文化大革命”时期，可我认为，在其政治角色遮蔽之下所建立起的这种联系，使得中国在乡村推行现代卫生行政时有了一种可靠的依托和支架。“赤脚医生”不但完全是从本村本乡中选拔出来的，而且其训练内容更是中西医兼有，即形成所谓不中不西，亦中亦西的模糊身份。“赤脚医生”由于在乡以上的城市中培训后再返回本村本乡，这样就比较容易形成乡情关系网络与公共医疗体制之间的互动。如此一来，既把宋代以后已被“道德化”的基层社会所形成的教化传统以一种特定方式承继了下来，同时又吸收了近代在城市中已反复实践过的西医卫生行政制度的优势。

早在 20 世纪 30 年代，北京协和医学院毕业生陈志潜在定县乡村实验中率先推动建立过基层三级保健系统，即县级以上医院、乡镇级医疗站点与基层保健员相配合的格局。其保健系统的基础就是农村本土培训的保健员，所以西方学者称他为“医生中的布尔什维克”。只是由于当时力量有限，三级医疗系统很难在更大范围内推行。数十年后，“赤脚医生”制度基本上沿袭了此一思路，只不过是更多凭借了国家动员起来的政治力量加以强制推广而已。有趣的是，新中国在20世纪五六十年代基本上把传统自治组织如宗族和各种慈善机构从基层连根拔起，至少从形式上完全摧毁了宋代以来所建立起来的农村道德化基础。可是在推行“赤脚医生”制度的过程中，却又潜在地复原着历史上的“道德化”状态。尽管这种道德化状态在外表上是由政治观念所包装的，但在政治标签遮蔽之下，实际荡漾着乡土情结延绵而成的道德制约关系。

尤其重要的是，“赤脚医生”在基层民间防疫过程中扮演着十分关键的角色。西方卫生行政制度传入中国后，主要是作为城市建设的附属配套工程加以推广的。因为它需要大量的专门人才，其职业化的程度需耗费时日训练才能达到要求，旷日持久的教育周期和严格的器械检验标准使之不可能成为农村医疗的主导模式。事实证明，医疗行政人才在民国初年和新中国成立后的相当长一段时间只是不定期地以医疗救护队的形式巡访农村，根本无法在广大农村形成相对制度化的诊治和防疫网络。尤其是在农村发生大疫时，医疗队的巡回救治活动颇有远水救不了近火之忧。直到“赤脚医生”制度建立后，上层医疗行政的指令如种痘、打防疫针和发放免疫药品等才得以真正实施，而且令行禁止，快速异常。这种制度运转的有效性显然不是由西医行政的性质所决定的，而是“赤脚医生”根植于乡土情感网络形成的道德责任感所致。

七、政府需与基层社会组织重新建立起合理的互动关系

1985 年人民公社解体，“赤脚医生”在更名为“乡村医生”后被纳入市场经济轨道。其结果是失去了政治与乡情双重动力制约的基层医疗体制，被置于市场利益驱动的复杂格局之中。这种变化很快影响到乡村民众身患疾病后的诊疗状况，原来属于“赤脚医生”职责范围内的防疫监督之责遭到严重削弱，在面临疫病的威胁时，一些地区已无法组织起有效的防疫动员网络。“赤脚医生”体制的瓦解使基层社会医疗系统面临相当尴尬的转型困境，同时也为我们思考当代中国政府如何与基层社会组织重新建立起合理的互动关系提供了契机。

以上叙述可以证明，近代以来的各种防疫行为并不是单靠纯粹的医学眼光所能解释的，它的表现形态常常与空间政治的安排方式有关。清末医疗机构呈现出逐步从慈善系统中独立分化出来的趋势，其功能运作也逐渐让位于基层社会组织，所以容易在一般人眼中造成社会自主空间逐步扩大的印象。但这样的印象解释不了何以在现代国家全能主义领导方式下，大规模的防疫行为得以相对有效地贯彻到了基层社会。我的看法是，应该在具体的历史与现实情境下灵活看待国家与社会之间所构成的张力关系。在近代中国实现全面转型的情况下，全

能主义的领导策略显然在防疫的社会动员能力上起着主体协调与支配的作用，但我们无法否认，这种社会动员如果不和基层文化传统中的若干因素相衔接并吸取其养分，就无法发挥正常的运转功能，即使在相当不正常的社会环境如“文化大革命”期间也是如此。

现代医疗行政体系一旦与国家制度的有效运作相结合，固然可以在防疫行动中发挥主导作用，然而这种行政控制的形式在基层尤其是乡村地区实施时如果不能与传统意义上的民间关系网络建立起合理的联系，那么这种卫生行政的实施效果必然是有限的。

贯通古今的治史风范

——《澹澹清川：戴逸先生九秩华诞纪念文集》序言

中国自古以来素有为长者祝寿的传统，今年(2016)适逢戴逸先生九十诞辰，去岁中国人民大学遂有“戴逸与清史研究”研讨会的举行。一时群贤毕至，济济一堂，共叙先生治学做人之风范恩谊。今岁先生若干及门弟子与先生亲手创办的清史研究所同仁，再以撰写学术论文的形式为先生行九十寿礼。

先生出生于人文渊薮之区常熟。常熟自明清以来就是出大学者大文人的地方。然先生对历史产生兴趣却并非习学自正规的家塾训练。先生曾自称，其史学启蒙大约来源于两种经验。一是故乡中那些“小人书”的出租者。他们身穿旧长衫，头戴遮阳帽，背着塞满连环图画的破旧藤篮或皮箱，串街走巷，吆喝出租，为小学生供应历史文学图书。夏天夕阳西下，鸦噪蝉鸣，树荫深处的流动书摊，正是启迪先生史学智慧的场所。二是明清以来遍布常熟的藏书楼。虽经战火催颓败落，街市上仍残存着数家古籍书店。店中布满了各种线装古书，读者可随手翻阅品读，无异于一座小型图书馆。先生经常流连徘徊其中，与古人朝夕对话。先生曾回忆起当年攒钱许久才购得一本残破《昭明文选》的求学经历。在夜深人静，万籁俱寂之时，先生常常独坐小楼之上，断句阅读，青灯黄卷，咿唔讽诵，手握彤管，朱蓝粲然。先生治学文字中时现悠然古风，大致可溯源于此。

先生出生于20世纪20年代，正逢风云际会的民国初年。随着皇权的崩塌，千年帝制结束，一系列变革正在酝酿进行。科举制废除后，青年学子那些曾经向往踏上仕途再过上士绅生活的愿望纷纷破灭，他们对教育目标的追求逐渐偏离了传统体制设定的轨道，呈现日益多样化的态势。当年先生这辈激进有为的青年大多选择从国家建设出发去从事科技和法政等行业，或者通过军事学堂的教育参与到新式军人群体之中。

先生早年进入上海交通大学铁道管理系学习，旋又难以抵御年少读史引发的兴趣诱惑，转入北京大学历史系读书。因在北大从事学生运动，先生遭到国民党特务的缉捕，无法继续学业，最终投奔解放区，进入正定华北大学一部政治研究室革命史组，与党史专家胡华先生一起教书共事。

由此可见，先生之治史经历从一开始就区别于民初那些安于书斋的“学院派”历史学家，而与波澜壮阔的中国革命演进历程紧密相关。因为中国革命史的教学与写作和中国革命的具体实践互为表里，是一种具有高度政治践履风格的学术活动，而不是封闭在校园内的纯粹专门的治学路径。先生对历史的探索，无论是选题还是研究方法，同样表现出与具体革命经验相互交织的特点。尤为明显的是，当时与先生同辈或年龄稍长的一批青年学子就是因为受到革命魅力的感召，首先投身变革运动，成为其中的积极参与者和领导者。在战争结束后，他们才回到环境相对静谧的学校中从事历史研究。他们往往既是战士又是学者。

先生任教的华北大学和在其基础上建立的中国人民大学就聚集了一批有丰富革命经历的历史学家。除了胡华先生外，还有尚钺、郭影秋、罗髫渔等人，他们都是具有极其复杂的人生阅历和乱世斗争经验的革命家。如曾任中国人民大学历史系主任的尚钺先生就有着惊心动魄的传奇经历，他早年在北大当学生时就是新文学运动"狂飙社"和"莽原社"的骨干成员，曾写出小说《斧背》，是鲁迅欣赏的文学青年。革命军北伐期间，尚钺先生曾在豫南农村组织农民协会，任工农军党代表，发动武装暴动，后任当地苏维埃主席，被地主武装围剿突围后，潜行至上海任《红旗日报》采访部主任，亲历东方旅社事件，后又转至东北担任中共满洲省委秘书长。盘点尚钺的一生，他从事过多种职业，如记者、作家、厨师、报务员、商人、中学教师、大学教授等，其人生阅历之复杂丰富令人目不暇接。戴逸先生在纪念文章中曾提到，尚钺先生谦虚地说自己不是“科班”出身，研习历史乃是出于革命需要，并以此引为同道。曾任清史研究所第一任所长的罗髫渔先生曾与元帅聂荣臻一起担任黄埔军校少校政治教官，又曾任叶挺将军率领的国民革命军第十一军政治部主任，后长期在上海和香港从事地下工作，是老资格的革命家。另一位清史专家、《李定国纪年》的作者郭影秋，曾经担任新中国的云南省省长，后任中国人民大学副校长。正因为这些史学家兼具革命实践家的特殊身份，其曲折复杂的阅世经验无疑会成为他们选择研究视角、构思历史论题的重要背景。先生虽没有上述革命家那般丰富传奇的阅历，但其治史风格同样具有参与革命风潮留下的深刻烙印，亦使先生与那些民国大学出身的学院派学者的治史主张完全不同，亦与有海外留学背景的史学家思考角度颇为异趣。

简括言之，先生之治学风格颇符“实事求是”之人大校训，亦多贯穿古人“经世致用”之遗风。作为弟子，我在此不揣简陋，拟对先生之学问精义试加蠡测，以求教于方家。

一

首先，先生治学具有贯通古今的现代视野。

中国近代史学自任公先生起即模仿西方的章节体例书写中国历史，“通史”写作蔚成风气。任公自己虽未完成贯通古今的完整的中国通史著作，却以《清代学术概论》《中国近三百年学术史》等通论性作品立为轨范。后来，亦有钱穆先生《中国近三百年学术史》及《国史大纲》等著作跟进效法。但近代人写作的“通史”多厚古薄今，往往古史篇幅占据绝对主导地位，只是在最后章节偶涉近代话题。专以近代为写作对象的著作只有少数几部而已，如蒋廷黻那本篇幅短小的《中国近代史》以及陈恭禄的《中国近代史》等，解放区亦有范文澜先生之《中国近代史》简本，叙述内容都相对简略。戴逸先生认为，20 世纪 50 年代的中国历史学界重视古代史，专家名流群集于上古先秦史，秦汉以后的历史研究者已少，鸦片战争以后的近代史研究者更少，几乎不被承认为一门学问。因此，如何在高等院校中把“中国近代史”当作一门学科来规划建设，的确是一个十分迫切的课题。1955 年和 1956 年，先生开始连续在中国人民大学中国历史研究班上开设中国近代史课程。前后有七八十人参与上课，可以说开启了在高校讲授中国近代史的先河。

中国近代史研究所面临的首要困难是缺乏一种总体的贯穿线索。近代史不像古代史那样积淀深厚，大师云集，已经基本形成了前后贯通的若干问题意识和学术流派，学者讲课治学常常可以直接依靠清末民初形成的解释传统，继续深入思考就可拓展出新的研究空间。为了区别于中国古代史的解释传统，中国近代史研究从一开始就必须建立起独特的理论意识，以作为整体论述的基本依据。有鉴于此，胡绳在《历史研究》创刊号上发表了《中国近代历史的分期问题》一文，提出以阶级斗争为线索划分近代历史各个时期的观点，引起史学界的巨大反响。先生与范文澜、金冲及、李新、荣孟源等史学家一起纷纷发表文章，参与了这场长达三年的讨论。通过这场论争，先生对中国近代史的发展线索和特点做出了较为完整的思索和论辩，最终确立了在唯物史观解释规范下建构中国近代史学科体系的发展方向。现在看来，以“阶级斗争”为主导线索的革命史叙述难免打上了那个时代的鲜明烙印。其结论未必尽如人意，但这次论辩却为新兴的中国近代史学科树立起了自身的问题意识和诠释风格。

为了早日寻绎出贯穿中国近代史的整体逻辑，先生亲力亲为，于1958年撰写完成《中国近代史稿》第一卷。此著洋洋四十多万言，详细叙述两次鸦片战争和太平天国运动的历史。先生后来又撰写了第二、第三卷，一直写到戊戌变法运动。第一卷对太平天国运动着墨甚多，叙述的也最为详尽。先生尝试用马克思主义理论来分析这次农民战争，弄清它的发生、发展、困难、矛盾，它所面临的问题和最后的失败。在写作这部书稿时，如何以贯通的眼光审视中国近代发展历程的思考一直萦绕在先生心间。先生一直在思考的问题是，如何把太平天国运动与中国的共产革命做对比研究，以探究其起因与过程的异同。先生自述说，他在写作过程中时时会想到中国共产党领导的农民革命，“感到两场农民革命之间存在着明显的联系和相似，但其内容、特征、外貌、结局又如此之迥异”，于是深深认识到历史发展的连续性、相似性、多样性和具体性。前后相续的历史不会重复，也不可被比附。但太平天国运动与共产党领导的新民主主义革命相距不过几十年，留下了许多非常相似的经验教训。只有对现实知道得更多，才能对历史理解得更深。

先生在《我的学术生涯》一文中谈到自己的治学是沿着“逆向回溯”的路径进行的，即由近而远，由今至古，最初从事党史和革命史研究，稍后关注中国近代史，最后研习清史，一步步往前推移回溯。先生直称性格中有点“嗜古癖”，大约是少时在常熟读史时养成的习惯，愿意观察离现实较远的历史，却又坦言研讨范围和题目往往出于工作需要。革命队伍中教什么课，研究什么专业，不由自己选择，而是由组织上分配确定的，只不过分配工作和个人兴趣大致符合。

先生晚年以近八十岁高龄，凭着老骥伏枥的决绝精神毅然受命组建国家清史编纂委员会，承担编纂国家新修大型清史的任务，表现出先生那一辈史学家特有的责任心和使命感。在主持新修《清史》时，如何在继承传统二十四史书写体例的同时又设计出时代创意，乃是先生殚思竭虑的关键问题。在征求各方意见后，先生决定增加《通纪》部分，作为全书的统领总纲。在宣示《通纪》

撰写要旨时，先生把三百年清朝历史用兴、盛、衰、亡四个字予以概括。先生明确表示，《通纪》的设计参考了梁启超、章太炎曾经采取过的章节体例。《通纪》之设充分体现了先生注重诠释历史大势的治学风格。他反复申述用“贯通”的眼光观察清朝历史的重要性。他说，撰写大型清史应该把清代三百年的历史加以扼要地叙述，力求前后贯通，表现出历史发展的大趋势和我们的历史观，阐明清代从崛起、发展与鼎盛时期，直到衰落以至灭亡的全过程，这是《通纪》的职能之所在。先生“贯通”清史的构想还表现在力求从清朝自身的演变脉络里寻究其规律性，尽量避免站在晚清的近代立场上强行替古人说话、以替代从其自身内部角度体验其演化过程的观点。

在纂修国家清史以前，因强调“贯通”历史的重要性，先生曾发表过一系列通论性质的报告，如《清代经济宏观趋势与总体评价》《满族兴起的精神力量》等，为清史研究把握总体大方向。先生讲“贯通”，并非大而无当地空谈玄想，而是有理有据的深思之论。具体例子可以举出先生有关太平天国以后清朝政治格局演变的分析。关于太平天国失败后中国政局的变化，民国时期的学者如梁任公认为，地方势力的兴起是满汉权力消长的结果，昭示着汉族人从基层开始崛起，从而动摇了满族统治的基础。西方史学界也曾经认为，以湖南士绅为首的团练势力的形成导致地方军事化是清朝咸同时期以后的重要特征，一些日本学者亦认为，地方自治势力的增长是辛亥革命发生与满清政权倾覆的根本原因。

与之相比，先生早在20世纪80年代初就在《太平天国运动后清政府权力的下移》这篇文章中指出，所谓“满汉权力消长”，实质上反映了中央和地方势力的消长，不过由于历史的原因，中央和地方的矛盾披上了一件满汉民族矛盾的外衣。其研究视角与美国和日本的中国学均有差异。具体表现是，先生试图从中央与地方关系的变异角度理解权力的更替现象。太平天国以后，代表中央政权力量的兵权、财权和司法权开始下移。从兵权角度而论，由于八旗绿营大量吃占空饷，完全失去了战斗力，只得依靠地方集团临时雇募“练勇”抵御内乱，致使地方军事力量坐大。太平叛乱被平息后，清政府三令五申裁撤练勇的计划始终无法实现，才造成地方军事实力派尾大不掉的局面。

由于战争规模不断扩大，经费需求越来越多，财政制度陷入混乱，无法正常执行协款、解款制度，从战争中起家的地方势力开始自行筹款募勇，致使户部正常的奏销制度完全被破坏。与此同时，清朝司法体制受到的冲击更为严重，各省判处死刑的“秋审”制度在太平天国战争期间趋于瓦解，出现了各地盗案可以按“就地正法律”执行的情况，杀戮权移归督抚掌控。清廷虽三番五次想废止“就地正法”章程，收回司法权力，却遭到地方势力的强烈抵制。同光年间，虽出现大批“告御状”和个别平反冤案的例子，但是中央之所以有兴趣插手这些地方性讼案，正是因为它失去了对地方司法权力的支配作用。清廷热衷于受理京控、出头平反，也是因为要借此打击日益上升的地方势力。而地方政治派系分合聚散，反复无常之态并未得到丝毫的削弱。

先生由此文得出的结论也是充满洞见、发人深省的。他说，由于封建性地方势力兴起而出现的中央和地方的矛盾以及地方各派系的矛盾贯穿在整个中国近代历史之中，这是中央集权的君主专制制度覆亡的前奏，也是整个封建政治制度趋于没落的朕兆。在封建统治阶级内部出现的这种政治离心力影响着历史发展的进程，制约着近代政治斗争的内容和形式。以后统治阶级的内部矛盾更进一步发展。辛亥革命推翻了清朝政府，封建性的统一象征消失，地方割据势力进一步发展，这就演化成为军阀之间的公开割据和连年混战的局面。类似的“贯通”视野会常常出现在先生的各类文章中，显示出先生从宏观上把握中国近代历史演变趋势的超卓能力。

二

其次，先生具有浓厚的“经世”情怀。

中国古代史学的写作虽有“官史”与“私史”之分，却从来都与现实政治密不可分，时常具有强烈的“资治”功能。因此，史学家如何有效地介入政治与社会的变革进程，如何把自身对历史的研判转化为国家建设的能量，同时又尽量保持不受政治风向支配的独立见解，从来都是史学家安身立命不容回避的大问题。先生早年曲折的求学与教书经历一直与风云变幻的革命风潮相互激荡。面对着时时出现的各种问题或回应或讨论或辨析或批判，当然有时也不免成为政治风暴的冲击对象。先生之治学路向的变化无不与时代的巨变息息相关。我们不妨把先生的治史风格视为传统“经世”精神在当代的一种延续和体现。

正因有上述的治学背景，先生读史研史的主旨始终不懈地回应着当代中国所面临的各类重大现实问题。如果说，先生参与中国近代史分期问题的讨论，仍是寻求在主流意识形态形塑下如何有效地辨析中国近代变革的主导动力问题的话，那么，《论“清官”》一文的写作则显示出先生不甘随波逐流地受制于主流意识形态束缚、不断探究历史真相的求实风格。

《论“清官”》发表于1964年，笔名“星宇”，其主要观点是，清官是地主阶级中维护法定权利的代表，他反对豪强权贵追求法外权利，无限制地进行剥削。清官在一定程度上同情人民群众，尽力减轻他们的苦难、缓和阶级矛盾，但他本质上还是为了维护封建统治。先生自谦地说这些观点都是“老生常谈”，但却在以“阶级斗争”为主线的干瘪刻板的历史单线叙事里撕开了一条异端的口子。1965年，姚文元发表《评新编历史剧〈海瑞罢官〉》。先生与林甘泉等四人以“方求”为笔名撰文反驳，文中关于清官问题的论述采用了“星宇”的观点。“方求”的文章后来被四人帮认为是陆定一、周扬为抢夺文化大革命的旗帜而写，是对吴晗的假批判真包庇。《论“清官”》则是调和主义、折衷主义的“大毒草”。1967 年 4 月，上海写作组以“康立”为笔名撰文点名批判“星宇”，文章发表在《人民日报》上，被全国报刊广泛转载。以此为起点，各家媒体大批清官之文立刻呈铺天盖地之势蔓延开来。其主要论点是，清官更坏更反动，因为贪官进行残酷剥削，能引起人民的反抗，而清官同情人民，对人民反而有欺骗作用。如此荒唐的逻辑只有在荒唐的年代里才能出现。

20 世纪 60 年代，中苏之间发生珍宝岛冲突。事件平息后，两国举行边界谈判。先生选择中俄《尼布楚条约》作为课题，花费四年时间对条约签订的背景、谈判情况、条约文本和争议问题做出详细研究，写成《一六八九年的中俄尼布楚条约》一书。先生自述写作之时，始终怀着强烈的民族感情，却努力保持冷静客观立场，探讨中俄东段边界的沿革。先生利用苏联方面公布的档案资料，包括谈判使臣戈洛文的详细日记、充当中俄谈判译员的外国传教士张诚和徐日昇的日记，以及故宫中有关尼布楚谈判的满文奏折等史料，详细展示了中俄使节谈判的具体情节，为外交部中苏边界谈判的中方代表提供了坚实的历史依据。

先生六十岁以后的治学重点仍与国家变革的命运息息相关，同时为改革开放中有可能出现的问题不断忧思焦虑，并时时发出警告。20 世纪 90 年代中央提出西部开发的战略构想，先生以《清代开发西部的历史借鉴》为题发表意见。先生一方面肯定了清廷在西部开发中实行屯垦和发展畜牧业、矿业的历史经验，以及设置拓展驿站网络、加强贸易交流等举措所带来的积极影响；另一方面又敏锐地注意到，清朝开拓西部时无限制地把森林、牧地、湖泊开垦成农田，无补偿地开发导致森林消失、牧场萎缩、水土流失、沙漠扩大，环境变得日益严酷，使人们难以栖息和生存。当今人们已开始意识到经济增长对环境的破坏已达愈演愈烈之势，而先生早在二十年前即已通过清朝开发西部的教训发出警示，应是颇有先见之明的。

又如 20 世纪 80 年代先生就提出应建立“避暑山庄学”，对清代皇家园林的布局和风格进行整体研究。1988 年，先生撰成《乾隆帝和北京的城市建设》一文，较早从北京城市建设规划的角度探讨清代皇家园林的价值。《乾隆帝及其时代》一书亦列有《北京城市建设》专章，细致梳理京城兴建“三山五园”的历史脉络。经过三十多年的彷徨以后，北京市政府最近几年才开始意识到，应该从古都整体保护的角度对皇家园林进行修复和整治，并逐渐开始付诸行动，这也算是对先生当年的建议做出的一个迟到却积极的回应。

三

最后，先生具有多元兼容的前沿意识。

先生晚年仍不懈地拓展新的研究领域，其中力求把清朝放在全球史背景下加以重新审视应该算是最为重要的一次探索转型。20 世纪 90 年代中叶，先生与北京大学张芝联教授共同筹建了中国 18 世纪研究会，发起召开“18 世纪中国与世界”国际学术研讨会，主编《18 世纪的中国与世界》系列丛书。在丛书的“导言卷”中，先生提出应“力求把中国史放在世界发展的背景中加以考察比较，改变中国史和世界史分隔和孤立研究的习惯。要更深刻地理解某个时段、某个地区的历史，应该跳出时空的限制，把它放在更广大的范围中，以克服时段和地区的狭隘性”，并提出 18 世纪是世界历史的分水岭的主张。先生的这一洞见其实在西方学者中亦有讨论。如法国哲学家福柯在题为“安全、领土与人口”的法兰西学院演讲中就提出，西方国家的产生经历了三个阶段：最早是司法国家，它脱胎于封建型领土政体，对应的是法（习惯法或成文法）社会，涉及一整套义务和诉讼的相互作用；其次是行政国家，产生于 15、16 世纪国家边界（不再是封建）的领土性中，对应的是管制社会和规训；最后是治理国家，它不再以其地域和领土来界定，而是以其人口的多少及其容量和密度来界定，其实也包括领土(人口和分布在领土上)。治理国家实质上作用于人口，治理国家参照和利用经济知识这一工具，它所对应的是由安全配置加以控制的社会。①

我们发现，在18世纪的清朝，也出现过类似福柯所说的向“治理国家”转型的迹象。18世纪以前，清朝统治者尚把大部分精力用在开疆拓土和建立清朝正统性等方面，频繁的军事征伐自然是题中应有之义。乾隆朝则基本稳定了疆域，向基层渗透的行政化步伐开始逐渐加快。这一时期，随着人口增加到3亿，清廷不得不围绕人口激增的现状调整统治策略，改变行政运作的结构。先生在《乾隆帝及其时代》这本专著中对这一转型有所涉猎和描述，验证了18世纪是世界历史的分水岭这个判断的重要性，同时也间接呼应了西方学界认为18世纪出现了重大历史转型的经典论断。

先生一方面强调清朝在世界历史中所应具有的重要位置，同时也敏锐地指出，不能把清朝的历史简单地与世界史发展的普适性等同起来，而应该洞察其独特性的一面。早在20世纪80年代末，先生给博士生朱雍的著作《不愿打开的中国大门》一书作序时，曾提出以下看法：“中国和西方国家的差别似乎不仅仅是发展速度的快慢，而是在文化特点、社会结构上存在深刻的差异。假如没有外国资本主义的侵入，中国将按照自身的规律

---

① [法]福柯：《安全、领土与人口：法兰西学院演讲系列》，92~93页，上海，上海人民出版社，2010。

向前发展，从内容到形式将会和西方世界很不相同。譬如两列火车在两条轨道上行驶，各自奔向遥远的未来，我们不知道两条轨道将在何时何处会合交接。”这个看法与当时官方主流的见解并不同调。先生既认识到了清朝在世界史发展格局中的位置，也提醒史学界注意清朝本身历史具有其强烈的独特性，必须兼顾两者。

先生治史讲究“资料、思想、文采、道德”并重，就我的理解而言，实际上与古人所讲“考据、义理、词章”兼于一身的说法有相通之处。在当今学科训练日趋专门化的境况下，先生尤其欣赏有文采的历史文章。他曾引杜甫两句诗“繁枝容易纷纷落，嫩叶商量细细开”，形容撰文要毫不吝惜地砍掉啰唆冗繁的空话赘语，对新颖的思想、微小的细节要花大功夫，仔细琢磨，精心考虑。由于治史人的秉性、资质和用功程度各有不同，往往很难兼顾考据、义理、词章三个方面，治学常常偏于一端。因此，为师者须因材施教，不拘一格，使弟子各展所长。先生在这方面的施教经验堪称典范。

先生早在20世纪80年代初就在《人物》杂志上发表文章，热情介绍他的几位弟子郭成康、吴廷嘉、孔祥吉、卿斯美的研究成绩。[①] 令人惊异的是，这几位弟子的治学风格截然不同。如郭成康擅长对清朝上层政治和制度进行系统的分析和研究，具有出色的大局观，后来

---

① 戴逸：《历史科学战线上的几名新兵》，载《人物》，1983(3)。

成为清史研究所政治史方向的领军人物。吴廷嘉能言善辩，素以理论思辨见长，当年曾与钱学森在《历史研究》杂志上探讨过“三论”（信息论、系统论、控制论）在史学领域中的应用问题，成为中国史学科中积极探讨社会科学新方法的先锋人物。孔祥吉则以对康有为戊戌变法奏稿的精密考证著称于世，其研究成果曾在相当大程度上改变和修正了史学界对戊戌变法性质和过程的传统评价，在史学界引起了广泛震动。

先生对史学界的前沿动态一直保持高度关注，时刻留心其进展情况，并鼓励弟子大胆思考，还不时参与切磋论辩。我研究近代知识分子区域分布的著作面世后，先生亲临研讨会进行点评指导，以示鼓励。先生一方面肯定了从区域比较的角度研究近代知识群体言行特征的价值和意义，同时又切中肯綮地指出，讲区域文化比较不能脱离北京文化这个核心背景单独进行论述，不能只有局部的研究而忽视整体观察的视野。各地方文化要成为显学，必须通过北京这个管道进行筛选，再反馈到各地才能形成全国性影响。如乾嘉学派的核心人物都是江浙皖地区的学者。乾隆年间，这些士人到北京做官，加上《四库全书》对士人群体的笼络作用，北京作为核心把区域文化吸纳进来，再辐射出去，才能最终影响到全国，这是统一国家的特点。先生又举例说清初广东文化并没有全国性影响，康有为梁启超到北京后依靠皇帝搞变法，撰《新学伪经考》《孔子改制考》，影响才开始波及整个思想界。湖湘学派在近代之所以发达也是因为曾国藩等人位居北京中枢政要之地后，湘学通过在北京的湘籍士人进行宣传才发为显学。故考察区域文化的特质必须考量其与中央政权的关系。

先生也不同意我截然划分“王者之儒”与“教化之儒”的做法。我认为，“王者之儒”倾向于建构统治阶级意识形态，“教化之儒”则主要承担教育道德的训导功能，两者既有交叉重叠亦有较大差异。先生以为，中国历史上，儒学从未摆脱开“王者之儒”身份的限定，除了极少数异端分子之外，儒者仅在于和官方的紧密性和疏离性、直接性和间接性有所区别。中国历史上不存在一种单纯的“教化之儒”。在中国封建专制体制下，任何学说都会笼罩在专制王朝阴影之下，没有或很少有自己的独立性，所以先生针对我关于宋明理学是“教化之儒”，通过复兴运动反叛了两汉“王者之儒”而维护了先秦“教化之儒”这个命题保留了自己的看法。先生坚持宋明之儒乃是另一种形式的“王者之儒”。我对先生的评论仍有不同看法，坚持认为汉儒构造谶纬政治神话，其树立君王正统之目的昭然若揭，而宋儒走“格君心”的教化路线，更有与君主分享意识形态资源的意图，两者区别甚大。虽然在弟子看来，先生强调儒学政治化的一面，与弟子之论殊无决然的对立，但先生所拈出的士人在广义上仍难脱“王者之儒”羁绊的精要之论仍有醍醐灌顶之效。以当代学界为例，现实中各种儒学复兴的表演纷纷粉墨登场，表面强调的都是文化伦理的单纯回归，骨子里却几乎无不与上层政治保持着紧密的互动关系。这与钱穆先生主张儒学乃是有其内在演化理路的思想史研究进路区别了开来。

更为重要的是，先生不遗余力提携晚辈后学，以宽广的胸怀兼容多样意见，即使弟子的观点与自己的主张出现分歧，仍予以最大限度地包容接纳。与先生受教论学，如书院中师生之间坐而论道，切磋辩难，洵洵有古风焉。这才是令弟子终身难以忘怀、时刻铭记在心的求学体验。

先生是中国人民大学清史研究所的开创者，如今清史所已在清代政治史、边疆民族史、秘密社会史、清代思想文化史、历史地理学、历史文献学、清代基层社会史等各个领域不断有所拓展，形成了较强的研究团队，并持续涌现出新的研究成果。今年正值先生九十大寿，众弟子和清史所同仁相互邀约，沿着先生指导的方向，从不同的角度切入撰写文章，对清代历史的各个层面进行探索，以学术研讨的方式向先生致敬。

晋人胡济曾有赋云："嘉高岗之崇峻兮，临玄谷以远览；仰高丘之崔嵬兮，望清川之澹澹。"我们愿借此赋衷心祝愿先生治学之风貌精神如清川之水长流不息，继续泽被后学。

《语际书写》（修订版）[①]读后感

刘禾教授的这本书是她另外一本书《跨语际实践》的姊妹篇。当我开一门关于后现代思想与历史研究的课程的时候，有学生说《跨语际实践》太难读了。我对学生说，《语际书写》这本书相当简练地反映出《跨语际实践》中的主要想法，给大家提供了一个很好的文本，建议先读这本书。刚才刘禾老师把她的研究与传统意义上的思想史之间的区别做了一个概括，我想沿着她的话，谈一些当代思想史研究兴起的背景和我自己的一些感想。其实要深入理解《语际书写》这本书，我们需要追溯到20世纪80年代。20世纪90年代有个说法，大意是80年代重思想，90年代重学术。这个说法曾经引起了很大的争论，到底学术和思想哪个更重要，或者说思想里面到底有多少学术成分，学术里面是不是也蕴含着思想，这实际上是永远争论不清的话题。20世纪80年代

① 刘禾：《语际书写：现代思想史写作批判纲要》，桂林，广西师范大学出版社，2017。

刚改革开放之后，大量西方思想涌入中国，中国学界特别习惯用一种粗略的比较眼光观察中西思想。那个时候西方资源引入的非常少，翻译过来的书，我们都跟风阅读。比较早翻译过来的是萨特的著作，后来是弗洛伊德，接着还有法兰克福学派如哈贝马斯等，一波一波地涌进来。那个年代的学术界主要还是依赖翻译了解西方动态，翻译进来什么，我们就几乎不加选择地接受。当时印象比较深的是，学术界特别喜欢比较中国和西方某个思想家的思想，比如说把孔子跟亚里士多德比或者是跟柏拉图比，或者把老子跟西方谁谁比，刘禾在书里也特别批评了这个现象。这种所谓思想史比较研究，完全不管西方和中国的现实语境与历史状况如何，只是很牵强地把两位或多位大师的思想，剥离出它的历史语境，做一个非常玄虚或者是抽象的比对。当时这样的文章非常多，看起来比较花哨，话题也诱人。这种研究现在看起来毫无意义，因为脱离了中西方本身各自的历史演变脉络和语境。那个年代还不懂福柯所说的"话语"是什么。"话语"是指人类之间的交流不仅仅是一种语言和思想的传达，同时也是行为互动和历史实践的过程。如果你脱离话语实践的语境只做纯粹的语言概念分析和思想比较是没有什么意义的。中国思想史研究是从什么时候开始觉悟到这个问题呢？我觉得应该是从刘禾倡导用话语实践的方式分析中国思想的时候开始的。

还有一个背景是，当我们讨论到思想史本身的困境和拓展方向时，其中中国思想史受一种模式的影响比较大，即把中国思想史等同于中国哲学史。也就是当我们比较孔子的思想或者观察某个大师的思想时，往往习惯性地只是抽取出他的某个概念，做一个非常抽象的研究。比如说对孔子的研究，对孟子的研究，包括对后来历代思想家的研究，都是喜欢把他的思想抽离出当时的历史脉络做一种玄学式的分析。对传统文献中天、道、理、气、体、用等概念的解读，往往被概括成本体论、宇宙论或人生观、价值观等西方概念范畴，把它们分割成几个观念框架之后做抽象的讨论。这种讨论，并不是说完全没有意义，可能对于集中厘清某种流派思想的文本源流有好处，但是这种讨论中涉及的思想对象，跟当事人物生活于其中的历史场景和思想生成的语境之间，并没有什么必然的关系。这种讨论也许与当时的语境有关。20 世纪 80 年代以前，我们的思想往往太受政治意识形态的控制，采取的是一种政治经济决定论式的分析方法，所以我们讨论思想，往往首先会习惯性地把它衔接到所谓的经济、政治背景里面去，特别强调思想是由某个特定的历史因素来决定的。对这种决定论式的分析路径的突破，成为挣脱政治僵化思维的一种手段，所以才产生了从思想的内在理路来重新梳理中国思想史演进脉络的研究方式。不过这种过于强调思想史独立品格的做法如果走向极端的话，可能也容易重新回到就思想论思想、就概念论概念的老路上去，最终完全忽视了思想产生的背景及其作用，引起的后果是非常严重的。因为大多数讨论都虚悬在空中，与我们所面对的历史与现实人生问题之间建立不起一个合理的联系。这是当代思想史所面临的一个非常大的困境，这个困境在 20 世纪 80 年代到 90 年代有所改变。当时大家觉得思想史再这样研究下去没什么意思，总是在循环讨论抽象的问题，于是纷纷去做社会史，从局部区域的横剖面角度去观察中国社会的演变过程。社会史后来又衍生出文化史，但随之新的问题又出现了，其主要症结是研究对象越来越琐碎。这类研究打着重视民众日常生活的名义，讨论的全是一些吃喝拉撒睡的细枝末节。这样的讨论表面上很精细，实际上往往局限在各种西方社会科学方法的框架之内，只不过因为材料生动多样，它比思想史相对来说容易做一点。所以我曾开玩笑，智商最高的做思想史，智商略低一点才去做社会史……当然这只是一个玩笑话。

还有一个现象是，既然思想史难以突破，不妨退而求其次做所谓学术史研究。学术史与思想史还是不太一样的，思想史是对更高级抽象的思考进行归纳，学术史是梳理文献从中发现历史逻辑的过程，两者的区别还是比较大的。当然做学术史的朋友可能要跟我急了，说你怎么能把学术史研究的价值贬得那么低。我完全没有这个意思，我只是发现从 20 世纪 80 到 90 年代，历史学界确实有一个从研究思想史到研究学术史和社会史的转型过程。从这个背景观察，《语际书写》这本书的意义就显得相当重要，因为她提出了“跨”的研究路径，试图走出传统思想史研究总是进行僵化比较的怪圈。如果从“跨”的角度理解中西文化和历史，就不会简单地把中国思想家和西方某个大师做抽象比较。她提示我们，不管是西方还是中国的思想家，在研究其思想概念的过程中，一定要了解他到底处于怎样一个时代背景、使用这个概念的历史脉络和现实关怀到底是什么，当某个概念和思想转移到另外一个场所的时候，其本身的历史蕴意不会被原样复制过去，而是要与新的空间内的文化要素之间发生激烈冲撞，其思想内涵也会随之发生变异。在新的语境中，同样一个概念有可能转化成一种特定文化际遇下的新词语。这个转移过程不是一种原汁原味的模仿，也不是抽象的复制，而是动态的演变过程。当然她这个思路与后殖民理论家萨义德有密切的关系。萨义德曾经提出过一个“理论旅行”的观点，这个观点认为某个思想经过时空转换后也会发生改变，这种改变与语词移植后的历史与生活语境密切关联。

福柯有一个重要的理论贡献就是以空间来替代时间。现代历史观是由进化论的时间观来支配的，在这个时间观的制约下，任何历史进程都被安排在与西方相对应的序列发展过程中进行评价，东方的历史也被剪裁进了这个序列内加以安排。进化的时间如果被置换成各个不同空间之后，多元的意义就在多样文化的平台中呈现出来。其实理论旅行这个说法与刘禾关于话语实践的思考有相通的地方，话语实践就是讨论思想概念在不同空间范围里面如何产生和运作，以及如何发挥影响的历史，这个转换在跨文明流动过程当中才能显示出来。我觉得只有在这个角度理解福柯，才会灵活地运用福柯思想，不能把福柯简单看成是一个偶像，或者是一个哲学家，应该看到他在历史研究中的启发作用。

这个“跨”的提法不仅在比较文学领域里成为观察文化在不同空间中如何流动的重要方法，在历史学界这种研究方法的应用也同样重要。我曾经写过一篇文章，专门讨论历史研究中某些理论所经历的“跨”文化流动过程。其实历史学理论在不同时空中不断发生转换的时候，它所发挥的作用是不一样的。举个例子，大家都知道费孝通先生提出的一些观点，包括中国社会运行机制是一种双轨制的看法以及由此衍生出的士绅理论，是在20世纪三四十年代提出来的。由于受政治意识形态的影响，新中国成立以后，社会学完全被取消了，他提出的理论在国内已无人理睬。可是士绅理论在20世纪50年代转移到了美国，由张仲礼先生、周锡瑞先生传承了下来，包括后来的杜赞奇教授对中国基层社会的解释其实都受惠于费孝通先生。到20世纪九十年代，士绅理论随着美国中国学的引进被重新发掘出来，当年费先生率先倡导的士绅理论好像变成美国中国学的一个发明，贴上了国际标签。实际上，士绅理论的发明权应该归功于费孝通先生，也可以说是费孝通等那一代中国人类学家和历史学家共同研讨的结晶。这个理论经过改头换面的包装之后，以一个新的面貌再次回到了中国，完成了一次跨文化的旅行。这个理论绕了一个大圈回来，恰巧碰上中国历史学界开始关注基层社会的变化以取代只研究上层政治历史的旧模式。士绅理论的回归与复活刚巧与这种眼光向下的探索风气碰撞在一起产生了化学反应，进而发挥出了新的效力。

由此可见，理论旅行的跨文明进程在中国历史学界同样有所反应。另外，美国经济人类学家施坚雅曾提出过一个按区位划分中国历史的模式。其实在施坚雅之前，中国已经有社会学家如杨庆堃先生曾经提出类似的理论，杨先生在山东邹平做调查的时候，开始用区位社会学理论解释山东经济演变的样态。施坚雅看到过这个报告，他在四川做了短暂调查后回到美国，把杨先生的理论发扬光大，形成规模更加宏大的理论模式。类似这样的例子并不少，经过理论旅行之后，思想的标签不断地游走于中西之间，各种理论解释经过不同语境的刺激不断发生变化。这个过程实际上也促成当地的学术思维发生了根本性的变迁。我们现在的不少研究都在效仿美国中国学，好像所有关于中国历史的理论都是由他们率先发明的，实际上有些观点是经过理论旅行，转了一大圈之后又回到中国。我为什么强调“跨”的意义非常重大，只有在“跨”的层面上，才能看清所有理论本身的非本质主义特性。不要认为思想和理论只能在某个特定地方发明出来，也只能固守在某个地方才能延续下去，而没有考虑到转换了一个空间之后，它的意义就完全变了。

另外从话语实践的具体角度来说还有一个意义，那就是把所有思想史被提前预设的本质规定性给打破了，比如关于个人主义，关于国民性的问题，我们都受“五四”的影响。“五四”确实是中国个人主义非常活跃的重要启蒙时期，“国民性”等概念也是鲁迅及当年一批思想家批判中国传统文化提出的分析工具。在他们的影响下，似乎形成了一个固定的理念，好像个人主义已经在中国生根发芽，变成大家的共识了，实际情况根本不是这样。个人主义概念进入中国之后，曾经发生了很大变异，20 世纪 80 年代李泽厚先生曾经提出过一个重要概念，即中国历史基本上陷于启蒙与救亡的双重变奏之中。李先生认为当时的救亡运动非常广泛，最终引起了革命，从此压抑了“五四”启蒙时期出现的个人主义思想的萌生和发展，由此为自由主义在中国的衰落感到惋惜和悲哀。这个观点一经提出就引起争议，当然李先生为中国社会寻找出路的动机和愿望是值得赞赏的，但是我认为李先生在提出这个话题的时候，并没有从语言的跨文化角度来讨论个人主义启蒙和救亡这两个概念之间的关系，其实无论是个人主义的发生还是救亡运动的兴起，实际上都是西方舶来品在中国的表现。然而“救亡压倒启蒙”这个话题，本身面临一个非常大的困境在于，救亡的内涵与西方产生的民族主义思潮有很大关系。在中国，民族主义本身也是西方压迫下造成的一种反弹现象。与此同时，“五四”时期的个人主义话语其实也是从西方引进的。可以这么说，无论有没有救亡这个外来因素和民族主义话语的压迫，源自西方的个人主义概念在中国的语境下也会变形变种，最终难以摆脱异化的命运。西式个人主义思想本身不可能真正为中国人所接受，即使把革命与救亡的因素完全抛开，在中国真正求得西方式的个人主义也是不可能的。如果从跨语际实践的观点出发讨论这个话题，就应该仔细探讨在什么样的历史条件下，个人主义何以在中国短暂立足，又何以最终发生变异，从而无法最终扎根的复杂过程。也只有从“跨”的角度，才能解决这个疑问，否则我们总是在一种非此即彼的争论中重复一些讨论，比如总是在非救亡即启蒙、非启蒙即救亡的怪圈里面打转。其他如个人与国家之间的关系如何定位以及由此产生的焦虑感同样是跨语际实践可以研讨的话题。

最后我想就思想史研究的未来走向做一点讨论。

第一个问题，中国目前的思想史研究，除了刘禾提出的“跨”这个非常重要的概念之外，我们还可以运用什么方法作为讨论思想史的前提。我刚才说过，研究思想史太难了，成功的例子少之又少，当然跨语际实践的提出是一个例外，因为它是从全球流动的角度来讨论中国思想。为什么思想史研究会遭遇这么大的困境？除了受刻板的比较研究框架和中国哲学史传统思维的限制之外，还有比较重要的一个原因，就是我们太过于热心地去寻找中国历史内部类似于西方那样的因素。比如，史学界曾经长期争论的一个非常有名的话题叫“早期近代化”，这个概念近些年在美国中国学里面几乎成了招牌性的话题，到现在影响都非常大。早期近代化理论的出现与美国中国学的转向有关，一些研究中国的美国学者出于好心或者正义感，否认中国长期落后于西方，希望摆脱西方中心论，为中国历史翻案。他们并不认为中国没有现代性，表示中国可能在西方之前，或者跟西方同步就已产生了现代化的思想。中国学者听到这个观点会感到很高兴，心想外国学者都说中国很早就已经有了现代化思想，我们自己何必要妄自菲薄，于是大家一拥而上，纷纷讨论起中国历史上何时出现了现代化因素，更极端的一些学者开始分析中国是不是早于西方产生了类似近代化的想法，这已经成为支配我们从事历史研究最主导的话题之一。但是我觉得这个研究切入点是非常有问题的，按照历史偶合论的观点，现代化向全球范围的扩张具有普遍性，但从其产生的角度看又是西方特有的产物。比如，科学思维就毫无疑问地产生于西方，如果你坚持认为中国曾经产生过类似科学的思维肯定会徒劳无功。比如，有些学者一直致力于在中国寻找最早出现的科学思维，到最后寻找出的可能都是些技术性因素，与后来西方产生的一整套科学体系毫无关系。这也证明只有在真正科学思维的引导下才能出现与之相应配套的技术，才能引发广泛的工业化浪潮，这个脉络是在西方产生并延续下来的。所以当我们自以为在中国内部找到了现代化因素的时候，就等于重新落入了西方中心论的圈套，因为你寻找到的恰恰是一个类似西方现代化的要素，而不是中国自身历史脉络里自发自生的产物，这样的研究最终结果只不过是克隆出了一个山寨版的中国"近代性"。与此相类似，中国历史学界总是希望找到类似西方的一个叫"社会"的场域，比如"市民社会""公共领域""自治空间"这样的东西。可是中国从来没有西方意义上的"市民阶层"，也就更谈不上存在过像西方那样的"社会"空间。从历史上看中国根本就没有"社会"。"社会"这个词是从日本翻译过来的，中国只有"社"，主要用来祭拜祖先和鬼神，也有"会"，类似于一种江湖组织，但很少用连缀起来的"社会"描述一种秩序和场所，即使偶尔出现也与西方的含义迥然不同。中国从来都是家国一体，如宋明理学的解释，先讲正心诚意，再讲修身齐家，最后是治国平天下，连贯下来基本没有一种西方意义上所谓独立"社会"空间存活的可能。一个人的活动永远和家庭家族或者官僚皇朝体系的运作连接在一起，在这些关系网络中才能确认到自己的位置。中国永远没有独立于政府之外的那样一种社会组织，哪怕是士绅阶层，也是科举制体系中的一个组成部分，其流动和聚合都要受到官方导向的制约。学界在 20 世纪 80 年代有一个很大的误区，大家拼命在寻找中国乡民中仍在存活或即将出现的自治空间，并讨论这种空间在中国发挥作用的可能性，以为中国地方和基层存在着一些独立的社会组织，它有类似西方的自治功能。可是找来找去，发现根本没有。

第二，我想和刘禾老师讨论一下“跨”的限度问题。用“跨”的眼光解读中国思想史确实开辟出一个新的境界，它把概念放在一个流动状态和历史语境里面观察，克服了传统思想史过度关注静态逻辑的弊端。但是我个人认为，“跨语际实践”关注的是文明体之间的流动性，注重的是边界效应，那么除了文明体之间的互动外，中国在建立自身的历史主体性与文化主体性的过程中如何建立起自己内部的一套评价标准似乎同样重要。也就是说，有没有可能从我们自身历史语境中延伸出一些独特的概念并加以辨析和运用。因为“跨”的不确定性很强，处于不断的流动过程中。问题在于，根据具体的语境研究观念与思想的实践过程，将面临一个很大的挑战，那就是我们如何找到适合描述中国文化自身的概念体系。原来的研究路径大体上是中国哲学史的分析框架，冯友兰先生基本按照西方模式构建出一个宇宙论、价值论、人生论的论证系统。在冯先生的体系之外，我们能不能建立起另外一些更加多样的解释体系。

第三个可以略加讨论的问题是，近四十年来的中国思想史研究大多自觉或不自觉地运用社会科学的概念概括中国历史的面貌，那么有没有可能寻求到另一种解读方法，在中国历史典籍里面，借用古人自身的表述重构思想史自身的叙述脉络，同时又赋予它现代意义。我举几个例子，比如说大一统的问题，我们动不动就说大一统，大一统这个概念确实蕴含丰富的资源。能不能通过解读古代经典中“大一统”的原始含义激活它的现代意义，因为历史往往是呈连续的形式不断演进的，目前我们的思维实际上仍然处在“大一统”观念的笼罩之下。但是一个比较麻烦的问题是，当你过度执着信奉某个观念时，是否又可能从此变成一个老古董，沉浸在其原始脉络里面不能自拔难以逃脱，缺乏现代意识的敏感度。

另外，如何评价“文质之辩”也是个比较重要的问题。中国古代的历史观在西方进化论的标准裁量下，被讽刺为是一种历史循环论。中国近代的历史观，受西方进化史观的影响太大，我们观察历史总认为只要出现一个因就一定会自然延伸出一个果。现在大多数思想史研究的基本思路，还是在进化论脉络的影响里面打转，凡是不符合进化思维的事务都属于落后的表现，应该加以摒弃。比如，中国古代的历史观习惯于回看三代，即认为夏商周时期是黄金年代，这种观念一直被讥讽为历史循环论。其实按“文质之辩”的说法，中国历史的演变不会完全按照西方进化的模式往前演进，应该有一个往后看的视角以便汲取前朝历史的经验。这种思维路径不能一概用“倒退”二字一笔抹杀，“回看三代”更多是对“文化”不一定与政治经济发展保持同步的一种聪慧判断，是有其合理性的一面的。因为就当代情况而观，经济高速发展并不意味着文化一定出现相应的进步，否则大家就不会蜂拥去观赏故宫里面的《千里江山图》展览了。我认为中国历史的大致演变方向，并没有越出古代“文质之辩”的经典概括。比如孔子说过“郁郁乎文哉，吾从周”，周代礼仪制订得最烦琐，孔子把周礼作为最尊崇对象。秦朝建立也部分遵循了周礼，但是周礼在使用过程中又出现了过于烦琐和精致化的毛病，按古人的判断似乎过于“文”了，到了汉代必然发生逆转。汉初实行黄老之治，就是从“文雅”向“质朴”的再次转化。包括现在也是如此，前几年改革开放后社会整体变革过度趋“文”，拼命追求奢华的生活，现在又提倡简朴持家、俭约治国，似乎又回归“质”的时代，反腐倡廉的提出就是倡导“质”的表现。再往下是不是物极必反，我不太清楚。中国历史文化里面有一些特殊表达智慧的方式，有没有可能去把握它，使之重新充满活力，这是我现在要尝试的一个方向。这种探索是跟刘禾老师的话语实践路径相通的，都是要找到一种非本质主义的方式去重新认识中国的思想。

读奥祖夫《革命节日》[①]有感[②]

刚才刘北城老师非常有诗意地表达了自己的心绪。大家知道北成兄曾经翻译过许多法国名著，从福柯的《规训与惩罚》《疯癫与文明》到奥祖夫的《革命节日》。刘北城的翻译文字很传神、很好读，实际上是带着诗意、带着自己的感情来理解作者的用意的，是一种个人心境的自白，同时也反映出他把整个翻译对象融化到自己生命里去进行体验的意图。只有通过这样的体验，才能实现环境、译者和翻译对象三者融为一体的目标。

大家刚才也提到了“革命”这个话题。“革命”在中国人的心目中永远是一个激情澎湃的字眼，许多人都在革命的氛围里出生成长。刘老师的岁数比我们都大一些。遥想当年，我也算是最后一批红卫兵，胳膊上挂着红袖标，尽管没有赶上武斗抄家的年月，却对革命造反

① ［法］奥祖夫：《革命节日》，刘北成译，北京，商务印书馆，2017。

② 参见杨念群教授于2017年9月21日在“莫娜·奥祖夫‘革命·女性·文学’三部曲新书对谈会”上的发言。

带来的后果有些许感同身受的经历。

我个人认为，大多数革命充满着浪漫激情，却同时也是一种残酷诗意的宣泄和表达，里面有着非常复杂的内容。所以，对革命的评价就会出现非常多的歧义。北城兄也介绍了，关于法国大革命的评价有很多派别。这些派别不仅是持有赞成还是否定革命的立场那么简单，许多人对革命的评价往往与他的个人经验密切相关，里面蕴藏着自己的感情。对革命的理解也由此变得更加多元，更加复杂，也更加值得回味。

《革命节日》这本书实际上是从新文化史的角度尝试对革命行动重新进行一次阐释。新文化史认为，对革命不仅应该从政治事件的角度来进行解读，而是应该把它理解为一种更加复杂的人类活动整体综合作用的结果。这种研究取向在 20 世纪 80 年代出现了一个热潮。比如，美国林·亨特教授对法国革命的探索，从革命者的服装、仪式，甚至谣言传播等方面进行了描述。这些要素的探讨已不仅局限于一个历史事件，而是扩散到了社会文化生活的方方面面，却又是作为一个历史事件的“革命”的组成部分被加以认识的。

法国革命对于中国革命者而言会产生一种共鸣，仿佛有一种天然的亲近感。有人说，中国革命的进程实际上是法国大革命的一个翻版。高毅就写过一篇文章，说中国共产党的革命就曾在许多方面借鉴了法国革命的经验，两者甚至具有相当强烈的同构性和同质性。

我想从空间、运动、教化这三个层次比较一下中国和法国革命时期节日的异同。第一谈空间的作用，第二谈革命如何动员，第三谈革命规训方式及其制度化过程。

首先，这本书给我一个很深的印象是，法国革命是一个普遍的社会动员过程，同时又确立起了一个非常明确的空间感。当然时间也是一个非常重要的因素。所有的运动和节日都是在一个公共空间里发生的。大家如果去过欧洲的话就会知道，在欧洲的城市里，广场是聚集民众进行政治社会活动最重要的一个地方。但是在中国，对空间的概念可能就跟西方完全不一样。实际上，中国在很长一段时间并没有明确的一个公共空间活动领域。

中国的公共空间，最早实际上是由皇帝或由贵族加以垄断的。皇帝在某个地方举行某个祭天或祭祖的仪式，但是普通老百姓是没有资格进入这个空间的。它只是一个上等阶层举行仪式的场所。老百姓举行活动与仪式的场所，往往选择在家庭或家族延伸的空间中。在某个公共空间举行节日集会，这在中国是非常晚近才发生的事情。当然，在农村乡间有一些庙会集市可以为普通百姓提供某种公共活动的场所，但这些场所与集体的政治行动无关，也与某种明确的社会动员目标无关。中国出现真正现代意义上的政治行动仪式大致应该从“五四”运动开始算起。这是一次真正的广场节日，通过某一个事件把大家凝聚起来，表达一种共同的政治愿望。“五四”作为一种现代群体活动，不断被各种政治势力反复诠释，拥有了特定的政治、文化和社会含义。“五四”运动作为一种广场节日，其实在某种意义上就是对法国革命集体狂欢的一种模仿。

其次，广场节日只有通过社会动员的形式才能构成一定的规模。比如“五四”运动就是经过反对中国使团在巴黎和会上签字的群体抗议行动之后，大家才在广场聚集起来，形成某种政治仪式，以表达自己的民族主义热情和主张。可见，民族主义话语也有一个被塑造的过程。

当年梁启超写《新史学》的时候就提出了“塑造国民”的口号。梁启超的基本意思是说，原先中国人是没有国家概念的。国家在梁启超看来是一个可以进行政治动员的巨大符号。中国人原来只有家庭概念，没有国家的概念。家庭的空间太过狭小，只有让人们意识到“国家”这个更为广阔的空间对他的切身意义，才能真正获得新生。民国初年人们提倡新史学，提倡新教育，就是要使大家重新树立一个意识，敦促他们从家庭的范围里走出来，加入一个公共空间，通过某种动员形式，形成对国家的身份认同感。这是当年梁启超提出来的一个非常重要的思路。这个思路后来果真通过广场运动的形式得以实现。其中最重要的一次标志性的广场节日就是“五四”运动。

广场运动在场面上往往表现出一种革命的澎湃激情、一种紧张的动员气氛，并通过各种文化符号彰显出来。革命仪式所要达到的动员目的常常在广场浪漫的氛围里得到了实现。

广场仪式一旦起到了动员效果之后，还面临一个常规化的过程。“五四”运动以后，一直到 1949 年以前，国民党通过党国的政治动员体制不断使广场仪式常规化。1949 年以后，天安门又增加了建国游行、国庆阅兵和领袖接见群众等各个广场项目，革命节日又变成了一个凝聚政治力量、文化力量的重要手段。从空间仪式与民众动员的过程来说，广场本身的历史就昭示着中国人对空间内涵理解的变化。比如，我们中国人怎么样从一个相对封闭的状态逐渐参与到一个公共的场所、公共仪式活动中去就是个非常有意思的话题。这个过程的形成可能有非常复杂的原因，其中民族主义意识的形成是个重要因素。近代中国人通过对民族身份的重新界定和国家意识的培养，逐渐具有了全新的群体感觉。与之相关的是，革命又是通过对国家意识的培养动员起来的。莫娜·奥祖夫在《革命节日》里面有很多细节描述了空间活动与群体意识形成的关系，比如游行路线怎么设计，有什么样的不同阶层的人可以参与进来，节日主题对群体运动的方向感有什么样的影响和调动，等等，都非常有意思。我记得林·亨特在讲法国革命的文化含义时曾经提到谣言是怎么样在一个具体空间里传播并如何影响到人们的言行，这些探索都是以往史学界忽略的视角。

不同的势力、不同的人群在解读革命、庆祝广场节日的时候，其实有着自己的目的、自己的企图，包含各种复杂的动机。有的人是完全出于政治的考量，通过革命来树立他的政治权威。又有一批人仅仅把革命当作参与节日狂欢的机会，因为平常可能没有合适的宣泄渠道，比如在传统家庭的封闭空间中也许一个人会感到压抑，而一旦在广场上参与到一个革命节日中去的时候，他才会获得一种解放感。

或者可以这样说，近代的革命节日提供了一种宣泄情感的新式渠道。我觉得这是非常有意思的问题。革命节日提供的宣泄形式到底与古代社会有何不同？谁来主导这个过程？谁来改变情绪表达的方向？自我感情的抒发和政治本身意图之间的关联性以及两者之间存在的差别是什么？这些都是值得深思的话题，对于我们理解革命节日、理解法国革命和中国革命的异同是个非常重要的途径。

最后，广场作为一个举行革命节日的场所，对个人言行的规训和教化起着重要的作用。奥祖夫在《革命节日》这本书里也讲到了它的教育功能。在什么样的节日动员状态下，通过凝聚群体形成合力，最终指向共同的思想意识与目标。当然，革命的意识和导向，其实是一个不太容易用一种特别学术性的语言来进行描述的概念，必须在具体的历史叙述过程中慢慢呈现出来。

我也曾经参加过各种各样的广场集会，我发现每个人的情绪介入方式都是不一样的。在大多数场合，作为被动员的对象，我没有那么大的政治抱负，在很大程度上是带着一种好玩、狂欢的情绪去参与到游行队伍里去的。当然，你在介入的过程之中，会尽量持有一种旁观者的态度。同时，当你拥挤在人群里的时候，可能又被规训或者动员到一个具体的目标之中。比如说，你到一个地方，你看到一群人在做一些事，有人会出来发表一通演讲。大家本来抱着一种看客的心理，却不知不觉进入了演讲者导引的脉络，随着情绪被煽动起来。每个身处游行队伍和节日气氛中的人，心理都会悄然发生改变。

《革命节日》不是用很具体的某一个理论术语描画规定出某个场景，它更像是一种情绪的自然表达。人们参与革命节日的情绪在什么地方流动、在什么地方爆发，又在什么地方沉潜下来，在什么地方出现起伏。通过自身的想象和感受首先要把这个生动氛围描写出来，才能做出更有说服力的解释。这本书在这方面做出了出色的努力。

总的来说，这本书不仅显示出法国革命的另一个诠释路径，同时也促使我们联想和对比自身的历史状况。中国是一个政治运动大国，尤其在民国以后，国家不断通过公众场所的集会来调动民众参与政治的热情。奥祖夫的著作对法国革命时期群体动员的历史进程进行了精致描绘和想象，值得我们去细细品味。

学会用“无用之用”的态度对待残酷的人生

——2015年在中国人民大学博士毕业典礼上的演讲

同学们好，面对济济一堂身穿靓丽毕业服的你们，祝贺是必须的。今天这么整齐漂亮的礼服方阵，触动了我的一个情结。我是20世纪90年代初毕业的，对你们来说，我算是“骨灰级”博士生了。那时人大条件很艰苦，没有这么高大上的礼堂，也没有这么气派的典礼，更不用说能穿上这么漂亮的礼服。记得我们毕业多年后，忽然接到通知，说是要补穿一次毕业服，补办一个仪式，让我们这些老生过过穿袍子的瘾，于是我们才三三两两地散落在人大的草地上拍个没完。但是补拍就是补拍，就像当年第二次世界大战时，几个美国兵占领了一座日军盘踞的孤岛，竖起国旗摆出姿势一样(事后证明是摆拍的)。所以，大家要珍惜你们穿上博士毕业服的这一刻，因为当年我们只是三三两两地穿着礼服在回忆博士的时光，而你们却能在这庄严的场合由我们来真正见证你们的成功。

刚才说了作为“骨灰级”的博士，按年纪和你们比我算是个大叔了，虽然据说现在大叔比小鲜肉时髦受欢迎，但跑到这儿来面对你们我仍在想应该说什么不应该说什么。我首先想到在这个场合不应该说什么，虽然作为教师我们应该“为人师表”，却不应该再“好为人师”，否则就有面目可憎的嫌疑。估计同学们在这四年没少受老师的训，心里早烦透了，一直想着可到了有仇报仇有怨申冤的时刻。老师们言传身教给予你们的教益是毋庸置疑的，可是在这个温馨的场合，大家可能需要的是大白，《超级特工队》看过吧，就是里面那只胖乎乎的职业暖男。所以在这里我不是作为老师而是作为暖男说点模仿大白的话。

记得初上大学时，我在图书馆里偶然发现一本叫《外国文艺》的刊物，里面有一篇萨特的演讲《存在主义就是一种人道主义》。其中有一句话是：“存在先于本质。”这句话对我是个非常大的刺激，好像遭了电击一样。因为那时我们刚刚走出“文化大革命”的阴影，正步入改革开放的新阶段，思想还是被捆绑的，不知如何挣脱教条的束缚。这句话的刺激在于，我们过去的生活都是被规定好了的，所有被看作“本质”的那些不容置疑的东西，很多都是谎言，我们却毫无知觉地加以接受。我们人生的改变就应该把自我的存在和自我的意识当作思考的起点。不是靠本质规定好的那些东西去规范我们的生活，而是要由我们自己的思考做出选择。

所以自我选择是第一重要的。但你不是生活在真空里，你必须面对不同的人群，学会如何与他们相处。所以当你们经历了今天的狂欢，一旦脱下这身礼服，你们就会进入另一个世界。刚走出校门的学生经常对未来充满玫瑰色幻想，结果发现自己是“操着卖白粉的心，挣着卖白菜的钱”。记得读到过一个采访，说一般人想象战争总是炮火纷飞，弹道纵横，虽然危险却很刺激。其实真实的战争却每天与雨水、泥泞，无休止的行军和寂寞的等待相伴。最难熬的是，你同期毕业的同学成了CEO，你却还在老板的呵斥下每天累得生不如死。据说，有个测验，你如果爱养猫，说明你混得不错，因为能当猫奴，证明在单位里没受太多老板的气；如果你爱养狗，说明你在单位老受气，回家得养个摇头摆尾的宠物释放压力。如果你变成了养狗族怎么办？一个选择是去听各种励志故事，从奥巴马、乔布斯直到马云。他们总是不厌其烦地重复着各种失败者逆袭成为英雄的故事，他们靓丽光鲜地站在那里，是因为他们已经是英雄。但对我们大多数人来说未必适用，因为我们都是普通人，他们的励志故事就有了欺骗性，让大家以为人人可以成为英雄。普通人和英雄的区别在于，英雄奋斗享受荣耀赢得欢呼，普通人奋斗纯属默默耕耘，无人知晓。

这个时代的英雄故事永远是由财富和名望堆积起来的，没有人意识到“一将功成万骨枯”的道理。一般人一辈子都没有享受聚光灯下大摆各种姿势的资格。那么我们这些普通人该怎么办呢？讲个故事，我在美国访学的时候，和一个中国博士生住在一起。他的专业是生物医学，非常“不明觉厉”的一门学科，就是网络上说的虽然不明白但觉得很厉害的样子。可是在他的书架上总摆着钱锺书的《管锥编》。那是一本很难读懂的文学理论书，他每天看一页。我说，你一个理工男，装什么蒜，看这东西有什么用？他说每天看一页，就有兴趣，就是享受，没别的什么理由。由此我突然悟到了，兴趣和有用不一定关联，甚至兴趣和成功也不一定成正比。对一件东西有兴趣，不一定能保证你成功，不一定能使你成为马云或乔布斯，却能让你从每天职业化的奔波中解放出来，从你老板和上司的那张扑克脸的淫威下解脱出来。感受这种“无用之用”，学会用“无用之用”的态度对待残酷的人生，会使你的生命中洋溢着一种充实感。它不一定有镁光灯闪耀下的那般奢华绚烂，却可能长久流淌在你的心灵之中伴随一生。这就是古人所说的“古之学者为己，今之学者为人”的道理。

我是教历史的，最怕学生上了半天课，最后傻傻地问一句：学历史有什么用？那时我甚至会勃然大怒。因为如果你老是用这种功利心而不是某种释然的心态去读史，那么你还不如直接去炒股票。用成功给物质和实用的标准披上华丽的外衣，正是我们教育失败的最大症结之所在，也是我们的生活缺乏诗意的原因。

同学们，你们今天作为人大人身穿礼服坐在这里，当你们走出礼堂，脱下礼服，就即将进入另一个大学——“社会大学”。社会是成功人士的天堂，也是摧残弱者的地狱。无论你是成功还是沦落，已无法改变一个事实，那就是：人大已经成了你们的母校。不知到了多少年后你们还可曾记得在人大学习的时光。我现在特别想问的是，你们是怎么看待自己的母校的。在我念书的时候，人大被称为“第二党校”，或“第二神学院”。在过了数年，当我成了一名老师时，又有人说，人大的特点是“形左实右”。还有人讲了个典故，你一进人大校门就会赫然看到门口刻在石碑上的校训：“实事求是”。以校训为中心，进入人大校区的道路分列左右，但初进校门的人往往会误解左边的路是进口，右边是出口；其实右边才是进入校园的道路。于是被调侃成“形左实右”。当然，这也许和人大的经济等实用型专业在全国的地位名列前茅有关。

大家发现没有，从“第二神学院”到“形左实右”的评价，正昭示了人大发展的轨迹：它一方面有深厚的人文理论传统，同时又在新的形势下为中国的开放改革提供决策的动力。我还想补充一下自己对人大的印象，那就是：人大同样也有“兼容并包”的传统。在人大的英雄谱中，我们可以看到何干之、胡华的名字。他们作为中国共产党历史观的奠基人，是成功的典范。同样也可以看到王小波的名字。他一生潦倒，小说书稿因过于先锋，不被文学界主流所接受，一次次被退回，死后才爆得大名。但并不妨碍他一直是年轻人心目中的超级英雄，也验证着我刚才所说的“无用之用”在广大人民群众中无可撼动的地位。我想和大家说：“兼容并包”并不是某个高校的专利，同样也是人大的特色。

你们肯定知道，人大有个传统的羽毛球赛事叫“白羽惜别杯”，就是每年的五六月毕业期间，就在这个体育馆内，师生一起挥动羽毛球球拍，通过激烈比赛的方式告别学生时代。这项赛事几乎已成了一个人大独具特色的毕业告别仪式。今年我所在的教工队时隔八年再次获得冠军。有趣的是，近几年，白羽杯特别增设了校友项目，今年 87 级、88 级的校友各自组队归来，有的甚至从美国飞回参加比赛，看到他们真感到亲切！我相信，当你们在社会上闯荡多年后，也许某一天你们会想起母校，想起自己的学生时代，也许你们会陆陆续续地以各种不同的形式返回校园。当你们最初考进人大时，你也许是冲着人大的名气而来，在校期间，你们会以成为人大人为荣。当明天你们步出礼堂，奔向四面八方时，人大将会以你们为荣！

谢谢！

周作人的“原罪”[①]

周作人的“附逆”，一直是学界喧闹争议的话题。在舆论漩涡中，周作人最终被塑造成两个极端对立的刻板形象，一端贬之为“文界汉奸”，另一端却奉之为“文化的种子”，后来还有人添了个注脚，大意说，周作人是中国传统培养出来的“利己主义者”。第一个是扣帽子，第二个是摘帽子，第三个是重新换上一顶小号帽子再扣上去。这些帽子无论尺寸还是重量都非同一般，它的名字可以叫“反国家”，也可以叫“反民族”，或者干脆骂成文人“自私自利”的样板，帽子箍得紧，摘帽的难度自然就大。周作人总努力想把这些帽子摘掉，陈述的理由也不无道理，自己在日据时期明明扮演的是坚贞的苏武，却被错当成叛徒李陵，何其冤枉哉。这位书呆子心想，尽管本人“牧羊”的时间远没苏武他老人家那么长，八年可也不算短呀。这自我辩护的结果当然只能是自取

① 本文原载于《读书》，2019(06)。

其辱，因为要不要给他戴帽子可是代表国家的民国政府才说了算的。

“国家”意识这顶紧箍咒一旦套在头上往往自己摘不下来，外人也无能为力。不是如来佛的魔法使然，而是它纯属中国近代历史锻造出来的神器，它被打造得尺寸统一，谁戴上都会变得思虑集中，行动起来与政府步调一致。周作人是晚清变革和“五四”的产儿。民国初建，乱象频现，即有人开始对“国家”到底是不是个好东西表示怀疑，陈独秀干脆说要想进步就必须打碎“国家”这个偶像，那时“爱国”不“爱国”大致还是个人自选题，不是必答题。梁任公厌倦了党派互掐，也一度犯了“革命”恐惧症，说大家别再吵吵闹闹了，咱们还是一点点从基层做起干点正经事吧。

经“五四”洗礼过的文人还有那么点自我期许的狂傲，经常摆出一副舍我其谁的架势，几个人商量一下就跑到山上弄一个“公社”。周作人想山寨日本人武者小路实笃搞“新村”，在当时绝非异想天开，也不是什么“汉奸”行为。想想看，当年毛泽东都在岳麓山上搞群居实验，“国家”在他们的眼里实在是个模糊不清的东西，甚至是有害的，那时候最时髦的词是“无政府”，是改造“社会”。

“五四”虽然以反对巴黎和会开启出新阶段，但绝不要以为简单贴上“爱国”这种政治标签就能把它的意思概括完了，好像“五四”青年都明明白白属于“国家主义者”这一类人群，“五四”的思想成分多元而复杂。“士绅”阶层虽然近于消失，当个“隐士”弄点私人事务的空间倒还残留着，那时候尚允许周作人在苦雨斋里悠然遐想，做个读线装书的活古人。当然，“五四”蕴育出一代革命激进青年是个不争的事实，却同样给想当“文化流氓”的周作人足够的机会。20 世纪 30 年代以后，“左”“右”两个阵营开始撕破脸皮，变得水火不容。非左即右的站队心理导致知识人之间互撕成风。周氏兄弟反目成仇，酿成“东有启明，西有长庚”，两星永不相见的失和痛局。艺术公民周作人毫不掩饰对“晚明小品”闲适风格的欣赏，公然成为左翼作家联盟和鲁迅的敌人。

“革命”与“书斋”生活势不两立，“五四”以后的知识人必须在国家、民族、集体、政府、单位这些大词中慎选一个依傍上去，作为安身立命的归宿，这是道人人必须回复的必答题而不是自选题。如果你把“国家”错选成了“个人”，那就与那些“自私自利者”或“个人主义者”变成了同党，结局轻则被边缘化，重则被孤立批判得没有朋友。20 世纪 60 年代电影《青春之歌》里的余永泽，一心只想当好胡适的弟子，靠在书斋里读书成就自我，对世事的恐惧变成了骨子里的孤独和排外，活脱脱一个翻版的周作人，与“革命”女神林道静相比是国家意识塑造出的标准负面形象。黑白善恶对比如此分明，辨识度实在太高，尽管余永泽被大艺术家于是之生生演绎成了一个猥琐不堪的渣男，格局气象难以和周作人的儒雅从容相提并论。

周作人在汉奸审判后保持沉默、不做任何自辩。这一举动引起了种种猜测和解读。有人以为他的态度是执拗的抵抗，有人则以为是继续堕落而拒不认错。其实周作人的“失语”，是无奈之下难觅解人，不如干脆不言。试想，全世界的人都拿他当叛徒李陵，只有他一人独自幻想着化身苏武，身陷敌营还保持贞洁。在众人语言暴力的群殴之下，这微弱到忽略不计的辩诘，即使声音能够发出来还不是等于零。这一点倒显示出其“士绅”之外“流氓”性格的坚硬一面。

这个自称流落出国家视界的化外“绅士鬼”加“流氓鬼”主张的是“大美无界”，向往的是“文化大同”。在他的眼里，生活中的日本俳句、浮世绘与中国古籍俚语里的“冷语”“舛辞”，欣赏起来哪里可以用国界来划分呢？那是一个纯由诗人支配的美丽新世界，没有一家一乡一国一民族对个人的约束，只有“审美”一种维度可以独占身心。在周作人的字典里，既没有文学家关心的“个体的人”，也没有社会学家观察的“群体与社会”，即使他短时间迷恋过“新村主义”，最后还是要回归到大同和“天界”意义上的人类纯粹审美境地。这种完全无视现实情境的“文化世界主义”，在“国家主义者”看来根本是活在一片荒唐的梦境中，“虚幻”成瘾，纯粹有病。对于这种大逆不道的文明叛徒，只差有人冲上去扇他几个巴掌，让这位梦游者清醒清醒，或者径直把他送进精神病院拉倒完事。

"五四"之后知识阶层严重分化，与国共两党探索革命道路的选择出现重大分歧有关。一部分人从书斋走向大众，融入左翼思想改造的湍急漩流；一部分人继续簇拥在国民政府领袖的旗帜下，甘做"国家主义"的信徒；一部分人奉行"社会"改造路线，留守在几个残存的零星地点艰难实践着他们的"无政府"之梦。最少数的人则枯坐书斋，当了学术"宅男"。可是在近世中国，当"宅男"不问世事同样是一种罪过，在家国恩仇的情绪挟带着各种创伤疾患蜂拥而来的时代，即使你再有学问，也没有选择闲暇逃避现实的自由，只有夹裹在激动的人群里呼喊国家至上才是正当的姿态。更别提周作人在战火烧遍了中国大地之时还不识时务地坚持浪漫的审美教育，结果不但冒犯了左翼知识分子和被他们教化的群众，也冒犯了官方不遗余力支持的那些民族主义者。加上周作人还长着一张东洋味道的脸孔，"细加察看，那表情是江户的，是歌麿的，是明末大城的，是左祖右社的旧北平的"。这就更增加了他身上的"原罪"气质，他的闲适清淡与平民趣味混搭的软学问，与激荡煽情的国家主义民族主义的政治化学问相比，岂止是格格不入，简直落伍到像一个活死人的地步。周作人作为一代文豪，其命运真可谓是活不逢时而非生不逢时。

卖萌与政治[①]

据说初到布拉格一定要去老城广场上感受天文钟敲响的那一刻。我自然也不能免俗，接近整点时刻，赶紧随着奔涌的人流挤向了钟楼，下意识地以为要去参加什么庄重神秘的仪式，跑去一看却意外撞上了一场好玩的卖萌表演。与一般教堂顶端计时表盘的设计有所不同，这座钟楼上的两口钟面上下相连。上面的钟面虽有指针却不走动，下面那貌似钟面的圆盘上用金色雕饰着一圈以动物和宗教故事为题材的绘画，看上去花团锦簇，颜色艳丽，颇具造型感，显然不是供定时敲响用的宗教神器。尤其有趣的是，钟面右侧立着一个小骷髅，每当整点来临就会摇动手中的响铃。随着铃声响起，钟面上端的两扇门应声打开，鱼贯转出若干手持礼器的玩偶教士，他们两人一组走马灯似地双双亮相，个个表情庄严却又如戏子粉墨登场，看上去让人忍俊不禁。铃声响了

① 本文原载于《读书》，2018(6)。

一分钟左右后，两扇门自动关闭，表演结束。

这场教士玩偶走秀每小时都要上演一次，勾引得游人黑压压一片在钟楼下翘首观望，争相高高举起拍照的手机相机。手臂宛如树林般稠密，把本该让人肃然起敬的教堂敲钟仪式活活演成了一出玩偶神剧。此时正值复活节来临之际，老城广场上鲜花遍地彩带飘舞，到处点缀着嘉年华般的装饰。广场角落里一个装潢俏艳的舞台上，有老师带着高高矮矮的一堆孩子在不时随性歌唱。旁边的木栏里居然圈起了几头真马牛，供游客戏耍喂养。场上弥散着童谣牧歌式的轻摇滚旋律，让人感觉布拉格人着实软萌可爱。

欧洲历史上素有一种广场文化，人们习惯在广场这个空间里交往、聚会、休憩、嬉戏乃至抗议。广场当然是一些重大政治事件发生的场所，也是政治讯息发酵、传递和扩散的地方。如果单从政治治理的角度考量，似乎广场是个危险系数最高的地区，是造反的渊薮。人们总是记得资产阶级革命的成功就源于咖啡馆里几个人的议论，但不要忘记，广场在更多时间里是市民宣泄情绪和放松心情的空间，是自由选择个性生活的场所。我曾在维也纳市政广场看到，一个手风琴演奏家一奏起当地人熟悉的民间乐曲，广场上畅饮的人群立刻就会随着乐声翩翩起舞，一时欢快之声四处扩散，迅速转化成集体狂欢。这还只是个普通周末里发生的广场故事。在欧洲的不同国家，每个人都能从广场貌似无序的喧嚣中感受到一种共鸣和互动的欢快。在广场上，不仅仅能享受啤酒、美食和艺人表演，还能真正感受到心灵的自由和解放。

在欧洲的广场上，你会不时看到，这边聚集着一些扯着标语叫器抗议的人群，那边却可能正在举行一场震耳欲聋的摇滚式疯狂聚会，或者是某个民间艺人在卖萌耍酷地玩着自己的绝活。人们三三两两地散坐着，你可以溜达着去看看抗议者在嚷什么，听烦了他们高喊政治口号的絮叨，也可选择懒散地坐在民间艺人面前听他用标准的美声唱一段意大利民歌，或者挤在人堆里喝着啤酒听当地人说三道四。在我们的印象里，政治似乎应当是一帮人在厅堂里正襟危坐地开会讨论国家大事，可在欧洲人眼里，政治也许就是街头散步时偶遇的一场开心表演。政治诉求虽然不乏沉重的议题和严肃的论辩，难道就不能转化成一场发散郁闷的狂歌劲舞？

在布拉格，欢快软萌的气氛一直蔓延到街道上。布拉格人擅长把严肃的宗教礼仪变成各类逗人喜爱的宠物表演，处处向游人卖萌示好。20 世纪 70 年代曾经流行过一个捷克动画短片《鼹鼠的故事》。里面那只可爱的鼹鼠，和兔子、小老鼠三只小动物集体扮萌的形象已经遍布在形形色色的商店之中，转换成了吸人眼球的各类标志。布拉格人心灵手巧，各种小玩意创意不断。我在一个商铺门口就看到一只巨大的木制刺猬趴在店口，远看以为它浑身扎满木刺，近前一看发现木刺都是铅笔造型。从表面上看，布拉格的大多数商店与其他欧洲城市一样都会出售一些同质性的旅游商品，但每个店铺其实都有自己的创意绝活。布拉格人喜欢做木偶类的小动物和传说中的怪异人物。游人一进商店就会深陷于悬吊着的彩色木偶之中，巫婆怪汉的形象比比皆是，恍如进入了魔幻洞窟。布拉格人也特别擅长把一些萌宠动物做成小巧的工艺品，如木质和铁质的小挂件。一旦拿起赏玩，总会让人爱不释手。这让我不禁想起了国内旅游区商店几乎全是同一作坊批量生产的东西，不但创意缺失，而且千篇一律。

布拉格老城并不缺少高大的皇宫和城堡，以及巍峨的教堂。这些高大上的标识性建筑在欧洲的任何一个城市都已让人习见为常。可是漫步于街道之中，你会感觉到布拉格弥漫着一种轻松戏谑的气氛，这种气氛可以解构掉任何呆板的仪式和肃穆，能够把貌似庄严的程式礼仪转化为一种日常的幽默和友善的游戏。你如果步入查尔斯大桥，穿行在各种历史人物塑成的雕像中时，发现他们的表情好像总是如布拉格街头小摊的热情卖艺人，亲切俏皮，很难使人产生敬畏感。到了大桥的另一端，如果偶尔瞥一眼桥下，你会忽然发现一个黑咕隆咚的雕像手里攥着一把亮晶晶的金色之剑。金剑与黑色身体构成强烈反差，仿佛塑像之人故意要用金黑两色的对比搞一场恶作剧挑逗一下过往的行人。

布拉格人的卖萌不仅表现在日常生活状态之中，而且反映在他们对待历史记忆的态度上。他们往往以一种调侃幽默的方式化解过去的仇怨，重释严肃的政治议题。给我印象极深的是布拉格共产主义博物馆的设计和布展。当时查阅旅游手册做旅行攻略，这个地点引起了我的注意。一般而言，到欧洲城市，最主要的行程就是参观当地丰富的博物馆资源。布拉格是前社会主义国家的城市，经过"丝绒革命"后，那段历史早已成为遥远的记忆。本以为没多少人再关注这段历史，没想到我去参观的当天，博物馆里居然人满为患。让我好奇的是，布拉格人是如何复述这段历史的呢?

按照旅游手册上的记述，这个博物馆位于布拉格最大的麦当劳背后。对共产主义运动的记忆居然藏身于资本主义全球化的餐饮机构背后，这本身就是个具有强烈隐喻的空间搭配格局。麦当劳位于一条精品购物街的内侧天井里。进入天井，能够看到一些散落着的庭院式座位。庭院两侧的立柱上显眼地悬挂着共产主义博物馆的招贴画，上面画着一个巨大的红色俄罗斯套娃。只不过这个套娃不像通常那样和蔼温情地微笑着，而是龇牙咧嘴面露凶相，下面用英文写着"共产主义博物馆在这里"。你大致可猜出，这个套娃喻示着苏联对捷克社会主义运动的控制和影响力。可是仔细品赏这套娃的表情时倒不会产生惊恐反感之意，反而觉得有些呆萌喜兴。

进入博物馆入口处的商店，你会发现在一幅苏联国旗下站满了一堆大大小小的龇牙套娃做成的木偶玩具，布拉格人甚至把这异类套娃做成了牙签桶。你可以想象，那龇牙套娃头上插满了牙签是什么模样。还有一些图案做成了冰箱贴式的小玩意。让我印象深刻的是一只圆圆脸面带微笑的可爱毛毛熊，手里却端着一把冲锋枪。这只毛熊也不言而喻地让人联想到"俄国熊"这个字眼，再引申就会猜想这也许就是按照"布拉格之春"后侵入捷克领土的苏军形象进行的玩偶化设计。还有一些宣传画的构思显示了布拉格人幽默戏谑的性格，比如把列宁的头画成朋克造型，马克思坐在椅子上抠脚丫等。这些都属于沃霍尔波普艺术的变种形式，它延伸了捷克人对过去的记忆，却并不刻意用苦难的心态去装点和消费它，而是把那段复杂难言的政治意识形态高压控制的历史给萌宠化了。

套娃和毛熊表明了捷克人对那段历史的基本态度。往展厅里面走去，各类老照片和被精心复原的社会主义运动场景都与苏联的干预控制息息相关。早在1947年，美国曾经提出马歇尔计划，打算资助22个经济濒临崩溃的欧洲国家进行复兴。为了表示这个计划对那些陷于饥饿和绝望的人们采取的是一视同仁的态度，不具任何意识形态色彩，捷克斯洛伐克也名列其中。当捷克人小心翼翼准备接受这笔资助时，却遭到了斯大林的严词拒绝。展厅里悬挂着几幅斯大林和战后捷克第一任总统克莱门特·哥特瓦尔德(Klement Gottwald)亲密相偎相倚的照片。哥特瓦尔德手持一张报纸，上面的大标题是这样写的：始终和苏联站在一起。

捷克人把政治萌宠化似乎是一种一贯性的态度，即使在“冷战”氛围里，捷克几乎必须跟随苏联与美国为敌，把资本主义阵营视为洪水猛兽。传说美国飞机上带有一种病菌会四处散播，一张宣传画里就画着一个身穿白衬衣的大汉，手擒一个手拿试管的美国佬，试管正往外喷洒着各种毒虫，远方有个妇女表情悲戚地怀抱着似乎已被病菌感染的孩子。尽管这些个别的画作传达着悲愤伤感的情绪，捷克人总体上还是不失幽默地调侃着应予严肃批判的政治对象。

博物馆中展示了不少讽刺美国的漫画。一张漫画上画着一个身穿黑色警服的警察右手拿着根大棒，左手提着串钥匙，他身后的铁笼子里关着一个缩微版的自由女神雕像，暗示着美国自由的虚伪。这警察表情看上去却并不面目可憎，而是更像动画片中憨态可掬的某个卖萌人物。另一幅画面上头排单独摆着一张桌子，桌前坐着一个嘴里叼着烟斗大腹便便的胖子，可能是议长之类的人物，手里有一个按下电钮的动作。后面两排坐着高矮胖瘦不等的一堆人，个个把手高高举起，表示电钮一按，讨论的问题一致通过，显示美国民主的虚伪。另一幅漫画画着一个地球，上面有一只大手做着弹指的动作，大手前面摆着一个戴着礼帽手提炸弹的矮小美国人，摇摇晃晃仿佛一指就会被弹出地球。下面印着一句话：“我们如此轻松地就干掉了资产阶级。”

布拉格的政治宣传品当然也有一些常见的套路。画面上经常表现工厂林立、烟囱喷烟，田野上欢快地跑着拖拉机，或者充斥着手握钢钳的工人肌肉男和站在身后咧嘴甜笑挥舞红旗的劳动妇女。博物馆里的一个塑像左男右女，左边是男工人，右边是女社员，背景是一个用齿轮麦穗打造的圆环，真是标准的社会主义劳动者图腾，让人想起了中国20世纪六七十年代时大干社会主义时的典型形象。一个展示日常家居生活的展室里，桌上摆着印有总统画像的花瓶和刻有红星麦穗图案的盘子，令人记忆起中国当年到处流行泛滥的领袖像章。按照马克思的经济理论，斯大林创造了一个意识形态教条，即全部社会生活应该围绕着工业生产展开，劳动英雄成为各类宣传出版物的主角。捷克学习苏联发明了以工人为中心的“突击手运动”，艺术家、科学家与知识分子通过参与各种劳动表达对工人阶级的敬意。

体育运动也不可避免地沾染上冷战的色彩，参加奥林匹克运动会成为追随苏联社会主义阵营对抗欧美资本主义势力的一个重要步骤。即便如此，体育宣传画的创作照样透露出捷克人的幽默性格。如一张宣传画的主体部分是一队穿着紧身背心满脸微笑昂首阔步向前行进的肌肉棒子运动员。在画的底部，被大汉们一脚跨过的阴暗角落里有一辆吉普车，上面坐着一个右手抽着雪茄，左手拿着美元的老版模样的人，中间一位军人高举冰球棒，右边坐着的是头戴礼帽的车夫，手里挥动卷成美元符号样子的皮鞭，正用三条绳子驱赶着黑人、白人和黄种人在奔跑。一帮身材渺小的拜金主义者就这样不成比例地被踩在代表阳光正义的运动大汉们的脚下，可画面看上去仍像是一种萌宠化的表现方式。

斯大林去世以后，社会主义阵营开始放松意识形态控制，为实用主义的流行打开了一条缝隙，捷克人也开始渴望有机会消费奢侈品。由于国家缺少购买这些产品的货币储备，1957 年市场上出现了第二种货币，相当于中国 20 世纪 70 年代发行的外汇券。如果公民持有外币，就需到国家银行兑换成可以购买外国商品的专门代用币。这些代用币与外币的兑换率大约是 1∶5 或者更高。举例说，一个女孩子如果陪一个外国人过一夜获得 20 美元，就能兑换出 160 元的代用币，在黑市上一倒手就能换得 800 元的捷克币。一幅宣传画表现了经济政策宽松下市场复苏的情形。一位母亲提着的网兜里塞满了草莓果酱和饼干罐头等食品，一个扯着母亲衣襟的男孩手握彩蛋，左上方奔跑着的小女孩满脸微笑地迎向母亲。一间展厅里摆满了各种罐头类食品，柜子下方还展示了一面中国国旗，显示出中国食品也曾作为商品交换到捷克。

看完博物馆，不免生发一些感想，一个国家的人民对历史与政治记忆的表达方式可能是多种多样的，有的沉重、有的轻松、有的遗忘、有的歪曲。捷克人民对历史采取的更像是一种萌化的态度，甚至对两个敌对阵营中完全相反的历史表象，都加以同一的戏谑式刻画。无论是对冷战时期美国民主自由的嘲讽，还是“丝绒革命”后对苏联式高压政策的漫画式回顾，都不像是一种被规训好的集体记忆的述说，而更像是一种个人的自娱性表达。从表面上看这种对历史的态度似乎有过于游戏化之嫌，岂不知这正是消解任何意识形态压抑控制的最有力手段，凸显了个人对历史的个性化思考与感悟。

让人诧异的是，捷克人对任何政治与历史记忆的卖萌和调侃并不会带给你过于嬉皮笑脸和玩世不恭的印象，却更像是一种善意的劝诫和提醒，是在和过去历史进行更加有趣的交流和对话。共产主义博物馆的二层有一个露台，露台上摆放着一座列宁手持课本的半身雕像。列宁像的面前摆列着一排排空空荡荡的桌椅，整体陈设就像一间露天的教室，列宁的头上肩上覆盖了一层薄薄的青苔。尽管他神态落寞眼神严峻，可在我眼里他的表情却尽显布拉格式的萌态。此时已近黄昏，暮色正浓，在准备离开博物馆之前，我选了一张桌子面对列宁坐了下来，在夕阳西下时依依不舍地最后感受一下这里弥漫着的奇特气氛。

“感觉”历史

——《博览群书》记者雷天访谈[①]

一、什么是新史学？

雷　天：近年来，中国历史得到越来越多人的关注。除了带有文学虚构的历史剧热播之外，一些研究历史的学者通过中央电视台“百家讲坛”获得了很高的收视率。此外，各种从不同角度解读历史的书籍也受到了读者的青睐。这些书籍和讲座使我们获得了学校里难得的历史见识。但是另一方面，学院内的历史研究由于各种原因越来越精细化、规范化，很多专业问题的历史研究和对历史问题的解读分析。用杨念群教授的话来说，仿佛一个面色红润的丰满人体被剥掉了血肉，只剩下一副白骨嶙峋的骨架。杨念群教授最近策划出版的《新史学》

① 本篇访谈原载于《博览群书》，2007(8)。

一书对后者做了一些批评，也提出了他所认为的一种感觉主义的新史学。那么，这种新史学究竟新在何处？对我们理解历史有何新的帮助？实际上这些问题牵扯到一些更为复杂的问题，历史是什么？什么构成历史？对于我们而言，历史也许并不意味着只是一个个的故事，杨念群教授将通过他对历史的解读和新史学的阐述来帮助我们认识和解决这些问题。

杨念群： 当时我们这个群体在策划《新史学》的时候，封面标题是集成了梁任公手迹中的"新""史""学"这三个字。任公先生是民国时期的新史学发起人。为什么要用任公先生的手迹？这里讲一个话题，2002 年正好是任公先生《新史学》这篇著名文章发表一百周年的纪念，我们在香山开了一个会。当年任公先生之所以提出"新史学"，是因为当时有说法认为我们过去的史学都是帝王家谱、宫廷秘史，而他在"新史学"中提出读史的目的是把习惯旧王朝统治的中国人培养成现代"国民"。我们当时纪念任公先生，一方面要反思这个想法在当代的意义；另一方面任公先生提出新史学还有另外一层含义，就是试图把中国史变成世界历史的一个组成部分。因此，引进西方理论来更新我们过去的史学的传统就显得必要和急迫。

我在策划这个会议的时候发现一个现象，实际上各个学科的人都对历史有兴趣，像法学、人类学、文学等学科的学者，都在以各自的方式介入历史学，所以当时有九个学科的人参与了这个会议。大家进入历史的方式不同，所以争吵也比较厉害，那场面就像一次理论会诊。当时的判断是，传统历史学受意识形态的束缚过多，变得简单武断，已经干巴得没有血肉，非常不丰满。我们召集不同学科的朋友来诊断，看是否能使历史学的肌体变得健康红润起来。想想看，这就像九个门类的医生拿着手术刀围在“历史学”这个病入膏肓的病人周围跃跃欲试地准备下手。

可会诊完毕，手术室的门推开，我却理解到“狼来了！”这句话到底对史学意味着什么。我们发现本来是希望通过各个学科方法的介入使历史学的肌体变得更加丰满，但是一阵乱刀手术之后，历史会诊的现场却像群狼蹂躏过的盛宴一般，吃的只剩一个骨头架子。为什么这样说呢？各个学科用各自的方法进入历史的时候的确带来了很大的冲击力和创新，但是在不同的方法和研究切入之下，历史本身是什么反而变得不是很清楚了。这是2002 年香山会议带给我很大的一个震撼。

历史对我们现实生活中活生生的生命历程和自身生活方式到底有什么意义？和生活有什么关联？这可能是我和一些朋友发起编辑《新史学》这一新刊物的动因。

雷　天：您的意思是说，社会学的学者研究历史会采取它的方法论，法学、人类学学者也会有自己的方法论。他们看历史都会有各自的角度，历史就被各门学科瓜分了。那有没有给历史学带来什么启发呢？能否举例谈谈。

杨念群：启发当然有，比方人类学关注的是当下的问题，他们去做访谈、口述。近几年口述史研究的兴起是吸取了人类学深入到田野的研究方法。比如这些学者进入到一个村子里，在村头大树或村里屋檐下和老人们聊村庄的逸事，通过唤醒过去的记忆来丰富对历史的认知。人类学把这一方法带入历史学之后形成两个冲击。一个是看历史要有当下的现场感，另外还须具有当代的意识。用当下的问题来追述过去的历史，这条脉络被有效地贯通起来，这是非常重要的一个改变。

雷　天：历史学家有一个重要的任务，是挑战由于社会因素导致的对历史的错误陈述。这一目标如何实现呢？您能否通过几个例子来说明。比如以前我们会认为李鸿章是一个汉奸，但是从后来的历史学者对李鸿章的解读，发现李鸿章是一位外交英雄，看法会有改变。而像岳飞以前我们认为他是民族英雄，但是后来否定了岳飞是英雄，因为是基于民族团结的考虑。

杨念群：这确实是我们面临的最大困境。刚才说到人类学方法对历史学的影响，其实社会学对历史的影响更大。马克思其实就是社会学家，在西方被认为是和韦伯、涂尔干并列的三大社会学家。社会学的启发是把历史看作是有规律的直线发展的变动过程，一切历史因素好像都在一个大结构里被安排好了。可它无法说明为何在不同场景里人们对历史的体验和选择竟会是那样的不同。在民国初年受到了批判的胡适，好像说过一句话："历史就像一个任人打扮的小姑娘。"他的这个看法有点像后现代的说法，后来在讲究规律的社会学式的历史家眼中当然要被骂。可我在20世纪90年代初却觉得当时对历史人物的评价怎么好像应验了胡适的"后现代"预言呢？我自己是学中国近代史出身的，我就觉得历史评价怎么会变化那么快？像你说的，李鸿章原来被认为是帝国主义的帮凶，是汉奸这样的人物，在京剧脸谱中是个白脸，但是一夜之间仿佛变成了中国的现代化之父，转眼变成了红脸。历史人物怎么会被这样翻云覆雨地解释，我感到非常大的困惑。

后来我想，历史学其实是在不同的时期应对不同的问题，在应对时会发生不同的体验，这种体验必须通过对历史细节的把握加以理解。我们国家20世纪80年代应对的问题是如何使自己更加富裕起来，怎样达到一个基本的经济水平，这是当时面临的很大问题。历史学自然趋之若鹜地蜂拥论证现代化对中国的合法性，和以往历史学主要论证中国革命和共产党的合法性的政治使命完全不同。原先我们书写和认识历史是对所谓革命合法性的论证，李鸿章在这个框架中自然是一个反革命的人物。但如果放在现代化的背景下，李鸿章的作用当然就变化了，他是引进西方技术的代表，是洋务运动的代表。在这样一个视野下，他突然变成了像英雄一样的人物也属正常。

我想这恰恰是历史解释和当下阶段性现实关切目标的有效结合。我认为历史在某种意义上并不是所谓客观存在的本然状态，它必须和我们关心的当下现实之间形成一个对应互动关系。随着时代关心的热点和问题发生转移，历史学所针对的情境、语境、动因、资源就会发生相应变化。这是历史学不断对历史人物评价进行修正的原因。

再举一个例子，当时我们看义和团，觉得他们烧教堂、挖铁路、杀洋鬼子特别痛快，那是在反帝爱国的背景下。改革开放之后，必须要重新调整评价人物的策略，义和团就变成了非常愚昧落后，只会杀洋人、捣毁新式现代工具，变成凶神恶煞的形象。所以历史解释在不同的时事下产生变化是肯定无疑的。对此我们应该采取什么样的态度呢？有一个办法，那就是在研究历史时必须要和当下的问题建立起联系。但是这个联系又不能仅仅服务于当下的认识，以免跌入实用主义的境地，而是首先要回到"情境化"的状态，仔细推究这些历史人物为什么会选择这样的行动方式来面对自己周围的世界。

比方我们分析义和团。义和团的兴起在当时实际上面对的不完全是帝国主义的压迫，可能恰巧是地区内部环境造成的问题交错累积，正好借着朝廷反洋人的纵容政策这个出口爆发出来。比如，当时的山东地区旱灾非常严重，造成饥民骚动，一些谣言随之传播。练拳聚会走街串联的传统开始复活流行，本地民众组织常常使用一种特殊的运动形式来回应旱灾的冲击。我们如果不了解当地乡村习俗的由来和其抵御天灾人祸的自生逻辑，就觉得这不过是迷信。当然，义和团的行动后来被放在反帝这个政治链条上加以解释，也不能说完全是一种附会判断，它可能是中国民众对帝国主义入侵做出整体反应的一个组成部分，但就义和团本身来说没有那么明确的意识而已，这是个社会学意义上的判断。所以这个“度”的把握难度很大。

另外一个问题是，我们需要知道过去的历史为什么要这样写。历史是由人书写出来的，当时的人在书写这段历史时是出于什么动机，受到什么影响，是什么样的因素促使他用这样的角度来理解历史。我们不仅要分析当时历史人物在那样的状态下的活动，还要看书写这段历史的人是出于什么样的动机。因为动机不同写出的历史是不一样的。

举一个例子，大多数人都不理解，陈寅恪先生为什么会在晚年写《柳如是别传》，为一个妓女作传。知其心曲者就会悟到，陈寅恪先生的那种遗民心态和明末清初钱谦益、柳如是的经历与心境是非常契合的，由此生发出探索一个时代知识群体“心史”的冲动。正是因为写史人的心境和历史人物活动的情境达到了高度吻合，所以才有人认为陈先生晚年实际是达到了比较高的研史状态。

二、历史的用处

雷　天：通过您对历史的分析，我想我们意识到历史对于不同时期的不同人群来说，意义是不同的。比方建构族群认同、为现实统治提供合法性等。那么认识历史对于今天的我们来说，有什么意义呢？

杨念群：历史到底有用还是无用？这是我在给学生上课时学生问得最多的一个问题。现在和过去不一样，大家都愿意去炒股，都愿意去搞IT。历史学面临的生存环境比任何时候都要严峻，因为你时刻要面临一个绝对功利的问题，那就是历史有什么用。所以我每被问到这个问题时，都有被逼到一个角落里无法动弹的感觉，于是我就干脆气急败坏地回答说：“历史是没有用的，历史是无用之用。”

从中国传统来说，历史有这么几种功能。一种是资治，直接为政治服务，是硬的东西；一种是修养和审美，是软的东西。我并不反对用史学来资治，其实我们国家需要一个优秀的历史观作为意识形态的支撑点。但是目前面临一个很大的困境，我们国家从一个强调革命意识形态重要性的年代，转移到改革开放的新时代之后，我们的历史观缺乏对这种重大历史转变的回应和解读的能力。也就是说，我们没有为新的时代提供一种有足够说服力的历史观。作为资治的手段，这是一个很大的缺陷。我们原来都知道，所谓历史学家许多人都是帝王师，改革前也有一些历史学家专门作为意识形态专家服务于国家政治规划，是新型的“帝王师”。可改革后历史学的资治作用却大大降低，这点我们历史学家也有责任。但是这个状况也不是现时能够突然改变的，因为这和国家是否投入足够的力量去关注有重要关系。和过去相比，历史学的“资治”作用大大下降和这个群体被政治边缘化有密切关系。

如果不是从整个国家文化转型的大背景来说，仅仅就个人而论，个人研习历史最大的作用就是培育一种修养，或者说读史能够熏陶一个人的气质，而这些软性的东西是无法和物质的可计算性相比拟的，这就是“无用之用”。更具体地说，什么是“无用之用”呢？一个国家、一个民族如果在世界上真正崛起必须有一种独特的历史和文化的气质。现在我们老在提大国崛起，但是我们所有能进入到世界领域评价视野中的，无外乎是经济发展、国力强大这些西方指标，让这个世界觉得中国式崛起的因素中真正属于自身的东西少之又少。我们近几十年一直学的是欧洲和美国，在历史文化方面我们丢失的东西越来越多。这里面有一个悖论，我们原来迷信经济发展必然会决定传统文化的命运。但是后来发现，这两者实际上并不是一个正相关的关系，不是一个完全的因果关系。20 世纪 90 年代经济越发达，反而有更多人去修神庙续族谱。那些我们认为在现代新文化中应该被消灭的东西大量复活。因为人类发展到一定程度后，精神信仰的需求会日益凸显出来。

中国没有宗教，西方有一个基督教支撑着整个的文明大厦。所以学历史有可能使整个民族气质中多少还残存的一些人文底蕴能够受到彰扬，至少还有人去关注。现在假药那么多，在中国很正常，在西方就不可思议。因为人权宣言的第一条就说的是尊重人的生命，人家觉得卖假药就是摧残自己的生命，害人之后很可能会害己，这是一种植根于文化深层的道德约束力，也可看作是一种历史感受力在人的身心发挥作用的结果。在中国，这样的约束力和感受力变得越来越弱。我的意思并不是说让大家都去把历史当专业那样去学习，但是如果一个人常常对历史有兴趣，他就会在历史的洞察中获得一种精神的滋养和感受，那种境界是我们国家面临大的转型过程中特别需要的一种心态。

雷　天：您指的为国家提供资治的那种历史我们明白。但是对个人培养人文素养的这种历史，它应该是一种什么样的形态呢？

杨念群：其实各个层次的历史研读都会起到作用，包括你刚才提到的百家讲坛、影视剧这种通俗历史的观看方式，都会起作用。但是这里面有一个问题，百家讲坛或各种影视剧的表演秀，是不是仅仅是传播历史的唯一方式？这种方式通过媒体的动员好像变成了万口一辞的解读。因为大家受媒体的影响太大了，已经形成一种带有垄断性的广告效应，规训着人们的视听，好像历史一旦变得通俗好看就只允许有一种传播形式。

这几年统计，纸质媒体的阅读量大量下降。我有一个朋友到法国去，在一个咖啡馆中，他看到一个穿吊带工装的黑人在看一本书。他走过去一看，原来那人在看《歌剧曲谱》。还有像福柯这么一个思想大师，他的《词与物》那么难读的书也发行了十几万。法国人阅读的层次，对历史理论的理解，绝不是主要通过什么影视剧或者是一般的影视频道去获取的。

我现在一直在思考，包括在编辑《新史学》时也在考虑，我们能不能寻找出一个第三条道路，一条中间路线。这条中间路线第一我们不是专家式的，我们不是象牙塔中仅仅做阳春白雪的事情，但是我们也不能仅仅依靠大众的媒介把复杂的历史变成了一种极其浅薄的故事化讲述。我们能不能把一些相对具有深邃历史意识和观念的研究成果，通过一种相对通俗化的面貌，比如说优美的叙事、流畅的文笔这样一种形式传递给大家。我一直在寻找这样一种第三条道路。

三、历史作品的核心是什么？

雷　天：关心历史的人其实也不仅仅是看百家讲坛，他们也会去看黄仁宇、唐德刚、史景迁。因为他们不光是写历史，而且文笔特别的优美。您好像也挺关注这些人的，能否谈一下您对他们的看法。

杨念群：这和刚才我们那个问题联系在一起了。不过大家都把黄仁宇看得过于简单了，就觉得《万历十五年》写得非常漂亮，仿佛把味觉、听觉、视觉一起带入了历史的想象。甚至敢用第一人称谈对历史的感受，这是一般史家所最忌讳的。比如他说：“我看到明代官吏丝袍上的绣金线，也看到大理石桥及半月形大门，还有白鹤盘旋在京城里的喇嘛寺上方。”[①]但是大家都有一个误解，以为黄仁宇就是个历史故事的通俗段子写手。其实他本身是一位明史专家。他是在运用深厚的明史功底写大历史观。大家还有一点没有注意到，我认为《万历十五年》是中国做得最好的一个“心态史”。比如像海瑞、戚继光，他们面对皇帝时的那种斗争反映的是一个时代、一个情境下一群人的气质群像。你必须要研究，历史人物面临怎样的困境？他如何来解决这个困境？什么样的因素令他们无法彻底解决这个困境？

《万历十五年》背后有一个大的逻辑，简单概括起来就是中国的历史基本是用道德来解决问题，而不是用现代制度或者所谓数字管理来解决问题。这就是黄氏大历史观最核心的主题。这个问题不是凭空说出来的，必须要靠对历史非常细腻的洞察，用一种漂亮的文笔描述出来，让一般读者能够感觉到这个历史的后果。这个后果

---

① ［美］黄仁宇：《黄河青山：黄仁宇回忆录》，464 页，北京，生活·读书·新知三联书店，2015。

不是单单靠理论诠释就能解决的。其实每个个体面对困境的时候它怎么解决，比如说皇帝，他在延续下来的所谓道德决定论的框架中，他如何在这里挣扎，他挣扎不出来。很多的臣子在面对这个框架时，也并不是和皇帝完全对立的。尽管我对黄仁宇的历史观是不大同意的。

我现在有一种不满，好像全中国都在模仿黄仁宇。但是大家都没有真正学到黄仁宇对历史的洞察力，所以现在的通俗历史读物仅仅靠堆砌故事得以成名。其实即使讲述好玩的故事，你的模仿样本对故事的选择也非常重要，你没有黄仁宇那样大的宏观历史素养和深厚的史料梳理能力是写不出独特的历史著作的。大家没有把黄仁宇驾驭历史观的能力学到手，反而受到他作品畅销的诱惑去皮毛地模仿其文笔和叙事框架。实际上把一个历史故事写清楚并不难，用什么方法把历史背后的各个故事串联成有解释力的历史意识，才是最难做到的工作。这是我相对比较担忧的一点。

四、感觉主义就是洞察历史不同层面的“潜规则”

雷　天：您刚才说的这些，让我想到几本书，史景迁的《皇帝与秀才》和《王氏之死》，这两本书在心态方面触及比较少。《王氏之死》是讲一个小人物在历史中的命运，《皇帝与秀才》是讲雍正和曾静的案子。但这两个故事都讲得非常精彩，读后能对当时的历史环境有个很感性的认知。另外还有在心态方面描述比较好的，孔飞力的《叫魂》，他对心态描述得很入微。这和您在《新史学》中所提出的感觉主义很有关系，您能不能具体谈一下您提出的史学感觉主义？

杨念群：说到这个话题现在我已经被攻击得万箭穿身了，把感觉和主义结合在一起，就挨了一些朋友的骂。我为什么要把感觉和主义放在一起谈呢？其实我们现在面临一个很大挑战，我们现在研究历史用了很多西方方法和概念。现在西方社会学有一个很大的特点，它对历史规律性、结构性的变化描写能力和把握能力非常强，所以我们大家后来都愿意做这种大历史、宏观趋势的研究，即对"变"的把握。一个是其实我们可能会更多地受制于那些"不变"东西的控制，而这些"不变"的东西不一定用一种简单的是非逻辑就能把握，也许还存在另外一种状态需要我们去了解认识。中国人实际上有自己一套非常微妙的文化传统。我在《新史学》里面举了个例子，这个例子比较通俗，但是它带有一种普遍意义。比如你的朋友来了，你要请吃饭，但是朋友要走了，你假装强留，这里面有两层意义。如果是个中国人，当听到这句挽留的话时，他会选择离开，因为他知道这是句客气话，如果硬留下来可能反而不礼貌，这实际是一套文化的潜规则。但一个外国人来，他会以为你真的要留他，他不知道你说的这句话实际上是要送客。这就像拍一部电影一样，我拍摄一个场景，我说我请你吃饭，这个人真的留下来了，可能画面表现不出来中国人的心理微妙之处——也许他心里正在暗骂你不懂事。

我举这个通俗的例子，是想说中国人有些日常生活状态是令人难以捉摸的，你也不能说它坏，实际上是传统言行积累下来形成的一套表里不一的习惯。比如我们常常喊出些响亮动人的口号，可表面说的和实际做的却完全不一样。虽然西方人也不能说是完全表里如一，但西方历史的叙述逻辑在某种意义上有其相对一致性，这对历史学家来说相对容易把握。我比较欣赏吴思先生提出的“潜规则”这个命题。当然“潜规则”不能提出就完了，我们需要在历史的描述中把历史的复杂性从各个层次和方面表达出来。西方的历史学家写中国史写得再漂亮，但他没有办法成为一个中国人，没办法理解中国人行动中非常微妙的那部分细腻入微的状态。如果不从此入手，中国人表面所说的和他文本记录的，以及内在于文本背后的动机和含义之间的差异，你恐怕就无法揭示出来。这是我提出所谓“感觉主义”的一个非常初步的动机。

我的想法是，对感觉的把握需要在一个非常动态的历史中，包括对文本的细腻的把握中去体现。比如我们私下里说过，现在的博士生、硕士生有很多的论文写得没有感觉。他们有明确的问题意识，阐释的脉络好像也非常清楚，一切似乎做得很规范，但是你总觉得在这里面没有血肉，觉得这些作品都是从一条流水线生产出来的，书写风格太过整齐划一。20 世纪 90 年代我提倡学术规范化，等大家都做得越来越规范了，现在再提“感觉”可能就非常忌讳，好像要砸了大家的饭碗，一提感觉好像你就真的只会跟着感觉走了，你就是完全主观的，不讲规范的。其实我是在洞察历史中的不同层次，甚至这种层次是相互矛盾、相互冲突、撞击造成的，而不是你仅仅把握表层的状态认为这就是历史，实际上你恰恰被历史欺骗和愚弄了。我们怎么样在不同的历史表现层次上来把握感觉，确实非常非常难。

雷　天：您说的可能是一种洞察感觉主义，因为感觉主义很容易被人误会。您刚才说的是把吴思先生的“潜规则”给拓宽了，因为吴思先生的那本书多数是讲政治、官场的潜规则。但是我有两个问题，一是您所说的这种更加微妙的“潜规则”怎么证明？二是怎么和文学区分起来？因为毕竟写史的人不在现场。

杨念群：人文科学不可以被当作自然科学看，它和自然科学最大的区别是不用很明确的证明一加一一定等于二。现在史学研究面临的问题是我们必须首先要展示一些细腻的历史过程。现在很多的史学工作者急于先得出结论，一定要把历史看成是什么东西，符合什么知识框架。但这是一个知识累积的过程，你有一些知识逐渐叠加上去，有了一些感觉和体验后才能慢慢得出结论。相应的是，你拥有许多知识但却不一定有很好的悟性与感觉，也就不一定能写出精彩的历史著作。这种历史的潜规则是需要经由艰苦的磨炼才能发现的，很多人从各个层次、各个角落把历史边边角角、不受注意但是也很重要的因素挖掘出来，想办法去观察它，解读它。解读到什么层次可能因人而异。

第二点，历史和文学的关系。历史一定是要用尽可能可靠的资料来加以证明的，有一分资料说一分话，但我不认为观察历史就一定按照非常单线的、简单的逻辑进行。我是非常反对过度清晰地去呈现一种现象，因为历史现象往往表现的非常复杂，又由于常常缺乏必要的史料做支撑，历史研究者慢慢搞出来的东西就像一幅拼贴出的图画一样。人类学家詹姆斯·斯科特说过，现代极端化意识形态的特征就是“简单化”和“清晰化”。现在的史学也出现了这种迹象，就是把复杂的历史故意搞得十分清晰和简单，所以要使历史学变得丰富，就要借助文学的想象力。你刚才说到了史景迁的问题，他有一本非常好的书叫作《利玛窦的记忆之宫》，我认为史景迁就用了一种叫作意象蒙太奇的叙述手法。意象蒙太奇是刘北成对文化批评家本雅明所用方法的一个概括，简单地说就是通过一些意象场景的拼接来勾勒历史图景。史景迁认为在利玛窦的历史记忆中有四个意象，即武士、回族、丰收和一幅插图，通过这些意象的拼接，勾勒利玛窦在东西方的历史经历。

史景迁的写作，就像拍电影一样，把不同的镜头组合起来，得到的效果是不一样的。我认为好的历史写作者有点像不同风格的电影导演，你是一种风格的导演，我是另一种风格的导演，我们拍片子出来的效果是不一样的。这是应该受鼓励的一种途径，但是历史和文学的区别是，历史要紧紧依靠艰苦挖掘出来的资料说话。当然我并不是说，文学就是乱写。文学写作的想象力非常重要，我也特别欣赏那些写作特别有想象力的历史学家。但是历史和文学的区别是，你解读文本也好，做口述访谈也好，它是根据坚实的资料来拼贴图像，而不是完全根据主观想象去组织情节。区别应该是非常大的。

五、历史研究的辩证法

雷　天：我接着这个话题问您。您说的这些，像中国的司马迁(《史记》)，西方的修昔底德(《伯罗奔尼撒战争史》)、爱德华·吉本(《罗马帝国衰亡史》)，他们的内容都会根据资料进行文学想象，他们写的史书也都非常的生动。但是他们现在也受到了一种挑战，认为他们解读的历史都有问题，他们的论述也是有问题的。现在史学作为一门学科来讲，主要受到了哪些理论方面的挑战？您自己治中国史又受到了哪些理论方面的启发？

杨念群：每个人写历史的时候都会面临很大的争议和挑战，因为大家都会尽量用有利于自己的标准去衡量它。我自己也有困惑。比如司马迁写得最漂亮的是“游侠列传”，比如《史记》里面也有一些具体的场景，描述鸿门宴的具体场景。司马迁并没有参与鸿门宴，但是他怎么知道项庄舞剑的具体情况是怎么样的，并且里面出现的一些对话好像司马迁就在旁边听到了似的。其实司马迁除了是一个史官，还是非常爱游历的人。他也许听到了许多故事，我想他还是有相当的根据来复原这个场景的。历史可能分两个层次。一个层次是他和现实贴得非常紧，完全是为当代的目的服务，历史和当代的某些观点需要吻合了，历史就变得正确了。但是对这种判断我一直持保留看法。比如我们原来说现代化是我国的最高目标，只要实现了四个现代化，经济发达之后人民幸福的问题就都解决了。但是物质发达以后，人民就一定幸福吗？历史就像适应大趋势的一个助产婆，非常被动地去论证某种被规定好的合理性，总是显得像个受人摆布的婢女，这太可悲了。

我认为历史里面包含了一些不变的因素，给它一定的位置反而变得很重要。我们强加给历史人物头上的一些论断，历史人物本身未必同意。历史人物为现实服务的那样一种状态，也可能恰恰是我们这些现实人物所想象出来的，然后强加到这些人的头上。你说这种类似强迫症式的评价是正确还是错误？这恐怕都有讨论的余地。所以我现在一般不太喜欢对一个历史事件轻易下一个简单的是非论断，因为这是典型的所谓后事之师的做法。假装小聪明，容易把历史人物都看成傻子，觉得只有自己的观点是最正确的。这就是历史和现实结合太紧的恶果。为什么这是很危险的呢？因为你很容易把历史人物的看法直接嫁接到当下的时局中，为现行政策服务，这是有问题的。你只有观照到那个历史情境下人物的特殊选择和情绪，效果可能才会更好点。我不知道这样说起来，解释清楚了没有。人家可能会认为我是历史相对主义。但是我觉得，在我还没有想清楚这个问题之前，如果这个帽子扣在我头上，我就来担当吧。

对于20世纪末的学术界，有个流行说法是，80年代出思想，90年代出学术，学术就要讲究规范。在20世纪90年代，我是非常同意这个观点的，我是坚决站在捍卫学术规范这一面的。但是现在我为什么认为学术规范是有问题的，并不是说你写学术论文恪守一些规矩是不对的，而是我认为现在对历史学最大的一个束缚就是它被规范在西方的理论框架中，这和学术界整体的大环境是相适应的。我们现在的教育制度越来越规范，各种考评使得学术越来越计量化，好像故意让人活得很难受。学术规范化已经成为现实，所以我现在是一个“反规范主义者”，提感觉是一种姿态。我并不是说我没有受到一些理论影响。比如我对“空间”问题的重视，我认为整个中国的历史是受空间限制的，必须解释清楚空间对我们生存的意义，才能突破一些现代过度重视时间的缺陷。但是我觉得有些概念的使用是要慎重的，比如“公共领域”和“市民社会”在西方是相互连在一起的，解释西方历史没有问题，照搬到中国来问题就很大。

当代中国史学受后现代主义思潮的影响越来越大，已经开始出现从“后现代”到“后殖民”的角度解读历史的著作，特别是文学界特别喜欢运用相关的理论。但是“后殖民”理论，对曾经成为帝国主义殖民对象的那些国家，像印度是可以套用的，台湾当过日本的殖民地，也可以试着用“后殖民”理论来分析当时的状况。但中国大陆是一个所谓半殖民地半封建的地区，如果完全套用“后殖民”理论来解释可能不妥。“后殖民”“后现代”理论挪用到中国很容易变味。在西方，后现代是现代之后延续的一个阶段，它是非常自然的内发型自我反思过程。中国并没有完全实现现代化，我们谈后现代就很滑稽，就会有变味的感觉。在中国一谈“后现代”，好像就应该吹嘘过去多么好，成了“恋旧癖”。“后现代”应该是对现代化的一个反思，因中国还没有实现真正的现代化，只好把前现代的状况作为对应和反省的例子，很容易得出“前现代”比“现代”还要好的结论。令人担忧的是，这样一来，中国的所谓后现代就变成了一种对前现代的颂扬，比如大家对过去秦淮河上的灯红酒绿、江南式的小桥流水、臆想中的田园生活、乡村中的士绅习俗等特别迷恋，这也是需要认真反思的。

怎么反思？现在有一派说历史中那些似乎自然不变的传统东西都是好的。我的看法是，“不变”应该受到关注，但不可迷恋。现在谈国学，就觉得国学好得不得了，传统被涂上一圈玫瑰色，搞传统学问的人突然都自信满满让人惹不起，心理都像火药桶一碰就着，只能说传统的好话，批判反思的视角被取消了。如果不分好歹地这样评价国学，那么“五四”的批判传统由谁来继承呢？很多人现在反“五四”。在反传统和反西化之间不断摇摆，这是我不太欣赏的态度。现代化本身是一种普遍逻辑，这个逻辑的基本发展方向是不能阻挡的。纯粹地沉迷于怀旧，仅仅从对抗现代化趋势的角度立论没有太大意义。

那么除了采取怀旧的态度之外，到底应该怎么来弘扬珍惜传统？我自己认为要通过历史本身的细腻感受来慢慢体悟它，小火慢熬地慢慢修炼出雅致的品味，不要总是急于得出一个似乎确凿无疑的结论。如果越来越多的人都来参与这个过程，长此以往，历史就会变成熏陶人文气质的一种媒介。

大家对历史的兴趣现在非常高，但是对历史的感知途径应该是多样的。目前把历史通俗化最不能让人容忍的就是把其中一些属于糟粕的东西，比如说权谋之术、厚黑之学、宫廷内斗的秘诀等给放大弘扬了。讲三国无非就是几方势力在要心眼斗阴谋。如果老是这样狭隘地解读历史，对整个中华民族人文气质的提升未必有利。

六、有什么样的知识分子就有什么样的历史

雷　天：您在《新史学》中有一篇文章是讨论清代文

字狱的。这个话题有很多人讨论过了，我不知道您讨论这个话题有没有找到新的讨论角度。

杨念群：我自己原来一直是研究近代史的，对当代问题也参与一些讨论。后来有一个机会参与纂修国家清史，使我开始关注明末清初这段时期。曾经有人说20世纪之后中国的知识分子彻底完了，20世纪以后中国没有知识分子，他们已经被旧王朝改进得非常猥琐。我一直在探讨这个问题。知识分子曾经作为一种良知的代表，能够对整个社会形成影响，可这种影响越来越弱。很多人做知识分子研究，往往揭示出的是知识分子正面的精神意义，而我做的工作是揭示知识分子精神堕落的过程。我把文字狱也是作为一个感觉主义的样本来研究的。文字狱原来仅仅被当作满汉之争的一个产物。乾隆是一个满族的皇帝，他一方面组织编修四库全书，一方面又借此机会迫害那些有独立见解的汉族知识分子。这个论断没有问题，但是我想知道这其中的深层原因到底是什么？乾隆对江南知识分子反抗的处理是非常严厉的。但是这种过程是怎么展现出来的？皇权是怎样一步步彻底摧毁了知识分子的文化心灵，被收编到皇权体系之内？需要进行更深入的探讨。我想回答，文字狱进行了二十多年，二十多年知识分子如何从一种比较浪漫、激进、富有批判精神的姿态，如何慢慢堕落成功利主义、现实主义者，被渐渐收编到王权网络中。这条漫长的规训线索和对付知识人的有效体系是如何逐渐形成的，我是想尝试描述这个机制。

文字狱处理士人过程的复杂性常常出人意料，它是非常细腻的一层层剥笋式的过程。需要不断通过档案的呈现和发掘，寻找其中微妙的关系。在乾隆的威逼下，首先是官吏扛不住了，只好按照皇帝的旨意去做，慢慢地形成搜访违碍禁书的嗅觉，地方官的迫害能力慢慢被培养起来了。这个阶段很多普通知识分子家庭中的书也被抄走了。在一些人看来，有些东西本来看上去没有什么问题，构不成罪过，但是经过二十年的嗅觉培养后，上上下下却觉得这些表面正常的东西肯定有错，还是交出去让人放心。慢慢多年运动下来，整个士人群体的心灵就被摧残得如惊弓之鸟。

实际上我最后也想写出中国知识分子心灵被摧残的历史心态。你可以说中国的知识分子历史是一部坚守理想的精神史，但是同时也可能是一部精神堕落史。这也是我提倡感觉主义的一个初衷。所以在这个问题上，我还是比较同意某种后现代的取向，历史由不同人来观察，得出的观感完全不一样。

雷　天：您刚才说这个问题，让我想起两本书。一个是《叫魂》，是讨论皇帝和官僚群体的博弈。您所说的就是皇帝、士大夫、在野知识分子的那种博弈。您说到知识分子心态史，我想起另外一个话题，钱穆在《国史大纲》里面讲述了宋代范仲淹这一代伟大知识分子怎么崛起，国家的文化怎么兴起，所以一个国家如何养士，培养知识分子的心气是非常重要的。不过针对讲述给个人的历史，您是比较反对讲述权谋、厚黑等历史中未必是好的东西的，但是您希望书写的知识分子被摧残和堕落的心态史，也是相对比较阴暗和压抑的。这和讲权谋讲厚黑的历史（有的也自认是人文的、把历史人物当作人来解读的），具体差别在哪？

杨念群：差别就在于一个是欣赏，一个是批判。厚黑学当然是一种官场原则，在普通知识人和百姓中也是长期被津津乐道甚至引起共鸣的话题。但目前大多数人对厚黑学的欣赏是为学习怎么在现实人际关系中做到游刃有余，是一种功利性的认识，历史解释很容易变成培养人与人之间相互争斗谋利的工具。比如现在社会节奏加快，人们对这种节奏不适应，也无法处理好日趋复杂的人际关系，于是就想找到一些历史经验去增强自己的社会适应能力，厚黑学、权谋术就很容易起到一种偏颇的历史教化功能，这是很可怕的一种趋向。知识分子以前身上也有凛凛浩然正气的一面，皇权是对此敬而远之的，后来却被规训成一种扭曲功利的人格。从某种意义上说厚黑权谋的历史观在其中起着一定作用。不讲这面而只讲知识分子的超越精神那个层面，显然是把历史浪漫化了。

七、填补“空白”不是历史研究的主要目的

雷　天：我再问您一个教学的问题，在现在的教学

体系中，你要申请研究课题经费，你评教授级别，硕士、博士毕业都必须要写论文。而对于历史这门学科来说，很多话题已经都被做滥了。您带硕士和博士的时候，有没有碰到说因为这个话题做滥了，就选择一个特别偏的，但是没有什么意义的话题来研究这种情况？

杨念群：这个我觉得不成问题。比如说文字狱研究这个题目以往有多少人做过了，但很多论文还没有把当时的状况说透，所以不妨重做。而且你说很多东西都做滥了，我却认为情况恰恰相反。我是反对挑选一些特别偏的题目来做的，就是所谓的填补空白。现在一说出什么成果，就说填补了什么什么空白，这是最没有意义的事情。首先你不问为什么要做这个题目？好像这个题目没有人做，我就自然应该去做了，不问问做这个题目的意义何在，和以往知识传承的体系有什么关系。所以很多论文都是貌似填补空白，实际上对研究的推进没有什么帮助。选择论文题目时并不在于你选择的题目是不是有人做了，而在于你是否能在新的研究格局下来重新理解它。当年国学名家黄侃有个说法我非常同意，他说做学问“发明”比“发现”更加重要。什么意思呢？因为当时大家都特别注意新档案和新考古资料的发现，黄侃则认为，解读史料的能力是最重要的，而不在于史料本身是否新颖，或别人见没见过。他就自认只用几种大家都知道的经书去做研究，却总能读出新意，这个看法相当有意思，也大可做感觉主义的注解。当然，对一般学生而言，按照学术规范的要求能写出一篇像样的学术论文就比较令人满意了。对于个别有天赋的学生，应该鼓励他们写出一些不太符合学术规范的东西。也许写出的论文并没有非常明确的结论，但是表现出一种对历史独到的理解，那也是值得鼓励的。我甚至说过，如果一个学生能写出一篇超过金庸的武侠小说，当作毕业论文交给我，我会厚着脸皮找人来保你过关。当然这是说句玩笑话，没有人真的这样来做，这年头做学问先找到饭碗还是最重要的。

雷　天：我听您讲越来越觉得像陈寅恪说的"了解之同情"。

杨念群：不要误解陈先生的用意。第一，对历史人物，了解他、同情他的境遇主要是为了尝试把自己放回到所要研究的历史状态中去，尽量体会当时人物的言行及其意义，但如果认为这样就可以和某个人的生活和所思所想完全一致却是绝对不可能的，只能是一种臆想。第二，要理解某个人为什么在某种状态下做出选择，并不意味着你对这种选择可以不加评判完全认同，这是两个不同的层次。因为历史学家还是要做评判的。只是第一步首先要具备描述当时现场真相的能力，不能随意按照自己的意图加以解释。很多人常常低估历史人物做出抉择的艰难性，非常武断地对他们的言行随意加以批评。他们没有意识到，与那些巨人相比，我们自身是多么渺小，你怎么能没有经过研究和深入理解就说他们是错误的？和他们比，你也许不过是个精神侏儒而已。有“感觉”就是有所谓的敬畏之心，对历史人物基本的敬畏之心。

雷　天：您的意思是说，比如要评判曹操和李鸿章，但是你又没有人家那种经历，你就肆意评判，这是很可笑的。还是需要详细地研究历史之后再去评判。

杨念群：要了解历史的复杂性，从历史的脉络中一步步地慢慢把历史的精髓剥离出来。这个过程非常复杂，需要具有足够的敬畏之心。

我写的是一本“四不像”的书[1]

——《新京报》采访实录[2]

一、为什么这本书会“四不像”？

《新京报》： 这本书的书名很有意思，为什么“病人”要打上引号？他们是被“再造”出来的吗？

杨念群：“病人”被打上了引号，意思就是说，近代中国的“病人”不仅与古代意义上的病人有了很大不同，更重要的是，近代“病人”不仅承载了罹患疾病的原始生物含义，而且也承担了近代中国民族主义形成的思想和制度的内涵。在近代以前，我们的身体在传统的视野里本来属于一种正常状态。西医传教士进来以后，我们原有的正常状态被认为是不卫生和不健康的，需要通过防

---

① 此书指杨念群：《再造“病人”——中西医冲突下的空间政治（1832—1985）》，北京，中国人民大学出版社，2006。——编者注

② 本篇采访稿原载于《新京报》，2006－09－01。

御和治疗达到一种现代人认可的状态。也就是说，评判的标准被改变了，我们以前被认为是自然的状态成了一种“病态”。于是，“病人”就被“再造”出来了。与此同时，近代打着治疗“病人”旗号积极从事变革的那部分人群，往往在某一特定时刻自己也成为被治疗的对象。

《新京报》：据说这本书是你十年磨一剑的产物。与你以往的著作相比，这本书的研究角度非常独特，你是怎么想到这一点的？

杨念群：20 世纪 90 年代以后，我想做一些新的研究，但没想好往哪个方向转。1995 年，一位人类学家朋友给我讲了一个故事，他说甘肃的一个村子里有一座孔庙，20 世纪 50 年代修水库时给拆除了，80 年代一些老人硬是凭着记忆把它修复起来了。修复这个空间的过程中所发生的许多事情，就像是不断通过唤起历史以抗拒残酷现实的过程，并由此实现了生命的一个完整循环。他还说：“你看看，这庙不就像个‘身体’吗？”

受此启发，我联想到，中国人的“身体”自近代以来一直被视为病弱不堪，“中医”似乎对此无能为力，西医却能够通过独有的外科切割技术使身体从损毁状态复原。这种治疗方式总被比喻成整个中国社会就像一个病弱的肌体，经历了一个由弱变强的向近代蜕变的过程。遭遇表面和内部的损毁而达到治愈的状态，是外科手术传入中国所产生的一个结果。当西医的第一把手术刀切入中国人的身体时，它就变成了一个“现代性事件”……

《新京报》：当时就产生了要写一本专著的想法？

杨念群：是的。我去美国的约翰·霍普金斯大学访学的时候，发现它正好是当年美国训练西医传教士的大本营。很多西医传教士都是从那里毕业后，被派到中国。在确定选题时，和我合作的美国教授曾对我说，你既然是梁启超的后人，梁启超在美国待了一年，美国很多的报纸曾经做过报道，你能不能做这个题目。我当时觉得选这个题目可能比较容易获得经费，后来我发现做这个题目没多大意思，等到有了经费，我就想换题目。我去了约翰·霍普金斯大学才知道，这里藏有一些关于协和医学院及其他传教士的档案和书信，我就开始考虑做西医传教士研究。我在这里待了八个月，后来感觉光是研究西医传教士如何拯救中国人灵魂这个话题还是太窄。因为做西医传教士这个课题的人已经很多，我要做的既不是纯粹的传教史也不是典型的医疗史，反正在一般的史学评判框架内肯定是“四不像”。最后我的目的算是达到了。

《新京报》：从这本书来看，你的目的已经达到了，比如，很难把它归入哪种标准的史学门类。

杨念群：这本书可能许多人都有兴趣，但肯定对这种处理历史的方法感到陌生。可能谁都不容易接受它。因为它既不是标准的医疗史，也不是标准的政治史，也不像一般人眼中的社会史或者文化史。但是，反过来说，它可能既是医疗史，又是政治史、社会史、文化史。我就是要打破学科的习惯性分类，改变学术界的认知习惯。我们以往做政治史，就是讲宫廷权力斗争；做社会史，就是讲眼光向下，关注的是老百姓生活怎样变化，一个庙宇怎么祭祀；做医疗史，就是注意瘟疫怎么发生，鼠疫怎么传播……我的招式有点像金庸小说里的魔教剑法，不是名门正派，招式不是很规范，但可能威力同样会大。

二、我想改变国内历史写作的方式

《新京报》：孔飞力的《叫魂》突破了学术著作板着面孔说话的局限。这本书的写作方式对你是否有启发？

杨念群：他是把政治史写成了社会史，我很欣赏他的这种做法。所以我就想，我要再写本书，一定要做到不好按专业轻易归类，但要尽量包含以往历史学各门类都涉及和处理过的内容，政治、文化、社会、思想等。另外，我把概念化的解释全放在结论里面，以避免打乱全书叙事的节奏。这也多少受到《叫魂》叙事风格的影响。

《新京报》：在史料的收集上，你花了很大的工夫。我看到后面的参考文献中，有很多县和县级以下的医疗卫生志。这些材料你是怎么得到的？

杨念群：正史比较注重那种在公开媒体上发表或者是比较容易见到的史料。我则比较注意一些私人书信和边缘史料的价值，如一般人们不太关注的地方性档案和文献。比如我在北京档案馆，查到了警察局里面处理产婆、阴阳先生的资料。这些都是以往无人关注的“边角料”。我把这些史料拿到手后会做一些重新解读。此外，我在香港中文大学中国研究服务中心，查到了很多稀有资料。那里收集到的全国各地的地方卫生志很丰富，甚至镇、乡、村的卫生志都有。虽然我在那里只待了两个月，但收获巨大。另外，还有我和学生一起到秦岭山区采访赤脚医生的口述史资料等。把这些看上去并不相关的史料整合到一起为我所用，就会出现意料不到的效果。

《新京报》：你这本书比较好读。这与你搜罗到的材料有关，还是一开始就确定这样做?

杨念群：除史料的选择比较新颖外，新的叙事方法也很重要。我找到这种叙事方式实际上经过了比较漫长的时间。因为一开始我研究西医传教士是比较强调多用概念加以解释的，我特别强调多引进西方的社会理论来解释中国，直到20世纪90年代末都是这样。因为我觉得中国的历史研究太意识形态化、太政治化，需要引进西方的理论来改变这种局面。但是后来我认识到，中国的历史是非常鲜活的，如果用西方的理论来切割、梳理这种动态画面的话，很容易把它变成死板刻意的机械图解，而且非常容易迎合西方中心主义的表述逻辑。所以我一直想找到一种非常鲜活的“情景化写作”方式，就是把历史复原到一个情景状态里边去，使它生动化。但这种想法与一般迎合大众的通俗写法又不一样，区别是我需要把理论意识隐藏在我的叙事里边，做到既好读又不肤浅。比如，20 世纪 90 年代炒得最热的话题就是公共领域和市民社会理论怎样运用到中国，那实际上是理论的横向移植，但试验结果都不理想。要防止生搬硬套，只能回到历史现场，通过历史场景的层层推进和转换来表达自身的历史意识。

《新京报》：你这里有一个预设，西方的理论不适用于中国，为什么？

杨念群：西方概念的使用有一个最大的问题，就是这些概念已经被分门别类地固化了，就像一个萝卜一个坑，它有确定规则和固有研究方法和路径，但这些方法和路径往往是西方独有的。如果不自觉加以反省，就必然落入圈套，那么你对中国历史的理解可能恰恰会因此受到伤害。20 世纪 90 年代初我参与创办《中国社会科学季刊》的时候特别提倡遵守学术规范，特别强调引进西方的方法，后来我对学术规范化有非常强烈的反思和自我检讨。我不是拒绝使用西方的理论方法，我只是担心对它的盲目移植会对鲜活的中国历史的写作造成伤害。

《新京报》：你这本书的写作，让人很容易想起美国汉学家史景迁，你是否受到他的影响？

杨念群：我的写作方式多少会受到他的启发，但是又与他们不同。史景迁还是从一个美国人的视角看中国史，他有自己的问题关怀。我则想建立起真正本土风格的写作方式，特别是想用一种贯通的逻辑重写百年来的中国史，而不是像史景迁那样只截取某个历史片段加以描写。有人说，《再造“病人”》与史景迁写历史的方式有些像，但是，我对题材与内容的处理和把握上自认为还是有自己的独特个性。

《新京报》：具体说来，这种独特风格表现在哪些方面？

杨念群：比如，我们原来的史学著作要么强调大叙事写作，写出的东西显得空洞教条，或者就反其道而行之，强调碎片化，一味挖掘那些非常细小的生活场景和细节，结果是只见树木，不见森林。我这本书是一个大叙事，前后贯穿百年，表现的是一段波澜壮阔的中国历史，但是整个书的宏大构架都是用叙事细节来支撑的。我的写作通过几十个场景的不断转换，串接起一个大的叙事架构。总体来看，这本书背后的主题关怀的是一个相当宏大的叙事逻辑，而且有自己的焦虑和问题意识在里面。但是，我做的工作却是非常具体细致的，包括对各种档案、内部资料还有口述笔记等史料的收集和运用，角度都与史景迁不同。

三、理解角度有很多种

《新京报》：这本书一开始就写到了西医传教士，我对他们的看法很复杂。一方面，它很容易被视为中华帝国衰落后，西方进入的象征；另一方面，它的确又带来了很多我们过去所没有，但又是比较容易接受的理念。

杨念群：对西方传教士的作用一直有两种看法，一种是把它看作十恶不赦的骑着炮弹飞来的强盗，或者把它看作中国近代事业的开拓者之一。比如他们帮助引进医院和科技，积极从事慈善事业等，好像它的正面影响很大。我觉得这两种因素都有，却复杂地纠缠在一起，很难辨析。不过有一点需注意，它毕竟还是帝国主义新殖民的扩张过程中向中国渗透的一个结果。不管单纯从宗教意义上讲是拯救灵魂还是塑造身体，或者是什么别的企图，它都是整个殖民规划中的一部分。我在书里面也谈了，它怎么适应中国人，怎么把中国人纳入西方体制里面来。我特别强调一个特点，中国人把基督教理解为一个人做好人的能力，是否信仰上帝无所谓。它迎合了这个东西，把你拉进来，给你治病，然后宣教。最后，好像双方的目的都达到了。基督教通过控制医院，控制社区生活。中国人觉得，我手术也做了，瘤子也切除了。在这个层次上，双方有一个互相协调、互相渗透的过程。但我觉得，不应该仅仅从宗教的角度理解，这是一个很复杂的过程，传教士正面和负面的影响是缠绕在一起的，不容易截然分开地讨论。

《新京报》：我感觉，《再造“病人”》与福柯的《古典时代疯狂史》有相似的地方。比如医疗方式、医疗结构、医疗制度、医疗空间的改变，其背后都有权力操作的痕迹。两者之间的区别在于，福柯用的是哲学的方法，你用的是史学的方法。如果我的理解不错，那么是否可以把《再造“病人”》一书归结为对于权力运作的一种考察？

杨念群：对，这是一个很重要的理解角度。但对权力运作的理解必须是非常具体的历史描述。从现在陆续出现的对本书的评论来看，有人从身体政治学的角度来谈，有人从空间来谈，有人从制度来谈……从这些方面进入本书的主题都是可以的。所谓“医疗”过程实际上仅仅是我们切入问题和理解问题的一种方式，比如在观察政治的过程中，医疗也变成了我们日常生活或政治运作中的一种因素。这种因素跟其他一些因素发生互动，在互动过程中呈现出现代中国的政治建构特征。比如民族主义、民粹主义、传统文化与现代制度的变迁等一些问题都可以在对医疗体系演变的观察中重新得到理解。

《新京报》：苏珊·桑塔格在《疾病的隐喻》中的观点，在您的《再造“病人”》第八章中也有体现。

杨念群：我看到她的这本书以后，就想到怎么把她的一些观念转换成对某些中国医疗现象的分析。1952 年“反细菌战”对细菌传播所进行的隐喻式宣传，以及“反细菌战”动员形态最终被制度化为“爱国卫生运动”，都说明“战争”与疾病的隐喻之间已经建立起了某种被认为是恰当的政治关联性。在“反细菌战”中，美国被当成了传播“疾病”的发源地。“东亚病夫”受辱的根源不在国内，而是外人强加的一个后果。“颠倒的想象”不仅使“细菌”成为一种“政治隐喻”，而且也使中国人的医疗行为的个体特征通过政治动员被赋予了“集体行动的逻辑”。

《新京报》：那么，你为什么没有把2003年的SARS和后来的禽流感写进去？

杨念群：这两个事件与现在距离太近，距离太近的事情一般难以全面看清，而一种历史事件发生后往往经过多年才能理解它产生和运行的逻辑。

中西医冲突下的身体与政治

——《南风窗》记者阳敏专访[①]

一、中医与现代医疗行政制度冲突

《南风窗》：您的新作《再造“病人”——中西医冲突下的空间政治(1832—1985)》，据说是积十年之功写成。《再造“病人”》这个书名有什么寓意吗？它听起来比较有意味。

杨念群：原来的书名很文，叫《道异风同》，就是说，西医跟中医本来是不同的，但是传进中国后经过糅合，变成了风一样的东西四处传播，改变了中国人的生活方式。可是我发现那个名字谁也看不懂，后来就取了个直白的名字——《再造“病人”》。

医疗史主要是从生理的角度看待病人，把“病人”打

---

① 本篇专访稿原载于《南风窗》，2006(13)。

上引号以后就有一种历史感。比如说“东亚病夫”这个称呼是怎么来的？为什么中国人从没有病的健康正常状态变成不正常状态？这实际经历了非常复杂的历史过程。当年的传教士，他们用卫生、健康等这一系列的东西规范我们，给我们中国人自身的状态赋予了不正常的标签。比如缠足，我们原来认为是很美，但是西医传教士进来以后，说里面骨骼变形了，从医疗的角度看，缠足是非常不美的，中国人慢慢接受了。而且当时还有一个概念影响了维新思想家，认为中国一半妇女都在缠足，生下来的孩子一半残废了，你怎么跟西方打仗？怎么去抵抗？

所以“病人”这个词被赋予了很多的含义，比如反侵略，反殖民，或者建立我们的现代国家，等等。

《南风窗》： 西医逐渐占据主流或中医逐渐走向衰落，都与时局政治有莫大的关联，甚至跟“社会革命”的话题也呼应起来了。

杨念群： 1929 年是一个关键年。那一年，西医余岩在南京的国会上，提出一个“废止中医案”，引发了随后的“中医自救运动”，也生产出大量的媒体争论。

核心的问题在于，中医所以被排斥，并不完全在于它依赖阴阳五行的中国观念，或在于它的不科学、无法界定的模糊性、缺乏无法准确计量的标准等。最重要的是，中医跟现代医疗行政制度的冲突。实际上，中医只面对个体。现代医疗制度是面对群体，不是面对个体。

比如非典来了，西医要隔离，要动员所有的社会力量，把病人活动限制在一个区里面。如果这个区发生了传染事件，还要被封闭起来。

对于这一点，中医是无能为力的。当时对于中医的批判，一个关键点就是中医作为一个社会医学，它是不合格的。什么叫社会医学？就是面对这个社会的群体会采取什么态度。中医本身已经变成一个社会医学的救治对象，中医大夫本身就是社会医学应该清除、改造的对象。

二、针对西医的空间想象

《南风窗》：最近《读书》有一篇《再造“病人”》的书评，说“要真正理解中国人的‘身体政治’，首先必须想清楚，身体对我们究竟意味着什么。只有这样才能把握住中国政治中的疼痛、苦难、痉挛和兴奋的真实含义……”如何在身体与政治中间建立关联？

杨念群：我的想法里暗含有多重意思。第一层是身体的。第二层是有关空间的问题，即中国人原来怎么理解空间？这种空间如何被改变了？是因为从空间到制度都发生了变化。然后就有了第三层意思，这个空间怎么被制度化？怎么规训我们去符合于某种规范的，包括西方的、医疗的、政治的、文化的、社会的规范的过程？最后一层意思是社会动员，这个制度化的过程必须通过大规模的社会动员才能最终完成。我们都知道，比如“三反五反”、爱国卫生运动、抗美援朝，经过不断地运动的形式慢慢使这个制度拥有它的合法性。这四层意思，就像是一场戏剧一样一幕一幕地展开。

《南风窗》：西医传入中国之初，传播碰到了很大的阻碍。在您看来，一方面中国人对于身体和健康的理解与西方人大不相同，对于空间的理解也很不一样。

杨念群：西方的一些空间形式容易让中国人产生一些想象，比如教堂，它里面曾经组织过很多复杂的宗教仪式，关起门来使中国人总觉得里面黑乎乎的显得很神秘。而且教堂附设了一些育婴堂和医院，所以当时很多中国人就联想到“采生折割”——一种古代的杀人行为，黑夜间埋伏在路边，把人家劫走之后把心挖出来制药，据说是可以治麻风病……

关于空间，还有一个最关键的词就是“委托制”，从医学史的角度说就是把自己人委托给外人在一个封闭空间里进行治疗。中国人很少把自己的亲人委托给外人照管，他们习惯在非常开放的、亲密的关系里面进行治疗。病人和周围的亲属是可以参与这个医疗过程的，大家可以七嘴八舌，甚至对中医的一些判断诊断提出意见，说方子不对，加几味药，减几味药，减多少或者换哪个……

但是，正如福柯谈到的，资本主义的发展实际上是空间被监控化、被封闭化的过程。比如，外科手术需要一个无菌的环境，如果手术在手术室里面进行的话，病人家属一定要被排斥在空间之外——它是被专门化的。换句话讲，就是有一帮人专门拥有技术权威，这些技术权威排斥亲密的亲属关系，他们在一个封闭的环境里对你的身体、生命负责。

中国人不了解这个背景，就以为是被拉进去关到一个屋子里。也许这个手术成功了，但是也可能因为各式各样的原因手术失败率很高。大家觉得原来好好的，进去时好像还有救，怎么被关到那个空间后人却死了。所以当时有很多教案，比如烧教堂医院等都跟"空间的委托"有关。

《南风窗》：但是西医还是成功地在中国传播开来，这中间自然有一个不断调整和适应的过程。

杨念群：因为种种的谣言流行，大家都烧教堂、烧医院。外国人后来发现西医在中国的传播必须跟中国的文化、跟中国自身的传统相和谐，所以我一直认为西医传进中国来不完全是单纯的暴力介入的结果。

"大树底下做手术"是一个很有意思的例子。从西方人的角度讲，手术应该是在无菌的、封闭的空间中进行，医生要戴着口罩，穿着白大褂。但是，为了让村民接受，手术被公开化了，在一棵大树底下进行，百来个人围着看。这个故事恰恰是做眼睛的手术，手术完成后，取出的眼睛被放在一个瓶子里面，泡上福尔马林药水，还给孩子的母亲。医生说，这个眼睛不是去做药了，这个眼睛还是你们的，还给你们。

几百人观看手术实际上已经打破了西方医疗体系中的“委托制”，变得公开化，大家都可以参与、观察，我想这也是身体跟空间的关系。

三、医疗体系制度的建立

《南风窗》：从医患关系的改变到空间的转变，跟现代民族国家的建立应该都存在一定的吻合关系。

杨念群：的确如此，后来谈西医、谈卫生、谈健康，都跟政治挂起来了。比如说我们健康、我们卫生是为了我们的国家、为了我们民族的复兴。从这里再往下走就变成制度的规训。那么，制度是怎么建立起来的呢？制度怎么样监控你的日常生活？我特别从“北京城里的‘生’和‘死’”切入讲了这个问题。

《南风窗》：制度化的形成是不是跟协和医院，更准确地说，跟协和医院的兰安生医生有很大的关系？

杨念群：对，兰安生模式。兰安生来到协和医院以后开始主动出击，他在协和医院所在的王府井一带，划出了一个医疗区，这个区叫内一区，把行政和医疗两个要素结合在一起。这个医疗区的划分说明制度化真正开始了，它不是纯粹孤立的医院。医院你可以去也可以不去，所谓的卫生区的概念就完全不一样了。

所谓卫生区的概念和医院有什么不同？就说生孩子

吧，原来的产妇可以随便找一个产婆，也许她就找隔壁老大妈，老大妈从小看着她长大她放心。选择谁、选择什么样的产婆，制度化之前的病人是有自主权的。但是卫生区建立起来以后，这个状态就被改变了，它会强行介入生育过程。比如助产士隔三岔五会上产妇家敲门，问产妇是不是要生了，生了就赶快去医院吧，否则会有危险。产妇说不想去她就走了，可是过一阵儿她又来敲门，说差不多还有一个月产妇就要生了，不上医院不行，否则有危险，不能相信那些迷信的产婆之类……

《南风窗》：最后产婆被围追堵截。北京有 90 多个产婆，全部集中起来开训练班，规定必须带什么药水，必须带什么剪刀，必须带消毒工具等。这个制度化的过程，恰好又是跟国家权力结合在一起的。

杨念群：对。城市的现代化，制度的控制，空间的安排，对人们日常生活的监控都是跟国家权力联系在一起。这个过程里面还有警察制度跟医疗制度的结合。

《南风窗》：这套制度大概在什么时候完备起来?

杨念群：大约在 20 世纪 30 年代，医疗体系就跟警察制度结合起来了。旧社会的生命统计员就是开殃榜的阴阳生。殃榜类似现在的验尸报告，如果人是正常死亡，就写一个殃榜，放在棺材上。棺材出城的时候，看守的士兵看见有殃榜，就认为死者已经通过尸体检验，可以出城掩埋了。殃榜就等于是一个通行证，后来这个通行证被剥夺了。

这又跟协和医院的兰安生有关系。在兰安生的带动下，北京连续建立了4个卫生区事务所，并且开始招募生命统计员，类似于现在招公务员：你来了之后我给你短期培训，27种疾病怎么分类，怎样去鉴定，出生怎么登记，都有一套训练。这些生命统计员被派下去，慢慢地取代阴阳先生。有一阵子，阴阳先生和生命统计员是并存的，就是说，阴阳先生开的殃榜还是有效的。但最后殃榜无效了，必须跑到公安局拿到生命统计员开的死亡通知单，棺材才能出城。

所以，警察制度和医疗制度是交错的，它们互相配合、互相呼应的，当然它们中间也有一个分分合合的过程。

四、颠倒的想象与社会动员

《南风窗》：你前面讲，一个制度化的过程必须通过大规模的社会动员。

杨念群：尤其新中国成立以后，（国家）要靠社会动员的力量来重新调整制度，并且这套制度渗透到基层细胞，达到人人都能接受的状态。

所以，我选了一个"反细菌战"作为解读的切入点。我认为对我们影响很大的爱国卫生运动就起源于"反细菌战"，这也算是我考证出来的吧。

我觉得爱国卫生运动特别影响中国人的日常行为。

特别是20世纪60年代到70年代，不管你住什么地方，居委会老大妈就会喊你，“没事儿了起来打扫卫生”。大家就纷纷出来，打扫自己门前那一块儿，也包括一些公共的场所……这在农村也非常普遍。这个制度怎么建立起来的？我想是从20世纪50年代“反细菌战”开始的。换句话讲，里面也涉及一个“反细菌战”的运动是怎么样从军事化的临时性防御措施转变成老百姓普遍接受的日常生活状态的问题。

细菌来了，大家都很恐慌，很害怕，是不是？对不起，那你就要坚持刷牙洗脸，你得参加我们的防御动员大会。爱国卫生运动也如此，不仅要打扫，还要参加捉老鼠比赛。捉老鼠本身已经变得不重要了，捉老鼠变成了大家响应国家号召、反帝国主义的一个形式，这里面很多东西被串接起来，形成了一个民族主义教育的好机会。这时候，卫生本身、医疗本身已经不是很重要了，它是日常生活政治化的一种手段，老百姓投入参与一个集体性活动。它既是医疗的、防御的活动，也是一个政治的活动……

《南风窗》：你意思是说，这个过程里面还包含了一个政治上的考虑？

杨念群：对。“东亚病夫”这个帽子是被西方人戴上，我们中国人老有一种自卑感，想要摘掉这顶帽子。我分析“反细菌战”用了一个词：“颠倒的想象”。意思是说它包含了一套策略：细菌是外国人带给我们的，

“病”是外国人给我们的，不是我们自身的。你看美帝国主义不断给我们撒细菌，所以“东亚病夫”是谁造成的?美帝国主义造成的。这里面也有社会动员，民族主义等因素在起作用。

战争有一种偶然性，抗美援朝嘛，但是“反细菌战”的出现也是一个偶然的事件。一开始是在东北地区，毛泽东和周恩来的基本策略是建立军事防御区，把东北和华北隔开。当时派了很多防疫队奔赴东北，先把这个区隔离，然后把预料有细菌的地方隔断、消毒、撒药、撤离。我觉得这些动员的临时性色彩都非常浓。不久细菌投到青岛去，投到沿海地区，后来包括内陆地区也出现了，尤其浙江、福建、厦门……后来的报道说，国民党的飞机经常从台湾起飞奔袭沿海地区，投了很多带细菌的小孩的玩具，投了一些床单，也包括一些食品罐头……这里面就很有意思，从东北地区的军事防御扩散到沿海，把整个“反细菌战”变成一个延伸到东南沿海地区的防御策略……

从1952年开始，爱国卫生运动逐渐形成一个制度，而且对农村的影响比较大，基本渗透进基层。当然，这个过程中间还有一些其他的运动和手段。有的是针对城市的，比如“三反五反”；有的是针对农村的，比如后来的人民公社、大跃进。它有不同的层次，但是我主要紧紧扣住医疗这个主题来谈社会动员这个具有广泛空间意义的东西。

五、“陈志潜模式”与“赤脚医生制度”

《南风窗》：西方医疗体系的建立和制度化在北京、上海等大城市中相对较为容易，但是中国幅员辽阔，尤其是广大的乡村地区，要推广西医恐怕比较难吧？后来，兰安生的学生陈志潜在定县搞实验，大概就是考虑到这个问题，想找出个方案把西医推到农村去。“陈志潜模式”算得上成功吗？为什么不能大范围地推广开来呢？

杨念群：作为社会改革的试验，“陈志潜模式”的影响非常大。当时一些试验区都附设了医疗改革的规划，所以实际上它还是在一定范围内推广开了，只是没有办法非常制度化。

应该说，“定县试验”还是把制度框架建起来了，比如三级保健——县里有医院、乡里有卫生所、村里有保健员，这个系统也是一个革命。当时，去协和医院住院看病都跟贵族似的，费用相当昂贵。但是协和医院有个社会服务部，每年会有一些预算给病人提供免费治疗。陈志潜等于把这种理念推广到定县，并且进行很严格的成本计算，比如一个老百姓一年到底能在治病上花多少钱，然后他按照这个数字来配置他的医疗体系，包括药的成本，他把它降到最低。

当时，陈志潜还从定县平民教育学校中抽调人员，培训保健员。他们从村里去，接受教育之后回到村里，背个药箱，里面有红药水、紫药水等一些基本的药，治些头疼脑热的病。

可惜的是，“定县试验”排斥中医。陈志潜认为中医就像巫医一样要彻底铲除，所有中医的资源他都没有用，也根本不考虑农民对中医的需要。

《南风窗》：“陈志潜模式”算是“赤脚医生”制度的起源吗？或者说定县试验中的保健员就是赤脚医生的先驱？

杨念群：我觉得毛泽东是把“定县试验”的系统接收下来了。有些人认为，革命和改良好像是势不两立，实际上不是这样。总的来说，毛泽东走的是暴力革命的路线，搞阶级划分和斗争，表面上没有进行什么改良，但是“赤脚医生制度”确实是把三级保健体系接过来了，以前少有人注意这方面。

但是，和“定县试验”不同的是，毛泽东更兼收并蓄一些，他还吸纳了中医的系统。比如把草医、走方医和游医这套东西都弄了过来，而且进行了简化。

《南风窗》：从根本上讲，“定县试验”和“赤脚医生制度”有着不同的目的。陈志潜的目的大概是要在中国农村推广西医，取代中医吧。

杨念群：对，毛泽东是要改变中国农村的医疗面貌，而且将它纳入国家的体制。

我特别要强调一点，不要把“赤脚医生制度”误认为仅仅是政治运动的产物或者政治运动的一个组成部分。（现在一般人把它定位为“文化大革命”的产物。你看那时候的公开报道，都是讲赤脚医生雨夜出诊，全心全意为人民服务等事迹）我觉得，“赤脚医生”是一个伴随“文革”出现的现象，但是不应该忽略它跟“定县试验”之间的呼应关系。毛泽东对农村非常了解，对农村的结构，对农民的需要，他对于这套医疗体系怎么运作是有自己的想法的，他这套想法就是通过“赤脚医生”加以反映。

“赤脚医生”的特点是“从哪儿来到哪儿去”。他们中间有很大部分是由村里派到县里，培训一两个星期，多则两三个星期、一个月，再回到村里。这有一个好处，因为有一个亲属和亲情的网络，这就决定了他对农民的基本需要就有一种感情维系在里面，而不完全是政治口号、政治训练这样的因素起作用。

宗族关系和人际网络基本上决定了赤脚医生对于一个病人的态度，就是医患关系。

《南风窗》：是不是也有一个利益的关系在里头？

杨念群：当然也有利益关系，比如他的工分比一般的社员高，高一到两分。另外还有一个三三制，就是说赤脚医生必须 1/3 时间出诊，1/3 时间坐到卫生室候诊，1/3 时间下田去。毛泽东的意思是，你只有下田跟农民滚到一块儿才能了解农民的基本状态、基本需要。可能有一些利益的驱动也使得赤脚医生受人尊重吧。

《南风窗》： 您好像比较注重“医患关系”。关于“医患关系”，毛泽东好像还有一段著名的“口罩论”。

杨念群： 毛泽东有一次谈话说：“还有一件怪事，医生检查一定要戴口罩，不管什么病都戴。是怕自己有病传染给别人？我看主要是怕别人传染给自己。要分别对待嘛！什么都戴，这肯定造成医生和病人之间的隔阂。”

我想，毛泽东的意思是说，口罩和白大褂是一个界限，医生和病人应该保持一定距离。但是这个距离其实是排斥了亲友关系，排斥亲情网络，排斥乡土社会的一些基本规则。毛泽东就要求打破这个东西：口罩摘掉，直接面对病人，而且跟病人要有交流和互动，在他们现实的规则网络里面接近他们。

《南风窗》： “赤脚医生制度”是怎么样慢慢瓦解的？

杨念群： 改革开放以后，比较强调医疗技术，强调“高”“精”“尖”，也就是“协和模式”的复归嘛。当时，有一些协和毕业的高才生，他们发表文章呼吁，就是说赤脚医生不行，技术太差，只能满足头疼脑热的治疗，我们应该培养高精尖的医生。我觉得，这跟整个医疗体制、市场化有关系。大量的投资进入城市，投资大医院，买先进仪器，转移之后农村“赤脚医生制度”自然就瓦解了。

后来赤脚医生逐渐私人医生化，他们开私人诊所。私人诊所必然会计算药的成本，慢慢地亲情关系全被瓦解了。现在再恢复合作医疗很难，因为这个网络已经不行了，包括道德情感的网络，还有文化潜移默化的影响。

《南风窗》： 您这本书的研究范围取“1832—1985年”这个时间段是不是也跟“赤脚医生制度”的瓦解有关系呢？

杨念群： 是的。1832 年，第一个西医传教士在广东开设眼科诊所，我以这个时间点作为西医进入中国的起点。1985 年，赤脚医生体系瓦解了，私人医生开始自己开诊所。

《南风窗》： 有人认为您这本著作“四不像”，既不是政治史，也不是社会史，既不是文化史，也不是思想史……

杨念群： 实际上，我想展现一个波澜壮阔的、百年的大历史。可以从这本书各取所需，但是又很难给它归类。把它放在什么样纯粹的学科分类框架里面似乎都不太合适，但是许多的东西里面似乎也都涉及了。

从根本上说，我关心的是现代政治问题，通过医疗过程的描述、医疗制度的变迁、身体的变化、观念的变化来谈现代政治的演变，以及现代政治如何影响每一个中国人，包括中国人本身的生存状态……所以我在书中所有的描述，包括细节，都要放在现代政治的脉络里面去理解。

我的目的，就是最终要解决一些问题，把历史背后一些被遮蔽的东西，或者不为人所关注、或者关注得比较少的层次展示出来。

“心灵史”的意义

——《北京青年报》记者刘净植访谈[①]

一、新著：心中的“江南”

记　者：您的新书《何处是“江南”？》描绘了清初士人与皇权的博弈关系及其被改造、收编的过程，视角很新鲜，书中呈现的视野也颇为广阔。您是如何观照到这个课题并得出结论的呢？

杨念群：过去梁启超有一个说法，认为清代思想史的转型跟清政府对士阶层的迫害直接相关。明代士人构造出了十分活跃的社团聚会和游学的氛围，经过清前期“文字狱”等一系列政治手段的迫害之后，士人活动转向一个相对沉寂的阶段，导致出现了跟明代思想、学术传统截然不同的考据学派。这个说法一度非常流行，成为

① 本篇访谈原载于《北京青年报》，2010－11－01。

定论，一直延续下来。

到了20世纪80、90年代，学界开始发现这种把帝王和士人看成截然二元对立关系的观点是有问题的。其要害在于，把明代士人看得特别活跃，而清代只有考据没有思想，好像大家只会钻在故纸堆里。于是有些学者提出了另一种思路。比如，美国普林斯顿大学的学者艾尔曼认为，江南地区印刷文化活跃，有很多私家藏书楼，使知识的传播具备了一种新的民间形式，形成了一个新型的学术共同体。台湾学者张寿安认为清代学术是有思想的，只不过表现的方式有所不同，比如更强调"礼学"的作用，而不是仅仅固守"理学"宗旨。余英时先生也认为清代思想和明代之间有一个微妙的传承线索。这些说法都有一定的道理，但我觉得也有一个问题无法解决，那就是他们都只从士阶层自身的思想变化来观察明清之际的观念转换，为了回避梁启超提出的"政治外因说"，似乎故意把帝王和政治的因素排除在外了。那么我想问，能不能换一个角度，重新把帝王和政治带回到士林和思想史的研究中来，重新考察两者之间的关系？

梁启超对清代思想转变的解释，只是单方面强调了帝王对知识分子的外力迫害。其实满族帝王对汉族士大夫也存有敬畏心理，他们认为江南是文明荟萃之地，自己作为"蛮夷"虽然在军事上取得了成功，却仍面临着被征服士人的文化挑战。所以士人阶层不是完全被动的受迫对象，他们也参与到整个清代思想和知识的建构过程之中。我在书中强调两者是一种相互试探、谈判，最后达成相对平衡状态的过程。

记　者：看来您并不相信士人有独立于权力之外的纯净和超越性，这可否视为您看待中国历史和知识阶层演进之关系的一个基本观点？

杨念群：余英时先生认为，士阶层的思想和身份是有超越性的，可以超越自身、超越社会、超越现实世界的束缚。从某种“理想类型”的分析出发做此推断是有道理的，但我觉得中国的士大夫从孔子开始，就跟政治有着暧昧难辨的关系。在大多数情况下，他们是在与政治发生纠葛不清的动态关系时才建立起自己认识世界的基本框架。因此，士人如何处理其与帝王、政治的复杂关系，应该是探寻中国历史发展最重要的线索之一。因为在大多数历史情况下，士人只有在跟政治相妥协、谈判和对话的过程中才能真正确立自己的身份，这是一种历史常态。宋代只有在神宗这段短暂的时期里，由于王安石的特殊地位，士阶层才偶尔凸显出“与君王共治天下”的独立性。但是这种相对纯粹的独立性是非常少见的，你只能把它当作一种历史的偶然和特例，并不能因此就一厢情愿或一以贯之地把它当作一成不变的历史事实加以对待。

我觉得应该把知识分子放在一个更实际的历史情境、历史脉络里进行研究。钱穆、余英时先生树立的探索士大夫良知自觉的研究路线我很敬佩，但毕竟太理想化了。人需要理想作为支撑，但也要直面历史的残酷状况。中国自20世纪以来，除了鲁迅真够“知识分子”的资格外，哪有什么真正的知识分子？要理解这种悲观结局产生的缘由，有一个办法就是把历史反推到清代前期，去观察那时候士人的精神是如何被阉割的。

记　者：您书中谈到的“文字狱”，似乎也不单纯是清政府迫害士大夫的问题吧？

杨念群：文字狱其实包含很多复杂的含义，不是简单的、表层的迫害士人的问题，它也是培养官员提高文化管理嗅觉的一种技术训练。比如乾隆帝下旨让搜缴违禁违碍书籍，刚一开始官员们不理解，因为他们的脑子里不知道什么叫“违碍书籍”，搜来搜去就搜出几种，往上一交就以为完事了。后来乾隆帝一次次地下旨，逐渐让官员意识到，“满洲”“虏”“胡”等书面语都是诬蔑满族人的词语，都要一律剔除。这个自我意识的培养进行到一定程度，就会内化为身体里的嗅觉。随后这些官员再也不用皇帝指示，自动开始自我阉割、自我设限，按照皇帝的要求划定删改文献的标准。迫害士人也成了一门熟练的心理操控艺术，是让你心安理得地接受迫害、接受控制的技术。

记　者：您之前一直研究晚清民国史，为何介入此前从未涉足的清前期历史？

杨念群：一方面跟我参与国家清史的修纂有关，这几年有机会接触到清前期的大量资料。而且我也觉得如果不从明清之际到晚清、民国近三百多年来的历史做一个贯穿分析的话，自己的视野、判断是有很大局限的。因为很多晚清民国发生的现象必须要从清朝初年寻究起因。其实这本书最好能和我以前出版的《再造“病人”》《儒学地域化的近代形态》贯穿起来读，这三本书大致可以构成一个三部曲式的架构。《何处是“江南”?》虽然是最后写的，但应该算是三部曲的第一部。为什么此时才触碰这个话题？因为人到中年，有了些阅历，对人生的体验不一样了。《何处是“江南”?》的写作有一点靠近精神史、心灵史的风格。心灵史一定是人到中年才敢动笔写。它可能会不自觉地融入一些人生的体味在里面，目的是要寻究自己人生的答案。

记　者：您把它看作心灵史而不是思想史？

杨念群：心灵史和思想史有联系，但差异还是比较大的。思想史研究的对象是一些公开发表的言论，但精神史、心灵史研究的对象往往跟一个人对时代、对世界的体验、感受和情绪有关，它应该比思想史探究的内容更加宽泛。所以我前几年提倡中国史学需要尝试一种“感觉主义”，就是在思想史之外发掘我们感觉世界的意义。它延伸和拓展了思想史研究的边界，包括历史人物情绪的变化，身体感受的变化等。甚至我最近提出一个“隐喻史”的研究设想，比如说诗歌里通过大量典故所表达出的隐喻，往往传达着作者的政治抱负和主张，对其进行分析就不能仅仅运用惯常的研究策略。思想史、感觉史和隐喻史三者之间有联系，也有区别。“隐喻史”要解读一些符号、象征背后隐藏的含义，通过细密的文本解读来梳理出历史潜藏的逻辑是什么。当然这都只是一些初步的看法。

二、争议：什么是有说服力的批评

记　者： 您曾经说过自己做学问不守被庸俗化的史学“家法”。有人总结您做研究的方式是重理论、重修辞、重符号，对考据和材料则较放松，不重小节，认为您的研究会因此而产生硬伤。您怎么看待这种争议？

杨念群： 近代以来的新史学注重史料的发现，傅斯年更是把此论题推向极端，认为“史学即史料学”。这个新传统改变了史学研究固守单一证据的旧局面，当然无可厚非，甚至值得赞赏，但是如果过度强调发现新史料的意义，就容易走向反面，甚至解读史料的能力反而有可能下降。比如目前流行学术论文必须使用档案的风气，这当然是个进步，不过许多档案也涉嫌造伪。如果你是个“档案迷”，就有可能堕入另一种认知陷阱。

《何处是“江南”?》所依据的史料其实前人都使用过。清前期研究名家辈出，再触碰此领域，难出新意的风险会非常大。但我相信，建立在新的史实理解基础上的文本解读会得出不同于以往的结论，史学的真正进境不完全在于史料的多样和丰富，而常常在于阅读者对史料的悟解与感知能力。否则你就没法解释为什么长期依据少数史料开展研究的古代史领域大家辈出，而占有相对丰富史料的近代史领域研究水准却相对平庸的现象。

记　者：事实上关于《何处是“江南”?》已有一些批评文章，谈到史料的“硬伤”，论证的“草率”。对此您有何回应?

杨念群：首先感谢大家的关注和批评。一本书如果没有争议那是最可怕的，没有人理睬就形不成一种知识的积累和推进。我很感谢读者的细心，有些地方的史实引证确实有错误，比如书法家沈度是明朝人，但我在第一章里却说一个元初的人看了沈度的书法后发表了一通议论，这显然是个时代错置。再比如郑思肖《心史》发现的时间是在明末，我却把时间推至清初等。这些错误在修订再版时会一并改正。

关于学术批评，我觉得有两点需要注意。第一点是要就事论事，严格厘定批评范围，最好不要过度阐释或者转变为情绪化的人身攻击，对治学者的人格发表不适当的酷评苛论。比如网络上有一些对本书的“摘谬”，开始还心平气和地对书中的史料运用得失进行评论。其中的指摘我虽然不尽同意，却也觉得有些商榷不无道理，但行文到后来却变成了一种恶意的谩骂，包括对笔者的人格进行肆意侮辱和攻击。这些网络恶习开始越来越频繁地渗透到学术界，影响了学术讨论质量的提升，不能不让人感到遗憾！

第二点我想说的是，有些批评的措辞和尺度需要准确表述，因为有些史料的解读是见仁见智的，否则所谓“硬伤”的作用往往会被夸大。有些评论随意使用“草率”“粗糙”一类的判断词，试图造成一些局部错误似乎已严重到足以推翻书中某些重要论断的印象。可是在看了这些批评后，我发现本书中的主要立论基本不受影响，是经得起推敲的。比如说，网上有批评者认为明亡后九年出生的戴名世不是遗民，但我认为戴名世在精神上是遗民，否则他怎么会成为康熙时代最残酷文字狱的受害者。再比如有些批评文章认为“残山剩水”不能构成描述明末清初遗民生存状态的关键词，可批评者恰恰没有依据相关史料对这个论断提出过硬的质疑。所以我并不认为这个结论就由此被推翻了。说实话，我目前仍没有看到在学术立意和历史观的层面上真正具有说服力的批评文字。

三、新史学：回归本土，以中国人的方式理解历史

记　者：2002 年借纪念梁启超《新史学》发表 100 周年，您组织了一次会议。与会者体现出跨学科的特点。之后您参与主编了《新史学》，迄今已出版到第三卷。跨学科研究对中国当代史学起到了什么作用？

杨念群：那次会议有九个学科的专家参加。我当时有一个理念，就是认为不管用什么方法，只要你处理的是属于历史范围内的对象和题材，就应该算是“大历史学”体系当中的一员。这个理念在当时并没有达成共识，只不过是一个实验。我的设想是：只要把各个学科的方法用于历史分析，历史学的格局和地图就会发生改变。

现在已走过八年时间，我却认为单纯强调“跨学科研究”也是有局限性的。“跨学科”的关注重点在如何“跨”，可还是有一个专门化“学科”的概念在制约着我们的思维，比如我们还是得回答以下这类问题：到底哪个学科方法适用于历史学，哪个学科不适用？我觉得历史学下一步应该模糊学科界限。不是简单地说用了哪个学科的方法更好，而是根据你面临的问题，来把握和自然地生发出对历史的判断。以前我特别强调借用不同方法论的重要性，但现在我觉得应该倒过来，将历史作为一个平台，把其他学科收编进来，更加圆融、更加开放地构成对历史的认识。这其实是一个本土化的过程，可能也是向中国人理解历史的本源方式回归。

记　者：中国人理解历史是什么样的方式呢？

杨念群：它和当代西方的方式有很大的差别。西方理论对我们的影响非常大，原来我们借助这个脚手架来建立解释新秩序，但现在它在阻碍我们对中国历史更内在的、精神层面的认识。以后的史学研究目标是要逐步把西方社会科学这个脚手架拆去，即使拆不掉，也要淡化其作用。

比如我提过的"感觉主义"，就是希望回归中国史学的叙事传统。我们的现代史学研究看不起叙事，认为叙事不过是对表象的描写，没有解释、没有理论、没有深度。但现今不像二十年前，大家对西方的理论懵懂无知，现在是方法论泛滥过剩，人人都能说出些西方大师的名字。在提高了理论层次之后，把脚手架还摆在那里，恰巧就成了生搬硬套人家理论的证据，理论变成了作案工具。

叙事里面应该包含着历史观，但应以一种非常平实流畅的面貌出现，这也许就是人们常说的所谓"同情之了解"吧。当然这并不是说完全地复原历史，你是带着现代人的眼光进去的，但你的理论背景应该隐含在、内化在你的观察和判断里面，不露痕迹。要接近那时的历史状态，才能真正圆融地写出一本既好看又具备一定历史观察力的著作。

记　者：比如就像《史记》那样的叙事传统？

杨念群：我觉得要恢复到《史记》书写传统那种层次非常难，不过在精神层面上可以学习模仿。其实《何处是"江南"?》也是要慢慢往这个方向靠。我以前也好拉洋人给自己壮胆，比如福柯被拉来打工最多，没有他们撑腰总觉得写出的历史好像没说服力。结果写出的东西很晦涩，表达的意思绕来绕去，貌似挺有学问。《儒学地域化的近代形态》的写作就有这种斧凿刀砍的痕迹。到

《再造“病人”》我觉得已经好多了，已经开始部分拆除一些理论脚手架，只是在导论和结语部分梳理了少量理论，一旦进入到具体历史场景就变成了故事性、叙述节奏感很强的风格。到了《何处是“江南”?》读者会发现我很少用大词为自己壮胆撑腰了，用的基本是贴近中国历史本身状态的语言。这说明我在进步。

记　者：除了讲故事的能力，您也提到过治史应该具备想象力，它与历史的“求真”矛盾吗?

杨念群：对历史真实性的追求永远只是历史学家的理想和愿望，在实际的研究中是无法达到的。在大多数情况下，历史是一个建构过程，对历史的研究往往也很容易成为这个建构过程的一部分。谁要说他能够百分之百地追求到历史的真实，大家肯定觉得他在说胡话。有的评论义正词严地指责我说，《何处是“江南”?》一书中的论断太富于想象，应该给我加个笼头，对我的想象加以遏制。中国史学本来就太缺乏想象了，越来越多的学生接受的是所谓严谨、规范的专业化训练，写出的文章枯燥无味。我很怀疑，那种亦步亦趋的训练能否真正求得历史的真实。

我的做法是，依据史料进行有节制的想象，至于想象的分寸把握得如何，需要在更深层次上加以探讨。

记　者：历史的解读总与现实有关，无论是在大众文化中还是在研究领域，多次成为论证现实的有力武器。您希望自己的研究与现实的关系是什么？您如何看待在现实驱动下的历史研究的可靠性与真实性?

杨念群:历史学家到底在现实里扮演什么角色，我也感到困惑。历史学作为人文学科，不具有立竿见影的实用性。历史学最古老的一个功能就是资治，但和政治靠得太近，史学家怎么看怎么都像个奴婢。我可以理解一批想当官的人用历史去为现行政策提供参考，但是请不要打着求真的招牌，说历史还有客观性、规律性。专门化的学院研究路线又走向另一个极端，只去解决局部的小问题，考据一件小事，太职业化了。还有一种选择就是干脆把历史娱乐化。

我对这三种功能都敬而远之，我觉得读史研史应该作为建立当代中国文明的基础来加以对待，这还不完全是一种彰显短时期中国"软实力"的表现，而是应该长期作为提高中华民族素质的一种手段。

其实从传统的学问框架来区分，中国自古以来只有一门学问，就是历史学。现在学院里的文科设置，如经济、法学、社会学等，都是舶来品。在历史中发掘出一种文明精神，变成中国崛起的基础与动力，是历史学应该承担的一种责任。必须超越政治化、职业化、娱乐化的限制，才能把历史提升到相对比较高的境界。这需要一代、甚至两代人前赴后继地去付出，才能真正为中华民族的复兴提供一种精神滋养。当然历史学不能独自承担这个责任，还需要其他人文学科的协助才能完成。

历史何以致用

——《生活在哪个朝代最郁闷》[1]新书沙龙演讲

时间：2013 年 10 月 26 日 14:30

地点：彼岸书店（北京市海淀区牡丹园花园路 2 号牡丹科技大厦一层）

主办：广西师范大学出版社理想国 彼岸书店

主持人：大家对书名可能会比较关注，我不知道这样反而会不会影响对这本书的内容的关注，我们下面就有请杨老师先来跟我们说一下。

杨念群：今天非常高兴到彼岸书店做客，我第一次来彼岸书店，觉得这里环境非常优雅，是特别适合于跟大家聊天的场所。刚才主持人也说了，大家可能对这个书名有一点疑惑，觉得为什么要起这个书名。如果大家读过我以前写的书，就会质疑：你怎么忽然开起专栏，写起这样

① 杨念群：《生活在哪个朝代最郁闷》，桂林，广西师范大学出版社，2013。

风格的文章，作为学者为什么要写随笔，为什么以这种形式来表达你的想法？我今天就是想跟大家分享我的一些体会。在座的年轻人居多，我不知道是不是都看了这本书，希望一会儿你们多多提问，也多多批评。

一、没有一个完整的让人完全倾慕的时代

起这个书名还是有一些波折的。我当时写随笔的动机是，因为自己是历史学出身的，往往想从历史中读到一些东西，发现有些历史里面反映出的一些现象和内容，不是通过学术著作就能完全反映出来的。历史是非常复杂的一个整体，它里面有一些人情世故、一些细微末节潜藏在日常生活里。这些感性的东西很难用学术的形式表现出来，所以我想尝试能不能通过稍微平易或者更贴近生活的方式表达这些内容，最好能跟规范性的论文有所区别。

我还是从这本书的内容、书名讲起。刚才我说过起书名时遇到些波折。最早的书名我起的是《说破》，也就是把什么东西要说破。但是什么叫破，怎么来说，又很难说清楚。后来我跟一些编辑朋友商量，书名能不能叫《盛世的郁闷》。沿着这个思路再往下琢磨，最后觉得拿书中一篇叫作《生活在哪个朝代最郁闷》的文章名字做书名比较合适。

那么为什么用这个名字做书名呢？大家可能看过

这篇文章，那里面讲了一个段子。就是说有一次朋友聚会，大家酒足饭饱之后突然有人提议评比一下，说说历史上哪个朝代最好。有人说唐代最好，唐代出大诗人，是一个煌煌盛世；有人说先秦最好，因为先秦出了很多大哲学家，中国的文明就是从先秦时候发源的；也有人认为魏晋南北朝最好，因为从士子来说，那是一个放浪形骸的自由时代，士人的精神气质得到了充分发挥。轮到我选择时，我说明末相对是一个比较好的时代。大家觉得这个结论有些奇怪，因为明末是一个商业非常发达、风气非常糜烂的时代，有几个皇帝不问政事，不是当木匠就是吃喝玩乐，到了崇祯帝时已是大厦之将倾，想挽回这个败局已经不可能了。但是在我看来，明末也是思想相对自由解放的时候，不但出了一个我心目中的大英雄王阳明，而且明代中期以后自由结社、自由讲会的风气很盛。当时王阳明讲学的时候，贩夫走卒都能放下担子来听讲，说明他精神的力量已经能传递给普通老百姓，这是相当了不起的。而且我们现在所说的知识分子，在那时候都可以较随意地自由联络游学，自由地发表自己的见解。那是非常让人兴奋的时代。

当然，中国历史上没有一个让人完全倾慕的时代，每个时代各有它的弱点，也各有它的长处。我们从不同角度来看这个时代，选取不同要素进行比较，得出的结论也会有所不同。

二、清朝对人控制的形式和运用的计策远比明朝更加严酷

现在网上有所谓的明遗和清粉，大家互相吵来吵去，想争论清楚到底明代好还是清代好。我无意加入这个战团，但是书里面有几篇文章写到了，相对于明末，清代在文字狱方面、在人心控制方面、对人的言论自由的限制方面，要远比明代苛酷。

书中有几篇文章特别谈到清朝皇帝怎么发明一些糟蹋人、折磨人的技术，并娴熟地反复加以使用。书中我举了两个例子，都涉及思想改造的技术，一个是有名的“曾静案”。曾静这个人给陕甘总督岳钟琪上逆书，煽动他造反，说岳钟琪是岳飞的后代，怎么不反清复明。岳钟琪把曾静抓起来后送到雍正帝面前。很多人说这人大逆不道，马上千刀万剐凌迟处死不就完事了。但是雍正帝说，杀死他很容易，让他真心归顺我朝就相对较难，那我就试试能否办成这件难事。他花一年时间跟曾静交流。他怎么和曾静沟通呢？雍正帝写了很多御旨给被关在狱中的曾静看，让他当学习材料阅读，然后写学习体会。曾静天天在里边边看边写。一开始他不服，他觉得雍正帝是篡位的，没有继位的正统性，并且为此干了很多坏事，他列举了雍正帝十大罪。雍正帝也不反驳他，就把自己当年实施治理朝政的御旨都一条一条地发给他看，意思是我当一个皇帝每天心力交瘁地操心多么不容

易。大约经过一年时间，曾静终于被说服了，最后写了一篇悔过书叫《归仁说》，鼓吹雍正帝多么多么伟大，这么好的皇帝我还鼓吹要造他的反，实在是大逆不道，自己深觉悔恨。最后这篇思想汇报被收入一本叫《大义觉迷录》的书中，广泛发行。每个书院或者地方学校里都必须收藏这本书，全国人民都要阅读这本书。里面有雍正帝的御旨，有曾静的悔过书。最后雍正帝派了两支宣讲团，一支奔湖南，一支奔西北。湖南是曾静的老家。曾静是普通乡绅，由他作为这个队的成员之一，跑到那宣传雍正帝怎么样来感化他，到处演讲。据说效果非常好。这是第一个例子。

第二个例子我在书里的一篇文章《糟蹋人的艺术》里也大致做了一点介绍。雍正时期有一个大臣叫钱名世，钱名世这个人非常喜欢阿谀奉承，但是他这次奉承的对象选错了，把年羹尧大将军奉承得太狠了，说他的丰功伟绩几乎可以跟康熙帝并列。因为雍正帝曾经有一段时间对年羹尧非常好，钱名世以为拍他的马屁没有问题。但后来年羹尧因为功高震主被赐令自尽，钱世名的噩梦也从此开始了。雍正帝发动了全朝的官员写一些诗歌批判他，还写了一个大匾，上书“名教罪人”，挂在他家里羞辱他，说这个人等于是一个士林败类。

我举这两个例子是想说明，清朝对士人的身心控制的严酷程度远远高于明朝。明朝有一个比较残酷的刑罚叫廷杖，就是无论是多高的官员，皇帝一怒之下都有可能扒下他的裤子揍屁股，直到把屁股打烂了为止。早期的廷杖还允许犯人穿着裤子，后来就干脆扒下裤子打，人会被打得血肉横飞。清朝已经不是这种直接摧残人的身体，而是从心灵里去折磨人，让人最后变成自愿效忠。这是让我感到很不舒服的地方，也觉得清朝是很让人郁闷的一个朝代。

三、人只要活着，基本的自由和尊严仍是最重要的

当然如果是“清粉”的话，可能他会说清朝也有很多功绩，比如实现了“大一统”，控制的疆域规模超越宋明，为现代中华民族共同体的建立奠定了基础。这些当然不成问题。但我写这些文章的意思是想探讨，清朝士人尊严是如何一点点丧失掉的。

再举一个例子，大家知道清朝有一个非常伟大的工程是编纂《四库全书》。乾隆帝搜集所有的文献，把它整理到一起。《四库全书》的编纂大家评价不一，一方面，觉得它荟萃了众多历代文献；另外一方面，《四库全书》也销毁和篡改了很多文献，只要是对清朝不利的言论都在《四库全书》里面被删改。删除文件的过程不是一步到位的。当时收集这些文献的时候，大家并不太清楚哪些文献属于应该被查禁之列。乾隆帝那时候下了很多谕旨督促，结果发现有些江南一带的地方官只收集了十几种

或者几种违碍书籍，于是乾隆帝着急了，发火说江浙地区是人文渊薮，怎么可能就这几种书里面有不利言论。于是大家慢慢继续查缴，最后发现几十万卷书里都有问题。乾隆时期给这种边编书边查禁的方式起了个名字叫“寓禁于征”，意思是以征书为名行查缴之实，是个很阴险的策略。一开始，确实某些地方官抱怨看不出书里有什么应该被删除的内容。乾隆帝就大怒，说你一个巡抚，一个边疆大吏，难道看不出这里面包含的微言大义，我来教你怎么看。乾隆帝一一下旨指导具体应该删除哪些内容。最后培养出来的官员怎么搜书？他不但会按照乾隆帝的御旨去搜，而且主动发明一些方法当作查禁的手段。比如有一个官员叫海成，他向乾隆帝出主意，说可以找一些退休的人，这些人没什么事干，让他们挨家挨户去查抄，把这些书搜出来之后统一销毁，统一篡改。乾隆帝说这个办法好，鼓励他去实行。海成到最后搜上瘾了，出了一个更馊的主意说，以后所有出书之人，不管出什么书，一律交到中央审核，才能允许出版。乾隆帝一听这主意都觉得太过分了，可见地方官员的阿谀附和的风气有多么严重。我举这个例子是想说，在对待某些违碍文献的处理上，地方官员的嗅觉是被培养出来的。随着时间的推移，他会自觉设置搜缴底线，不用皇帝提醒，他就知道执行政策的边界在什么地方。

以上所举三个例子是想说明，一个朝代郁闷不郁闷，并不在于它拥有多么绝世的军事武功，或者疆域有多么广大。我们要记住，人是否活得有尊严同样是最重要的。这是想跟大家交流的第一方面。

四、在一个多元观点并存的状态下反思历史

我发现，我们以前对历史做出的一些判断显得过度单一了，比如我们老是过多注重皇帝的一些言行，或者注意上层的宫廷斗争，就像一般民众特别爱看《甄嬛传》，看里面的宫女打来打去钩心斗角。做历史研究的人也比较关注宫廷内部的政治纠葛。可是真实的历史会呈现出很多不同的面向、不同的层次，历史中不同等级的人群表现出的非常细微的人情世故和日常生活也应该成为研究对象。比如书里收录的一篇文章叫《做一个清朝官员到底有多累》。咱们现在一出门就开车、打车或坐地铁到达目的地，非常方便。但是清朝官员每天上朝非常辛苦，有时凌晨四五点就要起来准备进宫，因为皇帝上朝的时间非常早，但是从官员住的地方到他上朝的地点一般都不近，可能坐着马拉的轿车要走一两小时以上。清晨的天气非常寒冷，他上朝走这段路是非常辛苦的事情，一些官员在日记里面写，上朝过程中往往是最佳读书时间。我感兴趣的是在车里两小时他们都看些什么。类似的细节记载非常有意思。

还有的官员在上朝的时候，被皇帝赐个宴会是无比光荣的，就跟咱们现在赴场国宴似的。现代人可能想象

这种国宴是“满汉全席”，满桌都是大鱼大肉，其实大多宴席的饭菜都非常简陋。宴会时官员自己在地上铺个毯子，面前弄个白肉小火锅，里面有点肉，有点菜，再发给两个馒头。还有一种食品叫馓子，是满族的食品，用面食做的。有的馓子很不新鲜，放了很多天。甚至有的馒头上还长了虫子，吃完之后会觉得很不舒服。但是赴皇宴的一个最大的好处是，你吃不了可以打包带走。当然打包带走也没有什么特别好吃的东西，只不过是一些剩下的羊肉可以带回家去。羊肉不是我们想象的那么好吃，烹调得非常粗糙。类似的细节我们在官员日记里面到处都可以读到。对这些有趣细节的关注叫日常生活史，或者叫文化史，会增加我们对历史的一些认识。这些细节有时不太适合用学术的方式来予以表现，可能更容易用比较轻松的随笔方式来描述。在写随笔的时候，我特别注意使自己的思路摆脱学术规范的限制，在一个非常平实有趣的脉络里缓缓地展现历史丰富的一面，争取写出一种画面感。

这就涉及第二个问题，我们是否应该使历史著作变得有趣起来而不是那般严肃的面目可憎？史学研究是否只能局促在非常专门狭隘的领域内？还是最好把它放在更广阔的视野里去提升反思和批判能力，同时与现实进行对话？史学书写难道只有一种规范意义上的写作形式吗？以前好像史学就是专门为政治服务的。这样的史学恐怕大家现在都不爱看，因为这种写作压抑了历史的丰富度。现在则出现了另外一种现象，那就是习惯把历史放在一个非常专门化的视野里去研究，这恐怕也有闭门造车之嫌。如何把历史的有趣内容激活，在反思历史教训的同时与现实经验相互参悟印证，使两者发生化学反应以启发我们的思维，一直是我在思考的问题。

历史跟现实的对接或者说对话，很难用唯一的专门化写作形式表达出来，因为所有学院派的学术文章都讲究规范。前人做了什么，我自己将要做什么，最后怎么收尾都是有规定的，不能随意挥洒，最后还要列一大堆参考书，表示自己学有所本。在一个知识系统传承的脉络里，规定这样的研究程序当然是很必要的，但是在传播历史知识以及如何与大众交流互动上这种研究风格就不一定合适。美国现在出现所谓“公众史学”，就是要探讨在面对公众的过程中，如何激发公众对史学的兴趣，同时又使史学变成一个能渗透到我们日常生活、给我们以启迪和启发的通道。史学不是小众的，而是大众共同拥有的一个资源，是学者与大众交流的一个媒介。如果更多的历史学家写一些通俗的，比如用随笔的形式来展现历史一些复杂内涵，肯定有助于丰富我们对历史的认识。

所以我觉得应该在一个更多元的、更多样的写作状态下来反思历史，使历史的面相变得更加丰富，变成我们观察当下社会、体验自身世界的一种方式。

五、不好的历史书，往往使人变得更加愚蠢

什么是好的随笔，标准难定。当年我写这本书的时候，也考虑到如何定位的问题。现在最大的问题是小清新太多，心灵鸡汤式的作品充斥在书店的排行榜上。大家愿意读小清新的原因主要是白天干活太累。有些人在单位受老板欺负，晚上回家想轻松一点，读一点浅显的东西，所以阅读的基本是那些能放在床头的轻松东西，所谓“轻阅读”就是这个意思。小清新的写法给大家一种放松感，一种小幽默很小资的情调，读起来也很温馨，似乎释放着许多“正能量”。其实我对“正能量”这个提法很不以为然。它给人一种错觉，好像只有一种被规定好的声音和价值观才配有资格叫“正能量”。什么叫“正能量”？它一定是励志的，一定是清新的，一定是小资的，一定是放松的，一定是愉悦的。凡是与这种整齐划一的价值观不符的东西都被统统说成是在释放“负能量”，这样不利于学术观点多元化的发展。按照所谓“正能量”的标准，我这本书里可能充满了很多“负能量”，可能一般人读起来不太习惯甚至不太舒服，是给大家添堵的一本书。是不是给大家添堵的书就一定不好，这是可以讨论的。我并不是给自己开脱，我并不认为自己的书写得有多么好，这需要接受大家的检验，包括市场检验、读者检验，也包括知识界、舆论界的检验。我们写

随笔要在世间传播一种清新的空气，但是现在的空气并不清新，雾霾重重，你老是搞小清新，不是有点有意遮盖雾霾的嫌疑吗？如果真是到处空气清新的话，还治理雾霾干什么？思想世界也是一样，是需要经常清洗的一块领地。可是在清洗之前，你要了解其中并不都是朗朗乾坤清凉一片。所以梁漱溟才问出那个世纪之问：这个世界会好吗？现在关键是这个世界并不总是显得清新可爱，所以我做历史经常感受到一种悲凉。

前几天有个记者采访我说你这个书的写作基调是什么，我回答说我这本书的写作基调是灰暗的。我知道在这个歌舞升平的世界里灰暗的色调一开始肯定没有人喜欢，因为有一个最重要的传统现在正在慢慢消失，就是当年鲁迅的杂文的批判性传统。鲁迅自嘲自己像一座黑暗的闸门，他自己虽是一道黑暗的门，却能把青年放到光明中去。这个传统已经断掉了，因为现在小清新太多了。大家都想幽默一把，想轻松一下。但是有一个人继承了鲁迅的反叛风格，那就是王小波。王小波的文字当然有别于鲁迅，他采取的是一种黑色调侃风格。王小波的世界观本身是非常灰暗的，但他选择了一种调侃的方式面对这个荒诞的世界，这种想法与鲁迅有相当一致的地方。怎么接续下去这个传统，成为我们这一代肩负的使命和责任。在阳光明媚充满小清新情调的温馨日子里，多一些灰暗的人生感知和体验不一定是什么坏事。从表面上看我自己并不灰暗，但是我写的东西可能会呈现出某种灰暗色调。可能也是有意想给自己的学术人生涂抹上一层反差色彩吧。

我写这本书也是想尝试着从历史中寻找自己的一种感悟，然后把这种感悟传达给大家，希望能引起更多的共鸣。虽然这种声音是非常微小的，估计这本书畅销不起来。大家需要很清新幽默和“正能量”的东西，我给大家提供“负能量”恐怕也不招人喜欢。但是我希望在生活越来越多元化的状态里，能够给这样一种风格的东西一种容身之地，给大家多少带来一点点思考，一点点感悟。我愿意跟大家一起分享这样一种感悟，愿意跟大家从历史中获取一些经验。所谓灰暗，并不是说看完这个东西就变得颓废或者消沉起来。其实效果恰恰相反，洞察历史的灰暗应该使我们的眼睛变得更加明亮。有一句老生常谈，读史使人明智。但是我觉得有时候不好的历史书，往往使人变得更加愚蠢。当然我写的这本书也未必使人变得聪明，我只是把我的一点感受和自己的一些想法抛出来跟大家分享。

我暂时先聊到这里，希望能跟大家有一些讨论，大家提什么问题都可以，我们一起来分享一些各自的阅读经验。

主持人：刚才杨老师最后说的话可能让气氛有一点沉重。今天下午这么好的天气，大老远跑过来给大家添堵不是我们的本意，但是有一些东西确实是我们比较严肃和认真地来看待的。未必是一定非常沉重的，有时候不管什么事情是需要我们稍微认真一点的。我自己看这本书的感觉，当然沉重也会有，肯定不会是看了之后让你获得很多“正能量”或者获得很多乐趣的一本书，但是如果你认真看进去的话还是会有所发现的，也会带给你发现的一种乐趣。读一本书你会有所得，会有所发现。刚才杨老师讲得比较多，我们下面看看大家有什么问题，我们可以跟杨老师一块交流。

六、从后现代的角度讲，历史都是主观的

提　问：杨老师您好，我提一个小问题，我听到有这样一句话，许多人讲历史是讲他需要的历史，而不是真实的历史。我也不是学历史的，但是我看过一本书，说清朝的农民是全球最富裕的农民。从民众的角度来看，他们生活在那个时代，当然你刚才说思想控制，这可能是对文人，但是对老百姓来说，他们的感受是不是有所不同？我知道你是一个清史的顶尖级专家，所以我想请教一下。

杨念群：历史是从需要的角度出发进行解释，这不是真实的历史，你提到的这个问题是个非常后现代的命题。从后现代的角度讲，历史都是主观的，按照时代需要选取历史中的某些材料为自己的目的作证明。每个历史学家都难免从主观的角度来选取历史资料，然后为某种需要服务，这是毋庸置疑的事实。但这里也需要做一

些区分，即你是出于什么样的需要做出这个选择。比如你是出于某种意识形态需要，或者某种党派政治利益的需要，还是仅仅出于想让历史叙述生动起来以便发挥自己的想象力，出发点是不一样的，这是必须加以甄别的。我认为，只要某种历史观能够自圆其说，并得到某种长期积累下来的学术传统的认证，就应该有它的立足之地，而不必纠缠于它表现出的历史到底是主观还是客观，因为这样的争论永远没有赢家。

你刚才提到清朝老百姓生活的问题。也有人说康乾盛世，整个 GDP 占世界的四分之一。当然这个是没有任何确凿的证据来证明，但是大致那样一个经济状态，可能有一定的道理，有一定的根据得出这样的结论。我们刚才也说历史是从什么样的角度切入。假如从这个角度切入，清朝是一个大一统的，从疆域扩张和政治、经济发展状况来说，都达到一定鼎盛阶段，这是没有人否认的。但是如果你换一个角度，即从一个普通知识分子的角度去询问，他生活在这个朝代是否郁闷，那就属于另外一个问题，就是在政治经济极速发展的同时是否也要顾及人的尊严。这似乎是两个不同的问题，实际上应该归并到一个问题上，那就是，是否物质生活舒适了人们就不必去追求精神境界了。也许你会说老百姓只关心物质方面，只要生活好一点就心满意足了，不像知识分子那样麻烦。如果真是这样我会感到无语和悲哀。

七、每人都有自己不同的学术道路，你不可能把你的东西复制到别人身上

提　问：杨老师您好。（我）也是一直关注您的书。前段时间看了这本书心里面很惊讶，发现了另外一个杨老师，因为在我印象中杨老师的东西都比较学术化一些。我讲一个故事，2004年的时候您来北师大开会，您讲近代文化回顾与展望，您发言讲了40分钟。当时我正好读您的《中层理论》，您当时讲的语境和理论跟那本书很贴切。我昨天刚拿到这本书，还没有看完，却发现一个新的杨老师，那种氛围、那种话语都是不一样的。我现在有一个问题，我身边有很多年长的学者，他们也说哪天功成名就，没有什么负担了，就写这种随笔的东西。现在因为事务缠身，没有时间写这种东西。但据我目前观察，我们这种所谓通俗学术读物的市场上，没有什么品质的书太多了，所谓大家写的书数量很少。很早的时候，我记得辽宁教育出版社出了一套《书趣文丛》，那都是大家写作，也类似这种风格。因为我昨天看了看觉得有似曾相识的感觉。在咱们这个时代，市场化冲击非常严重的时代，同时学科壁垒又越来越森严的一个时代，因为我也算是科研体制内的人，我们这一拨人到底是在什么时候出手？是在功成名就的时候出手，还是像我这样三十而立之后再出手？如果你年轻时候出手，往往你的阅历、学识都不够，但它有一个积累的过程。如

果到您这个级别，表述思想很精当，文章读起来也很轻松，而且语言也比较潮，但是道理非常深邃。我承认这不是一本非常好读的书，我也经常跟学生说年轻人不要尝试着经常写这种随笔，因为你的学历不够，资历也不够，往往只是一些片段，会误导读者。现在学术界因为各种壁垒、各种政策来束缚你，而市场偏偏追求一种娱乐化消费，我们这样的学者什么时候出手？这是我的一个困惑。

杨念群：我的回答是该出手时就出手。到底什么时候出手，这个时间得按照你自己的阅历和经验去把握。你刚才说大家写作通俗读物的事。我现在还不算大佬，因为年龄没到，史学界是要拼年龄的，开句玩笑。你要想当大佬必须要等到七八十岁。等我当大佬的时候，最想写的一本随笔集叫《给青年人的几封信》，到处指点江山。这是玩笑话，你千万别当真。其实我最讨厌好为人师，你自己有什么资格去指点江山？当然给青年人的几封信，可以写自己的八卦，写你的那点人生阅历，但是学术这个东西，每人都有自己不同的风格，你不可能把你的东西复制到别人身上。我在史学界观点有点异类，如果我真盲从一些所谓学术人生教条的指导，那我就惨了，我就不成为我了。

至于写这种随笔，确实需要有一种阅历，尤其是搞历史的人。到了一定程度积累起一些经验，和历史中人不断进行对话，到一定年龄之后会形成对历史比较独到的见解。需要时间积累才能慢慢悟到这个层次，二十多岁毛头小伙子确实很难写出这样的文章。但是我觉得还是要在年轻的时候就不断地磨炼自己的感悟力和文笔风格。你在年轻时完全不练习的话，等你到了 50 岁的时候，我相信你肯定写不出来。哪怕你说自己已经功成名就了，把学术都搞完了，晚年再写。晚年你暮气沉沉，人已经老态龙钟了，怎么可能写出具有杀伤力的东西来。我觉得自己还有一种激情洋溢在胸中。我一直有一个看法，好的学者一定同时是个好文人。现在的学者搞东西太窄，只会写写学术论文。你让他写一个稍微轻松一点的东西，一是不会写，二是不屑于写。其实你看明末以来一直到民国初年，所有大学者都是优秀的文人，像文学家钱锺书、历史学家钱穆、社会学家费孝通，都能写出非常漂亮的随笔文字。费孝通的《乡土中国》写得多漂亮，现在哪个学者还能写出那么言简意赅的漂亮文字？所以不要把学者与文人对立起来，好像大学者不屑于写小短文。现在历史学界，文笔好似乎成了罪过，论文写得越枯燥越符合学术规范才是好东西，我特别反感这一点。所以你在随笔中发现了另外一个我那感觉是对的，活到这把年纪，要有勇气自己和自己决裂，要勇于告别自己的过去。所以我有一本论文集就叫《昨日之我与今日之我》，这是模仿梁任公的话。任公永远是中国少年，民国学术界正因有任公这样的少年精神才显得那样多彩。如果只是靠一堆老气横秋的人在那里把持着，那学术界还有什么意思？你今年 32 岁，该出手了。我希望有更多的人参与到这个队伍中来。一开始不一定写得很好，但是慢慢会写得越来越好，而且随着你的阅历的增长文字也会随之越写越好。

八、他们那个时代的人，都有一种我们现在所难以企及的身份多样性和多元性

提　问：杨老师好！我不是学历史的，但是基于阅读兴趣的缘故，我看了您的文章跟书。我上学的时候就看过，很喜欢您的文章。您有非常平和、温婉但是又很细腻、冷峻的那种眼光跟态度，之前也有机会跟您攀谈，但是我都回避掉了，我不太想有太多的接触，我只想看你的文章。除了这本书以外我还有几点好奇的地方，您对杨度先生，一贯用您冷峻的、理性的又温和的、娓娓道来的态度去评价他，我这次还想听一下您怎么看待您的这位祖先，谢谢！

杨念群：这个问题我很为难，因为我特别怕提祖先。很多人现在傍着祖先成名就像傍大款一样的。现在还有一种说法叫“拼爹”，靠祖宗名声吃饭。有一个好祖先多好，吃香的喝辣的。我自己不太愿意提这个事，既然你把它提出来，我只好暂时不把杨度先生看成我的祖先，只把他看成是那个时代优秀人物的代表。当然，杨度先生对历史跟现实关系的把握具有高度的敏感性和预

见性，比如他谈君主立宪。我认为中国如果没有发生辛亥革命，君主立宪可能是非常好的一种选择。这个道理讲起来特别复杂，比如说有一个皇帝，他作为一个符号，可以凝聚很多的资源。杨度先生的一个想法就是，只要把皇帝的权力架空，皇帝没有实质的统治权，但是他作为一个文化符号可以凝聚很多资源，同时搞变革的那些人完全可以在皇帝的大帽子底下开小差，搞民主行立宪都不成问题。但是你把皇帝制度彻底废除之后可能就会发生很多问题，比如导致军阀混战，你的政权的合法性怎么样来安置也是个问题。所以杨度先生的政治敏感度非常高。现在为什么史学界对他的评价越来越高，就是因为他那时候就已敏锐考虑到如何在既有的文化传统框架里面合理安置西方民主宪政这个外来的东西，使两者可以相互配套。这是第一点。第二，他们那个时代的人，不仅是杨度先生，还有很多其他人，都有一种我们现在所难以企及的身份的多样性和多元性。他们既可以做官搞政治，又可以做学者，还可以当作家，他可以去做一些自己喜欢做的事情。我们现在的生活轨迹与工作角色都过早被固定化，人的生活状态变得很干瘪。现在年轻人找工作很难，在一个地方给老板打工，打不好还受气，打得好未必挣多少钱。他们那时候有多种选择，包括梁任公也是这样，他一会儿去从政，当过财政部部长，一会儿他又去写文章。有人统计过任公写作数量平均计算下来相当于他一生下来就开始写作，一天平均写四千字的速度，从他出生一直写到死。所以他的产量非常高。他有时候去当记者，有时候还搞维新运动，有时候又去写小说。所以刚才那个同学提到的，为什么现在生活表面上选择很多，实际上我们的选择在慢慢减少，我们已经很难看到集很多角色于一身浑身充满魅力的人了。现在谈到所谓“民国范儿”就是指这批人。那一代人不仅仅拥有高超的政治见解，而且他们在生活中也扮演了多种有趣生动的角色。他们往往在许多领域里面都能创造出非凡的成就，让我们感到望尘莫及。什么时代造就什么英雄，现在不是出英雄的时代，我们对祖辈只能心向往之。

九、如果说中国人普遍缺乏信仰，还不如说他们缺乏一种基本的由古代教化系统所形成的道德意识

提　问：杨老师您好。您刚才提到清朝的文字狱，您觉得当时对人们思想的一种囚禁，现在我们思想的自由程度是什么样的？现在有一个说法，我们生活在一个没有信仰的时代，你是否认同这句话？如果你认同的话，你觉得这和思想自由程度是不是有关系？如果您不认同，您觉得信仰是什么？

杨念群：第一个问题我就不回答了。第二个问题我们可以简单讨论一下。我认为信仰分多种，你自己可能

想做某一件事，你把它做好也是一种信仰。你要信仰某个宗教，把自己托付给上帝或者托付给外来的某种力量，那是另外一种信仰。我不知道你说的是哪种信仰，如果说中国人缺乏信仰恐怕也有点绝对，比如据说中国的基督徒有七千万。当然这个数字可能不准确，即使砍掉一半数字也挺吓人。当然也有很多人信仰佛教、道教。我觉得笼统判断中国人没有信仰可能不够准确，如果说中国人普遍缺乏信仰，还不如说他们缺乏一种基本的由古代教化系统所形成的道德意识，或者说道德规范。比如摔倒的老人没人敢扶等现象频繁发生就是道德意识稀缺造成的后果。如果对比台湾的话，台湾的道德意识和基本规范感比大陆强很多，我估计两地水准相差二十到三十年。这反而是我们现在面临的最大问题，就是基本道德规范和道德意识急速流失，恐怕比是否有信仰的问题还要严重许多，这是我对周围生活世界基本状态的一个看法。有人说中国从来没有西方宗教意义上的信仰。但是，西方宗教意义上的信仰是不是能作为衡量中国人信仰的标准，这个问题也是见仁见智，很难有统一的答案。

十、微信、微博等平台只是具备交流功能，而不具备沉积下来给你启发的功能

提　问：杨老师您好。我是一个在校生，学的是新闻传播，比较喜欢历史，想从这个方面问您一个问题。

你刚才也提到现在该出手了，用一些不是很专业的非学术论文的东西，给大众一些常识，或者说传达一些历史精神。你怎么看待现在所谓的微学术，通过一些网络平台，像微博也好，微信也好，在这个平台上他发布的信息。有一些学者也在通过这个平台把自己的一些观点、自己的一些发现跟大家交流。但是在这个平台上更多的还是偏重于猎奇方面的东西，比如他会通过很抓人眼球的标题去传播一些所谓的真实历史。但实际上那些东西，如果有一定常识的话，会发现有很多都是错的。你怎么看待这些网络平台的作用？你觉得真正的历史在这个方面能发挥多大的作用？

杨念群：我不太同意你用“微学术”来描述这个平台。它不是学术，学术必须有自己严格的定义，微信、微博顶多是学术的一种稀释途径。经过对学术信息的筛选，微信、微博可能会把一些学术信息做一种更加迅捷和通俗化的传播。学术至少在某种意义上是有一定规范的。尤其历史学，注重证据，经过长期的积累、艰苦的封闭式的研究，才能提炼出一些值得思考的问题。搞历史学的应该非常孤独，他不是完全拒绝微信网络平台，但是他必须首先经过长达数年乃至数十年的磨炼，才能做出一点点成就。当然从你们新闻学的角度看，微博、微信的内容可能也算学术，但就我们历史学的角度来说，那不算学术，那只是一个传播学术信息的载体。微信与微博的交流手段太迅捷，那些信息很难沉积下来，形成自我合理化的解释，很快就会被淘汰。微信、微博只具备交流功能，而不具备沉积下来给你启发的学术积累功能。

有的微博、微信的信息容易误导读者。尤其是为了追求速度，很多信息不经过验证和沟通，只为宣传造势不负责任地随意编排传播。这样会给作者造成心理伤害，同时也会误导读者。举个例子，我曾经为宣传自己的新书《何处是“江南”?》，接受过一个记者的访谈。他没有经过我的同意，就把对我的采访印象放在网络上，取了一个哗众取宠的标题叫“一个哈日的宅男”。我看了之后非常生气，要求立刻删除，因为这种吸人眼球的标题会引起读者对我的误解。因为我比较喜欢日本料理，非常爱吃生鱼片，对日本的印象不错，比如京都那种古都的田园风光，在中国已经完全找不到，所以我和记者开玩笑说我是“哈日”一族。这只是私下场合里说的玩笑话，要变成大标题就会引起误解。我又说我是个“宅男”，意思是习惯躲在家里看书，不太喜欢四处走动，相对社会交往比较少。我认为，你如果不学会把自己封闭在一个空间里孤独的思考某些问题的话，你很难做出一个非常有分量的东西来。我是在这个意义上说自己像个“宅男”。“宅男”这个词在网络语言中是有特定含义的，经常指那些终日待在屋里打游戏的电玩一族。用它来描述我的生活状态完全不合适，而且极易引起不必要的联想。但是这个记者把“宅男”“哈日”两个词放在一起作为访谈的标题描述我，使读者很容易把我当成一个让人很厌恶的人。因为当时正在闹钓鱼岛事件，到处在砸日本车。你把这个标题放在网络上，我就有可能成为极端民族主义者攻击的对象。我的意思是说，微信与微博对所有信息筛选和流通过程中，并不具备我们所说的学术意义上的那样一种稳定的价值取向。它大多数情况下只是一种信息流通和感情宣泄的渠道，很难积累下我们称之为文化的东西或者精神的东西。当然我这里也要声明，我绝对不反对使用微信、微博和所有的网络媒体进行信息传播。我自己没有那么保守，也没有那么狭隘。

十一、对一些东西的定义，一定要放在历史的语境和情境之下

提　问：杨老师您好。我昨天才拿到这本书，只看了一半。书名是《生活在哪个朝代最郁闷》。您说到清代的问题，现在陕西那个举人刘大鹏不是很火吗。有很多学者研究，都说清末民初是一个斯文扫地的时代。您觉得清代很斯文吗？包括民间的一些人他们也很斯文吗？

杨念群：哪个时代都有斯文人。但是有一句话叫作“文人无行”，所以每个时代也都有荒唐的文人存在。而且要看你怎么界定斯文，文质彬彬、博学多才这些算不算斯文？如果是这样的话，清朝有很多这样的人。但是

文人无行的例子也可以举出不少，比如江南的四大才子之类的，逛过妓院，这算不算斯文？但你在民国的时候，包括晚清的时候，当然现在我们叫嫖妓，可是在当时所谓的文人生活里面，狎妓饮酒是一个非常重要的内容，像胡适、陈独秀都去过八大胡同。不去八大胡同的人写不出文人的所谓情致。那时候的妓院也不像现在想象的都是倚门卖俏之辈，也有高低之分，可能人家还卖艺不卖身。所以你说这是不是斯文？我觉得这是斯文其中的一种。当然现在时代变了，这种斯文也不存在了。我的意思是说，你要在一个特定的历史时代里面去界定什么是“斯文”。所以对一些东西的定义，我们搞历史的人，一定要放在历史的语境和情境之下观察，看他的周边环境和它的上下文，来确定是不是一个斯文的形态。你这个问题为什么很难回答，道理就在于此。

十二、历史教科书往往一以贯之的，很多现有的新的成果没有办法融入教科书里面去

提　问：杨老师您好。我一直都挺喜欢历史的，但是我是用一种比较矛盾的心态看历史的。我高中的一个历史老师比较有意思，他一边骂着历史教材，然后又一边让我们背。上大学之后看袁腾飞讲历史比较过瘾，再后来觉得历史看了很纠结、很矛盾。像官方的很多话可能比较正面体面，但是后面又很多小书说的乱七八糟，

我就找不到方向。有时候一些敏感的东西，大家都承认，但是真相是什么我很迷茫。我高中那个老师现在还是这样，一边让我们背历史知识，一边又骂教材。您认为我们的历史基础教育应该是怎样的？

杨念群：边骂边让你背的历史知识不一定就是正确的，那是因为高考，参加高考必须要背，所以你不得不背。这没办法，你是为生存为饭碗，不得不低下头。但是我听说中学历史老师对现代历史教科书的叙述方式一直非常不满意。现在最大的一个问题是，历史教科书往往一以贯之地从小学、中学一直到大学都在灌输一些错误的信息。这可能是目前面临历史教学面临的最大问题。很多现有的新的成果没有办法融入教科书里面去，是非常令人担忧的。随便举个例子，比如五种生产形态，一直从原始社会、奴隶社会、封建社会一直讲到现代中国的成立。可是中国虽然出现过奴隶却从来没经历过奴隶社会这个阶段。“封建”作为一种王朝体制也是在秦代以后很早就消失了。但是你看教科书里还在沿用已经被清算过的历史观。唯一改变的一个可能性就是你要尽量去多看各种不同的说法，培养自己，用多元的眼光去辨别历史事实的真伪。

十三、首先应该先认真做好自己

提　问：杨老师您好。我是做电台读书节目的，刚才也听了您作为写书或者做史学研究的学者的一种心态，您甚至说是很孤独的。我现在比较感兴趣的一点是，您觉得在当下这个社会环境或者文化环境中，对于读历史人文类书籍的读者，他需要一种什么样的心态？或者换一个问题来说，您今天出了这个书，您对您的读者有什么样的期待呢？

杨念群：我期待就是大家都看我的书，我期待我的书卖得更好。我签的合同是一万本，我希望卖到十万本，但是可能性不大。我为什么出来吆喝，就是希望大家多捧场。以往做严肃学术研究的学者都在默默耕耘，自己的书写出来可能就只有几个人几十个人在看，不好意思出面宣传，好像对读者不应该有期待。但我自己想改变这个状态，尽量使自己写的东西既有深度又好看。我在前言里面已经说得非常清楚，正是因为做了多年学术，如何用漂亮优美的语言表达更深层次的历史观念，应该是每个历史研究者奋斗的目标。在实现这个目标的过程中，当然会遇到很多困境和内心的纠结。因为规范性的学术做多了，自己几乎已经不会用优美的文字去表达真正深刻的思想，这是我要突破自己的一个最初动力。这种努力是不是能得到读者的欣赏和认可当然重要，但是首先要把自己的文章写好。反过来说，即使自己写的有进步了，读者也未必认可。我刚才说了，小清新永远是民众的最爱，大家工作之余要读轻松幽默的东西，这种比较个性化的文字，恐怕不可能吸引大批读者，而且反而会遭到误解和批评。我的想法是不必考虑那么多，首先写好自己的文章再说。

十四、大众跟学者之间应该建立起沟通的渠道

提　问：杨老师您好。我是一名以工科为主的大学在校生，我有一个问题请教您。之前我也看过您的书，但是说实话，像您这次的《生活在哪个朝代最郁闷》这个标题的确让我感到很惊讶。现在的书店里都充斥着标题党，但是内容很浅显，很多人还都把它们当成历史书来看。我想问您，怎么从严肃的学术圈转移到商业化的渠道又能做到不媚俗不妥协呢？现在学术界的确是一个圈，的确是高高在上的，到底我们应该接近大众，还是应该保持我们的纯洁性？既然这两者之间存在矛盾，作为并不是以历史为专业的大学生，我们应该怎样尽自己的所能思考我们的东西？如果中华民族真是一个缺乏质感的民族，年轻人只沉迷那些轻阅读的话，恐怕这对未来民族的发展似乎也没有太大的益处。

杨念群：你的困惑同样也是我的迷惑。关于轻阅读这件事，或者说如何有效地把深刻思想与大众流行品味结合起来，一直是一个难题。我自己写这本书也是想在这方面做一点尝试。当然以我一人之力是远远不够的。刚才有的朋友也说，需要有一大批比较优秀的学者，放下身段，把他们的思想和研究成果用通俗的方式体现出

来。但是我不太同意你把学者跟大众对立起来的二分法。其实大众跟学者之间应该建立起沟通的渠道。这种沟通可以表现为多种方式。例如，史景迁的写作就是其中一种有效的沟通方式，他写故事的做法在很长时间不被承认。后来他当选为美国历史学会主席后，有出版社专门为他的写作提供专项资助，所以他出书很快，几乎一年写一本书。史景迁的文字和水准也是参差不齐的，有时候过多考虑市场的话恐怕也会影响写作质量。但是他首先是一名优秀的学者，他把研究成果消化完之后用一种优美文字写出来，经常成为畅销书。可见作者与读者之间是可以融洽地沟通的。

关于标题党这个事，我也很想做一个好的标题党。因为你写这种书，首先要在标题上吸引人。当然这个标题也是集思广益的结果，不是我一个人。包括出版社，像静武他们都花了很多心思。这个标题基本可以做到与内容相对一致。至于标题和内容不一致的书，目前也是到处流行，靠标题党卖书卖得好的也不少。现在大家的选择越来越多元化，越来越多的人有能力去辨别标题与内容之间是否表里如一，遵从自己的心愿去做出选择。我希望有更多好书出来之后，慢慢会占据真正有利的位置，自然会淘汰一些不好的或者仅仅靠标题来炫耀的那些名实不符的著作。这需要一个漫长的过程，我们没有办法跟轻阅读对抗或者完全取代它，但是我们希望自己花心血写出的东西得到大家更多的认可，希望大家要耐下心去读。比如轻阅读就拐一个弯，我书里的意思可能会转三道弯。

十五、你活着总得有一种表达自我的方式，历史对我来说就是表达自我的方式

提　问：杨老师您好。我是历史专业在读研究生，我自己本身经历应试的历史教育。上了大学以后，老师告诉我们说把高中学的历史全部忘掉，然后开始接触所谓的历史研究，然后自己开始觉得是在搞伪学术。你明明知道你写的东西很烂，但是你还得去写，写不出来非得写。现在在读研，开始慢慢了解真正的学术，我特别能理解您说的搞学术一定要经过孤独的过程，需要自己沉下心来慢慢沉淀。还有老师说现在选了历史就选择了清贫，搞历史的一般都是清高、清瘦又清贫。自己有时候读书或者也不能说搞研究，也会很孤独很困惑，关于学术的道路感觉前途很渺茫。特别想问您，在学术的道路上，有没有过特别孤独又困惑的时候，你是怎么排遣这种困惑的？

杨念群：我不知道你大学是不是第一专业选择的历史？

回　答：不是。

杨念群：你第一专业选择什么？

回　答：大学报专业也是特别，高中生嘛，对那些

不太了解。

杨念群：你本科是历史专业吗？

回　答：是。

杨念群：那研究生为什么又要读呢？

回　答：改道太难了。而且我学了历史以后，我觉得其实学历史挺好的。但是你在学习的过程中感到非常孤独困惑，而且社会那么浮躁，有各种外界因素影响你，有压力。

杨念群：说实话我很难直接帮到你，我们那时候学习历史唯一（的动力）就是凭兴趣。如果你要成功就一定要把它变成你生命追求的一部分，搞历史才能相对克服所有外界困难给你造成的压力。首先你要扪心自问，自己有没有决心把生命投入到这个兴趣里面，认为我这辈子就是认定做学问了，不搞学问生不如死，能不能达到这个精神境界？如果达不到的话，还不如选择别的途径。你毕业之后可以去经商，做公务员，等等，不必要非吊死在这棵树上。学历史必须做到兴趣至上才能有所成就。而且这个兴趣要一直保持下去也很难，你必须时刻面对各种生活压力。搞历史研究，能达到较高成就的人不多。你不全身心地投入，不真正趣味主义当先，那还不如炒股票、做生意，你得到的成就感反而会更大一些。你活着干什么，除了吃喝拉撒赚钱之外，你总得有一种表达自我的方式。历史对我来说就是表达自我的方式。什么是有趣的历史写作，那就是你看他的文章就知道他是什么样的人。别人未必写得出来他自己的感受，这是全身心投入造成的结果。

十六、不要成概念控，不用概念就表达不了什么，一定要尊重我们历史叙事的传统

提　问：老师您好。您刚才谈到希望读者看您的书的时候有一种个人的标签。我想问一下您的这种标签用什么来概括，您的这个标签的特点。

杨念群：标签最好不要我自己概括，我头上的标签已够多了。

提　问：您研究历史的话，有什么特别的态度或者思维方式？

杨念群：这个稍微笼统了一点。如果你阅读我的书，当然不仅是这本，阅读其他的几本也可以看出我对历史的一个基本的处理方式，跟现在的主流学术界不太一样。首先我有一段时间比较注重问题：你的问题是什么、你面对的最关心的问题、最打动你的问题是什么。围绕这个问题来组织你对历史的一个基本的看法和思路，这是第一点。第二，你在梳理问题的时候一定要表达得非常流畅，文字尽量做到优美，而且要用叙事的方式。历史是鲜活的，不是用理论和知识堆积起来的。知识是为你写出生动的历史叙事服务的。所以你表达的叙述方式一定是非常流畅的。这本书也体现了我的一个理

念，我传达的历史知识的载体一定是相对比较好读的、流畅的、文字优美的。第三，处理历史的过程中，特别注意对自己传统历史方法的尊重。原来我们不断引进西方的东西，大量使用概念化的术语。但是我们不要成概念控，好像不用概念就表达不了什么。一定要尊重我们历史叙事的传统。为什么有人敬仰司马迁，就是因为司马迁会讲故事，会通过叙述故事表达历史真正的含义在哪里。我在这个方向上尽量努力，虽不能至，但心向往之。

十七、研究文字狱不应该局限于本身数量的统计，而要看它实质的特点是什么

提　问：刚才老师说比较郁闷的朝代是清朝，又提到关于文字狱方面的问题。但是关于文字狱已经有一些学者提出过不同的见解。比如，某位学者统计了清朝的文字狱，发现里面相当一部分，并不是真正所谓的“因言获罪”。一方面是他的文字确实有问题，确实有点反动，搁在其他朝代也不会轻易饶恕的。另一方面，比如说一首诗“一把清酬热浊清”，你把“浊”字加到国号“清”字上面，完全是出自一种政治斗争的目的。但是后来讲到文字狱就是清朝。所以我想清朝文字狱是不是在相当程度上有被后来革命党人制作的部分？我之前做论文，发现明遗民对明太祖的评价反而比清朝对明太祖的

评价差的非常多。清朝在明史里，对明代的皇帝评价总体来说还是相当不错的，但是在明遗民嘴里，开始是先天不足，到最后彻底无法收拾。但是清朝遗民写清史的时候对清朝本身赞誉有加。我觉得这是比较矛盾而且有意思的现象，希望您能解答一下。

杨念群：第二个问题，你写论文的时候已经涉及了。清朝为什么尊重明太祖。其实这个问题很简单，清朝把明太祖作为延续他的正统合法性的一个最重要的开国皇帝。后来清帝为什么要祭明陵，都跟这个想法有关，他想接续明代皇权的正统合法性。民初对明太祖的批判，一方面是打着反清复明的旗号，但又不是真正恢复明朝统治，他把明太祖当作专制的典型加以批判，等于是民主的敌人。明太祖跟清朝皇帝是一样的，在革命党眼里属于一丘之貉。革命党是从这个角度来颠覆明太祖的形象。所以清朝皇帝和革命党都是从政治斗争的角度考虑问题，从符号争夺的角度处理对明太祖的评价。不同的思考路线导致了相似的后果。

你谈到文字狱，我觉得那位学者的研究有一个最大的问题，那就是他的研究仅仅依赖文字狱统计数字的多少，并没有考虑到清朝皇帝文字狱的核心实际上是在实施一整套控制舆论的统治策略。比如雍正那时候已经开始查禁书院，但还没有通过编纂大型文化工程寓禁于征，对士人进行彻底的思想清洗。所以说并不在于文字狱禁了哪几本书，或者是到底禁了一本还是一百本。清朝的思想控制并不能依靠文字狱这一个举动来加以概括，清朝对士人的控制是经过清前期的几个朝代逐步展开的，是一个一以贯之的过程。我们还可以举出其他各种控制思想的例子，都比明代更加严酷。所以我们研究文字狱不应该局限于本身数量的统计，而要看它书籍运作的特点是什么，这些运作与其他控制手段到底有何关联。

主持人：我们今天的活动到此为止，谢谢大家。

废止科举后遗症：庶民的世界

——《经济观察报》讲座

这次我想和大家谈谈如何看待科举制，过去我们对科举制有非常大的误解。许多人都认为科举制应该为整个皇权体制的腐败低效负起主要责任。那么，科举制被污名化的历史根源是什么呢？大家可能对《儒林外史》里面那段“范进中举”的故事耳熟能详。范进考了许多年科举都没有取中，直到五十岁突然一下子就高中了，因为兴奋过度人都变疯了。这个故事旨在说明，考科举时间特别漫长，而且整个过程是非常折磨人的。许多人就在这反复熬炼中身心备受摧残，最后达到疯癫的状态。这就是我们对科举制的刻板印象。

一、科举的污名化

为什么会产生这种印象？最重要的原因是，一般人认为科举制的核心内容就是考八股文。什么叫八股文？

就是把古代经典，比如“四书五经”里面的若干的词语、段落挑出来，然后按照非常严格的格式写出一篇类似现在所说的作文。要写出像样的文章，必须反复熟读经典和著述。明代以后主要是朱熹的注释，以此为核心来进行作文的训练。我们知道科举制度中，人们是经过生员考试才能拿到秀才身份，最后一级一级地考到举人，最后才成为进士。有了进士身份就可以进入皇家机构如翰林院中任职。

在这个漫长的应试过程中，最初的秀才考试实际上是最重要的。八股文就是在应考童试期间被严格训练的内容。可是这也容易造成误解，难道科举制就可以等同于八股文吗？实际上科举考制分为三场。第一场考八股文和一些经书知识。第二场测试的是考生撰写办事公文的能力，包括论、诰、表、判等一系列的内容。什么叫诰？诰就是皇帝给大臣发布的谕旨。考生要模仿皇帝的口气写一篇文章。这个工作就像假设你要模仿中央领导人写一篇讲话稿，要写得出彩恐怕也比较难。什么叫表？表就是过去的大臣要向皇帝上奏书。你要模仿大臣的语气给皇帝上折子，写的入情入理难度也不小。正如你现在给中央领导写一封信，真能打动人恐怕也比较难。还有一道测试叫判，就是给出四五条案例让你斟酌断案。如果没有一定的法律知识和阅历经验是很难完成的。第三场考的是策问，内容是考查考生有关治国安邦、国计民生的知识掌握的如何。策问一般出五道题。

第一道问题一般会测验考生某些经典文献的版本源流，考察的是考生阅读量。第二道可能会问关于吏治的问题，比如地方官在某个地方会采取什么样的办法治理经济和社会。第三道也许会问怎么治水，比如怎么疏通河道、构筑海塘工程。江南的乡试里经常会出现治水的题目，因为康熙帝和乾隆帝都特别重视江南海塘与黄淮治理工程。这些题都不容易回答，技术性非常强。明代有一个治水专家叫潘季驯，他写过好几篇关于治河的文章，对治河经验讨论得非常具体，比如治水是采取疏导的方式还是采取截流的方式，讲得非常专业。我们可以想象，如果一个考科举制的人仅仅会背几篇八股文，没有看过潘季驯的《治河三书》，没有读过相关的吏治和法律文献，怎么可能回答出这些问题。

科举制是非常复杂的考试程序，不仅仅依靠八股文的记诵。当然，即使是做八股，其训练程式非常复杂，做好一篇八股文是非常难的。但是除了八股文之外，科举考试还会测试很多经济、政治和法律问题，过去这部分内容叫“经世学”。忽略了这部分内容，我们就很难对科举制有一个整体的理解。这是我想跟大家说的第一点，八股被妖魔化后，对科举的理解也随之窄化，这是非常错误的。

就拿八股文的写作来说，确实包含着故意为难考生的意图。比如，所谓“截搭题”这种形式，就是把孔子的一句话和孟子的一句话混搭放在一道题里。这两句话之间没有任何递进的逻辑关系，表达的意思完全不一样，要求考生根据这两句话写出一篇论理充分的文章，这就太为难人了。为什么要出这种“截搭题”？目的是防止抄袭。如果考生只把《论语》读得很细，对朱熹的注释也诵读得很熟，再背熟一些科举考试的范本，答题时就容易抄袭。“截搭题”的内容有偶然性，考生不容易把不同的经典思想整合在一篇像样的文章中。正是因为“截搭题”非常难，所以有的人一辈子考了几十年也过不了“截搭题”这一关。但是也有很聪明的人，他掌握技巧之后很快就通过了。所以当时有人举例说很多封疆大吏都是从科举出来的，为什么这些人都那么有本事，比如曾国藩、李鸿章，都是经过科举考试当了大官。如果连“截搭题”都通不过，或者只限于懂得八股文这点知识，怎么可能具备这样出色的治世能力？

将八股文等同于科举制度，是非常大的误读。而且这个错误长期作为正确的知识被反复传播，已经变成了我们耳熟能详的常识。这个常识一定要被彻底颠覆掉。

科举考试内容被污名化，很大的原因是近代以来迫于西方的压力。好像改制必须建立在摧毁旧制度的基础之上，好像不把话说极端改革就没办法推行。所以对传统的丑化有时到了耸人听闻的程度。比如，康有为专门为废科举上过折子，他跟光绪皇帝说，八股再不废除的话我们就要亡国了。他用非常具有煽惑力的排比句式说，中国人不行是因为科举。中国要亡国是因为科举，中国人的身体不行也是因为科举。因为科举考了几十年把一个年轻人考成老头，最后身体不行了，在这样的体制下造成中国人的人种素质日益低下，必然无法跟尚武的西方国家比拼较力。他还举了缠足的例子。康有为做了以下推论，因为中国大多数妇女都缠足，而中国人口有一半是妇女，如果这一半妇女缠足，缠足妇女生下来的孩子都是畸形儿，那么至少以后一半中国人都会变成残废，所以中国人没办法跟西方打仗，也没办法在世界上立足。其实康有为的话完全没有科学根据，因为没有任何证据能够证明缠足的女人一定会生出畸形儿童。但是他撰写奏折的整个逻辑都是往夸大事实的方向走，大讲八股害人、时文害人，力图以此打动君心。至于第一场考试后面是不是还有策论，是不是还有诰、表、判等内容，他都完全忽略不计。张之洞提出的一个科举考试改革方案是把策问位置前移，从第三场改为第一场，突出科举中“经世”的内容。张之洞认为应该逐渐靠递减学额的方式，慢慢从科举递进到学堂教育，最后取而代之。我们要问的问题是，学堂和科举各自的利弊到底在哪里？我认为，科举废掉之后，中国的教育越来越失败与学堂教育的弊端有很密切的关系。

第二个非常大的误解是，以往常常把科举仅仅理解为一种教育和考试制度。实际上科举制是一个非常复杂的运转体系，它不仅发挥着教育和考试的功用，同时还是一种有效的官僚选拔制度。“科”与“举”两个字并列而称，“科”指的是考试、教育，“举”指的是选拔官僚。还有人说，中国的科举制度有点民主制度雏形的意味。科举制到底是好是坏，在民国的时候有很大争论。“科”和“举”结合在一起就构成一套完整的政治文化体系。如果把“科”和“举”分开看待，只看到科举制中教育考试制度的一面，是对科举制的极大误解。因为选拔官员的“举”这方面，同样非常重要。通过“举”的选拔程序会确立一个考生的官员身份。现在我们老在讲治国理政，当时科举考试就有这个意图，希望在王朝的每个层次上都能选拔到出色的官员，并把这些官员合理分配到不同的位置。

科举制有一套比较有效的人才分配机制。若某人考中秀才，他虽然不能当官，但是在地方上可以免除劳役，也可以少交税，在地方的声望也较高，会赢得民众的尊敬，在地方就进入了士绅阶层；如果考上举人，就可以当县令一级的官员，相当于现在的中层干部；如果再往上考到进士，就成为朝廷大员，相当于现在的中央领导，成为皇帝的左膀右臂。所以科举制度在人才的选拔和官职的合理安排方面发挥着高效的作用。

科举制的下一个作用也非常重要，它促成了士人身份的循环流动。中国古代的士人身份不是固定的，中国没有西方那样的贵族等级制。贵族制除了自己身份尊贵外，还能荫及子孙，让他们享受爵位和爵号，占有的资产也是比较固定的。中国在宋朝以后，开始了一个逐渐庶民化的过程，士人的身份是可以上下流动的，这是科举制带来的重大突破。士人怎么流动起来呢？首先，士人不可能当一辈子官，当他退休后，往往回到家乡变成一名士绅，为家乡服务。生活在底层的一名普通百姓，哪怕再穷，经过多年不懈努力都有可能成为名震一方的封疆大吏。

有人做过一个统计，科举出身的封疆大吏，在一个相当大的比例上，都是从贫民起步升到高位。所以，从名义上讲大家都有机会。曾国藩为什么能抵抗太平军这么多年，就是因为他那段时间正好在家里当士绅，所以有机会出面挑头组织团练。在湖南乡下，曾国藩就是一名普通士绅，后来由于抵抗太平军有功，他的位置又升上去了。这是一名官员履历上下进行循环的一个著名例子。科举制实质上是合理分配身份流动的制度。你当了再大的官，人生归宿还是你的出生地。这样就使中国乡村中的教育体制，相对能够存留住一些文化精英人才。现在总是在谈论的所谓中国农村的空心化，根本原因就是没有好的机制和办法把教育人才留在农村。科举制就是保证人才留在乡村的有效机制。现在的乡村青年考上大学后，几乎全跑城里去了，谁也不回家乡。有些人到农村当村官是为了以后在大城市找工作，几乎没有人敢说我这次回到家乡就不准备走了，要为家乡人民造福。但是当年的科举秀才在家乡教书，他的收入基本是有保证的。地方上还有专门为保证乡里子弟考科举的财务保证制度，比如宾兴会就是提供路费住宿等资助的组织。

所以整个科举制度在官僚选拔、地方教育和人才培育等方面安排的是比较完善的。如果只把科举制理解为八股、时文的考试制度，对科举进行妖魔式的想象，显然离历史的真相太远。

二、科举制为什么是个好制度

一个制度要行之有效，前提是要有一个阶层去具体贯彻实施。在古代，士阶层承担起了这个任务。士阶层是通过考试选拔出来的。最早选拔人才的方式是基层推举，但是完全依赖推举难免受到一些人情关系的限制，最终影响人才甄选的质量。还有一个因素是，隋唐以前，推举经常会局限于贵族圈子内，平民没有机会进入到被荐举的行列。没有一个好的制度来保证平民进入到上层社会，怎么能保证相对的公平？靠熟人把所谓品行兼优的人才推荐到中央，这个程序很容易发生作弊行为。如果总是推荐熟人，可能这个熟人未必有才，对整个官僚体制未必有利。如果贵族都把自己的子弟推荐到中央去，结果干起事来都没本事，这个国家怎么治理？为打破荐举的弊端，隋唐以后开始逐步通过考试的方式选拔人才。考试的好处是尽量排除从贵族血统和荐举熟人的角度吸纳人才，老百姓谁都可以参加考试，只要你有能力。基本排除了所谓的拉关系的做法。这样来，整个制度运行就被理顺了。

士阶层的出现和强化，打破了上下层的阶级壁垒。士阶层的思想力量甚至能影响到皇帝的执政风格。这是科举制出现以后发生的一个重要变化。

我刚才提到，有文化的阶层一开始相对封闭，跟老百姓的接触并不是很多。我们知道，儒家创始人孔夫子本身是平民教育的代表，主张有教无类。孔夫子的这个说法长时间以来并不为大家所接受，因为秦汉以后贵族势力仍很强大。春秋时期，孔夫子经常“累累若丧家之狗”，他讲的道理很少有人真能听进去。在汉朝建立过程之中，皇帝意识到必须有人论证汉朝建立的正统性。儒家在这时候扮演一个很重要的角色，就是为皇帝掌权提供合理性论证。那时候的儒家为了论证汉朝君主就应该当皇帝，制造了很多假的经书——那时候叫“谶纬”——里面编造了很多孔子为汉代制法的神话。比如有一个故事说，有一天孔子在鲁国门前，突然看见天上飘下来一帧血书，血书上面写的是刘家人应该当皇帝。孔子成了刘邦登基的预言家。我们不要以为儒家始终实事求是，实际上他们为了皇帝说了很多假话。汉代的经书研习也是非常专门化的，完全是小圈子的人在自说自话，和普通老百姓没什么直接关系。宋代以前的儒家，对老百姓的生活到底有多大影响，实在有很大的疑问。儒生们都在宫廷里面念经书，为汉家皇帝登基制造舆论。老百姓没有什么渠道接触到儒家思想。当代新儒家认为，自古以来儒家已经持续发生着多么大的影响。我不同意这个观点。

从汉到唐，儒家的地位并不很高。很多皇帝都信佛，也有的皇帝信道家。宋以后儒家的地位提高了。为什么会提高？因为老百姓慢慢摸到了接触儒家思想的门径。这个门径是朱熹给提供的。他发现，要真正使民众接触到儒家礼仪，就必须让老百姓有祭祖的权利，而祭祖原来是皇帝贵族的特权。只有贵族才能祭四五代以上祖先，老百姓没有在家里立庙祭祀的权利。后来朱熹写了一本《家礼》，主张“礼”应该往下走，慢慢放宽政策，让老百姓也能够祭祀祖先。一旦他们有资格祭祖，儒家的礼仪才能真正贯彻下去。家里一旦有了祖宗牌位，祭祀风气就能延伸到更大的宗族之中，他们就会去修葺更大的祠堂。要敬宗收族就必须修族谱，这样才知道祖先脉络源自何方，老百姓慢慢聚拢起来，形成联络广泛的集团。在人数众多的集团里面才能有效宣传儒家思想。后来宋代出现了乡约，就是民众自动发起的宣讲道德礼仪的组织，儒家思想的传播就有了一个乡间平台。如果不允许百姓祭祀祖先，形不成越滚越大的雪球般祭祀体系的话，儒家思想就不能顺畅地贯彻下去。老百姓凭什么听士人的指挥？但是有了敬宗收族的办法，儒家思想就随之变成了老百姓耳熟能详的基本伦理规则，人人都应该遵守。

儒家思想的精髓是教导人们怎么协调好复杂的人际

关系，是一种处理日常生活的行为技术，而不是高深的形式逻辑。你看《论语》，孔夫子哪里讲了玄妙难懂的理论？全是讲怎么跟朋友相处、怎么跟父母相处、怎么跟子女相处的处事道理。这套道理怎么让普通老百姓知晓呢？一方面要靠平民化宗族组织的发达，为它的传播提供乡里基础。另一方面还得有一个沟通上下阶层的制度化的渠道，这个职责最终由科举制承担了起来。有了宗族作为基层组织平台，我们就可以谈论科举制度为什么是好的制度了。

传播儒家思想的宗族平台搭建起来之后，就有了一个优秀制度发明的一个前提。宋代以后，儒家礼仪被推广下去了，有宗族在基层做支撑，儒家教育在基层变得越来越普及，通过私塾书院等方式教化的老百姓开始知道儒学到底是怎么回事。科举制的发明也是与这个过程配套而行的，它为人才流动和官员的选拔、任命提供了一个制度基础。

我们可以从具体的考试中做些分析。比如雍正七年(1729)，江南乡试照例进行了三场考试：第一场考四书五经；第二场考论、诏、诰、表、判五条；第三场是策问，策问中的提问涉及各种国计民生的题目。第一道问题问的是怎样做到“诚”，算是比较“虚”的题目。这题目也有一定难度，要说清楚并不容易。

第二道题涉及驭吏之道，因为江南这个地方经常打官司。如果你当了地方官，怎么样避免发生更多的官司？因为豪族豪门是可以不纳税的，所以很多人就将自己的名字寄托在豪门里面。豪门为了把他们拢住，说你们可以免税，但是你得为我干活，这就叫诡寄。这些人最后被豪门所控制变成家奴，国家在赋税上就会受到损失，这种现象到处都有。从法律的意义上怎么处理这些现象？策问的五道题里面还有一道题，问的是储备粮食方法的得失。我们知道古代有常平仓，有社仓。常平仓是由国家设置和管理的，相当于地方上的国库，遇到如洪灾旱灾的时候，负责发放赈济粮食。社仓就是地方集资办的仓库。那么这些仓储制度是何时起源的，在历代又是如何演变的？对我来说要解答这个题目并不容易。

策问中还问及法律、经济和地方治理的各类题目，问及如何防止基层官僚侵挪基础之利、虚报数字、随意勒派，如何解决稽查不清之弊，公务员如何去监控。还涉及河务塘工等更加专门化的问题。面对江南一带经常发生洪涝的现象，考生必须详细评述海塘建筑的得失，而且需要从水利学的角度去谈。请问现在的高考哪有这么难的题目？

第二个例子是光绪二十四年（1898）会试的题目。第一场四书，第二场五经，第三场策问五道，都是比较实用的问题。比如说有一道题讨论古今学校的异同，相当于要写一篇教育史短文。第二个题目是谈团练之法。这个题目问，三代以上是兵民合一的，平常老百姓耕田、战时当兵打仗，后来把兵和民的角色分开了，专门养着一些士兵，但是养兵费用越来越多，战斗力却越来越弱，这是为什么？组织团练练兵的时候导致了邻里的骚动，如何解决这个问题？出办团练的题目显然是因为对太平天国残留的余威仍有忌惮，这种心理在科举考试的题目中也显示了出来。

还有关于钱法、币制等属于经济史范围的题目。钱法之坏，莫坏于私销私铸，入得其币，何为善策？意思是私铸钱到处流行该怎么办？古时钱币少而国衡有余，后时钱币多而国衡不足，是什么道理？钱越来越多，但是财富越来越少，到底是什么原因？这是货币史的题目，当代经济学家恐怕都很难回答这个问题。类似的题目非常多。当然，例子举起来会没完没了了。我举这些个案就是想说明，科举制是非常复杂的一个体系，不是考八股文这一条所能概括的。

三、科举制的代议制内涵

前面我已简单提到，科举制不仅仅是考试制度，还是身份分配制度，甚至具有区域性代议制度的色彩。因为科举制名额的分配是按地区安排的，相对要考虑地区教育差异所造成的不平等。比如江南地区是出人才的地方，给江南的名额相对就比较多。即使如此，考生比例和所给名额之间的差距仍然是非常大的，因为江南人受教育的比例非常高，即使再多给名额也是供不应求。相对而言，分配给贵州、云南和广西这些偏远地带的考生名额就相对多一点。考生少，名额相对多，考生和招生之间的供求比例比江南还是要高一些，这是相对公平的配置。当然江南人会觉得不满，认为这样分配导致江南等考生众多的地区人才积压，很多有才华的人常常落榜。但也造成清代学术史非常发达的奇特现象，很多人就是因为落榜考不上才改做考据学问，所以清朝的专门学问非常发达。科举考试在某种意义上遏制了江南士人仕途的升迁，反而促进了地区性的学术发达，这是相当辩证的关系。

那么，为什么说科举制有代议制度的影子呢？因为科举制造成了人才的上下流动，很多人升不上去沉淀在底层，担当起了管理地方社会的责任。比如一些有秀才功名的士绅阶层会投入精力办地方教育，还有一些人热心公益事业。士绅阶层因为在乡间有比较尊贵的身份，他们有资格与地方官联络沟通，同时又自小生长栖息在乡间，拥有底层的人脉关系。每当遇到棘手之事时，士绅可以代表民众与官府打交道，甚至代表民众向官府提出自己的要求，这就有点代议的意思在里面。当然我们不好直接就认为这就是所谓“中国式的民主”，中国民众主要还是通过士绅向官府沟通才有机会表达自身的愿望，哪怕这些愿望非常琐碎细小，与现代西式的民主权利完全不是一回事。但毕竟反映出部分士绅能够担当民意的一面。不要认为“民主”就是一人一票，这是票选制。同时所谓“民主”还可以走代议制的程序，由某一个阶层来代替民众决定某些事情，或者代替他们申诉他们的利益和要求。从这个角度看，士绅阶层确实部分起到了代议的作用。当然，我没有把士绅阶层的代议作用与西方代议民主制等同混淆的意思，我们只是从中看到有些代议的成分。

四、废止科举后遗症

最后，我想谈谈科举制被破坏的后果是什么。

科举制的废除首先破坏了“科”和“举”之间的关联性。原来科举制是教育考试制度，同时也是官僚选拔制度。科举废除之后最大的后果就是把“举”的部分彻底排除掉了，考试与官僚选拔的机制彻底分离，中国的教育体制开始走上专门化和职业化的道路。科举从改制到废除经历了一番曲折。张之洞当年主张变科举，他提出的方案其实与康有为的想法是比较一致的，采取的是一种缓行渐进的策略。他主张先调整策问与八股测试的位置，把策问提前到第一场，一开始就测验考生具备多少经世的学问。本来光绪帝的想法更彻底，想一下子把科举的试题全部改成策问形式。张之洞觉得改革的步伐走得太快了，考试题目都改成策问，“四书五经”没人读了，经典人文这部分学问基础就会被削弱，中国最传统的学问会被全部抛弃掉。张之洞提出的建议是，把策问调整到第一场，并在里面适当添加了一些西学内容，把“四书五经”的测试放在最后一场，这样就能在“人文”基础与经世致用学问之间寻求一种平衡。这就是“中体西用”的思路，以中国人文思想为体，以西方器技之道为用。在这套改制设计中，中国经典人文的这部分考试内容得以延续下来，这是非常明智的选择。但是仅仅过了五年，张之洞就跟袁世凯一起上书，表示仅仅提高策问的地位还不够，还要考虑学堂教育的发展，所以应该慢慢减少科举的学额，把资源投入向学堂教育倾斜。光绪帝也同意按这个办法实行。可是没过多长时间，张之洞又突然说，现在外患越来越重，我们被西方人欺负的程度有增无减，咱们不能再慢慢削减科举学额、增加学堂教育份额，这样改制的速度太慢，要经过多年的更替，时间已经等不及了。这就像一直往山下冲去的过山车，已经刹不住闸了，所以张之洞建议干脆一步到位彻底废掉科举制度算了。最后事情变得简单了，科举制在一夜之间被一道谕旨废除了，无论低端和高端的教育一律改由学堂来承担。科举被废之后一直存在着争论。大家有个疑问，那就是学堂能不能完全代替科举的功用？后来发现代替不了，学堂都是专门化教育，是培养“理工生”的场所，人文基础教育的时间被急剧压缩，最后只是聊胜于无。教育体系基本是西式教育体系的翻版。

其次，学堂教育与科举教育的最大区别是，它不是一套官僚选拔机制。学堂只是养士，而不取士。科举教育的目的是取士，是为选拔官员做准备。学堂不管这事，最后给你张文凭，爱上哪儿就上哪儿。所以学堂培养出来最多的是理工生。第二多的是军阀，这是晚清军事学堂教育盛行的产物。军事学堂课程设置比较简单，也容易毕业过关，经过短期培训之后出来马上就能拿枪当官了。第三多的是法政人才。那时的师范教育许多人就图的是短期速成。因为去日本留学成本较低，于是大量青年跑往日本寻求教育速成的机会，大多学习的是法政专业。日本人为了赚钱，专门为不懂日文的国人配备翻译。这些法政师范生回来之后马上可以教那些秀才。因为科举被废后，原来秀才们的知识已经落伍，必须靠这些师范生的教育进行补充，才有资格重新上岗。所以当时就出现了一个奇特现象，一帮老头在听一个年轻人上课，也许这个年轻人正是他们看着长大的。

学堂毕业后学生的流向与科举士子有什么区别呢？一个青年在学堂受教育之后拿了文凭，他对于职业选择常常是茫然无序的，因为没有人限制他非得在家乡当士绅，同时通过正常的考试渠道也未必能当大官。所以当时学堂学生的职业选择非常混乱，有人去当军阀，有人当理工生，大多流向了城市，少有人愿意在乡村待着了。这就导致乡村的空心化，在乡村里的士绅阶层慢慢消失了。乡村从此失去了维系其社会和文化的秩序的有身份的人。残留的士绅最后变成了革命的对象。中国共产革命的目标就是要打倒乡绅。

最后，我想指出，士绅阶层在基层社会代议功能的消失，使得乡村权力结构发生重大变化，没有文化修为的一些地痞流氓开始替代乡绅掌握权力。尤其是在战乱和近代革命的过程中，乡村的文化资源不断流失，直到彻底被空心化。以乡绅为主导的文化品位与审美秩序也彻底被颠覆了。科举制度实际上是生产审美秩序的一种制度，它通过教化和考试使得士绅阶层建立起了一种文化评鉴机制。钱穆先生曾经说过中国没有阶级，但有流品之分。在流品的鉴别下，可以区分出清流和浊流，因为科举制鼓励士绅阶层不断上下流动。一个很苦的平民，也有可能在十年几十年之后成为一个封疆大吏。你考上科举了就是清流，考不上科举就沦入浊流，所以中国没有西方那样刻板的阶级划分标准。西方一旦一个人成了贵族，他一辈子都可以保持这个身份，而且还可以世袭下去。清流和浊流之分，代表的是品位的差异，而不是阶级地位的差异。

一般民众和有了科举训练的士阶层在品味鉴赏上是有区别的，后来对士绅与民众品味高低的评价正好颠倒了过来。其实，广大人民群众喜闻乐见的那些东西未必就是最好的，当然精英阶层的选择也未必都是正确的，但基本上会引领大众的鉴赏品味，至少应该是各得其所，而不是用大众的审美习惯去覆盖甚至取消精英的文化传统。所以品位、流品等精神气质和审美习惯必须在一定的制度保证下才能延续，科举制度是重要的保护制度之一。这个制度被完全摧毁之后，中国历史上真正有文化品位的东西就很难生存下去，大多数时候丧失了评判标准，甚至不知道清流、浊流的界限到底在哪里。清流往往被当成浊流，浊流也常常被当成清流看待。中国目前在经济上迅速崛起，但是在文化品位的建设上一直不尽如人意。如果追溯远因，就是科举制度被废除后，文化品味标准的建立失去了制度性的保障。

总而言之，我认为科举制度本身是非常有效的人才教化和培养制度，当然科举制并不是没有问题。自古以来就有很多言论对其弊端进行批评，比如八股文的训练和写作太过耗费身心。但长期以来，舆论确实把一个非常优秀的制度给妖魔化了。科举制度必须为所有中国近代的衰败承担起责任，似乎变成了我们自小就被灌输的一个常识。这个常识应该被彻底修正，用新的常识予以替代，以消除长期固化的刻板印象。不仅对于科举制应该如此，对中国古代其他优秀的制度也要采取同样的态度：先敬畏，后研究，尽量发掘其中有意义的东西。

五、答读者问

主持人：感谢杨老师。我想您刚才讲的这个主题，可能有很多内容大家以前都没有注意到过，特别是关于科举制在晚清时候的命运，君臣之间关于科举制的调整、改革乃至最后的废除。其实从里面可以听出一点，光绪君臣他们在对科举制进行改造，到最后废除的互动过程中，背后其实有一个逻辑，就是把考试作为拯救国家、解决时代问题的一个重要工具。应该是有这个基本思路在里面。但是如果我们做一个假设：如果不废除科举制，有可能士绅阶层会继续存在，这种社会流动的状况会继续维持下去。可是就 19 世纪晚期开始出现的那种国家比较危难的局势，如果靠调整和变革科举制能不能解决？

杨念群：你提了一个很难回答的问题。有些历史是不能假设的，因为它已经发生过了。如果硬要假设很多东西都在事后可以倒推回去重新经历一番的话，我们会觉得有很多遗憾。所以你提出的这个问题我是无法回答的。科举制是不是能解决后来中国发生的所有问题，这恐怕很难估计。如果允许做假设的话，我大致能够做出以下判断，那就是如果科举制有机会保存下来，可能以后历史上发生的那些我们不愿看到的现象也许就不会发生，至少不会表现得那么严重。比如城乡之间教育资源分配的不均衡问题也许就会得到缓解。现在城乡关系完全脱节了，城市教育和文化资源很集中，但是乡村的资源非常稀缺。在这种情况下，如果科举制体系能保留下来的话，可能多少会改变这种状态。

其实历史事件的发生带有很多偶然性，突然爆发的一些事情往往把我们原来的一些设想和预期目标给破坏掉了。比如辛亥革命的发生就带有非常大的偶然性。按照当时清朝政府改革设想一步一步推导下去的话，革命似乎不应该那么快就发生，清政府至少还有数年缓冲余地。因为戊戌变法当时虽然被镇压了，但是几年之后清政府所从事的新政完全实现了当时康有为、梁启超所提出来的改革设想。只是革命党觉得这些改革速度太慢，感觉不满足。其实清政府是步步退让，从九年立宪，到最后变成三年。在这种情况下，革命党仍不满意。但革命的理由似乎仍不充分。如果读课本，大家知道，革命的起因被归结到清政府要成立皇族内阁这个偶然的原因之上。当时清朝设立内阁，其中几个成员是皇家亲戚，而且满族人居多，汉族人居少。这在当时是个过渡性设计。既然是皇家主导的改革，为什么皇室成员不能多一些呢？而且清朝是满族人掌权的政府，满族人比例比汉族人多一些也属正常。可是当年革命党就认为清廷是真欺骗假改革，给这届内阁起了“皇族内阁”的称号，示意清朝并非真心变革，以作为推翻皇权的理由。其实这个理由并不充分，因为清朝改革的步伐并不算慢，况且只要循序渐进地推行各项制度变革，革命党的目标未必不能实现。也许再等两年可能皇族内阁的成员就被挤出去了，汉族人的比例也会逐步增加。为什么就不能多等两年，让民主改革以缓和的步伐渐进而行呢？可是突然一声枪响，革命爆发，以后就出现政党政争的乱象。不管后果如何，革命正当性逐渐取得了话语霸权，立宪的构想自然被描画为负面的选择。

主持人：那我们现在先把时间交给下边的各位读者，大家有问题可以举手。

A：我想了解科举初期，从什么时候算是成熟的？是不是宋代？那时候的科举和清末这个时候的科举，有什么区别？另外，科举是有助于普及教育，还是仅仅就是为士这个阶层提供了平台，对普通人有没有意义？还有，您刚才举例中策问出的问题是非常现实的，提的问题很好，回答的怎么样？废除科举的动机，好像早就有人提出来了，对科举有很大的意见，他们当时的意见是什么？除了清末那会儿的动机是太着急了，国家危难到那种程度，可以理解，之前提出来的动机是什么？还有涉及后来西式学堂跟中式教育的对比到底是怎么样的？另外，您刚才也提到西方教育除了实用性非常强以外，人家的人文传承靠什么？

杨念群：关于科举沿革兴废的历史过程很复杂。简单地说，为什么到宋代科举制才比较成熟？唐代时科举虽有明经科，但进士主要是靠诗赋入仕当官。唐代士人诗歌写好了就可以当大官，经学功底深的其实只占一小撮。这也说明唐代时儒家经典的地位还不是很高。到宋代，情况正好倒过来了，考生写一手好诗已经不够，必须具备经学的学问和一定程度的治世能力。宋代八股文开始成为考试内容，到明代，八股文的重要性更加突出。到了清朝，第二场开始设置诰、表、判等内容。乾隆二十四年(1759)以后觉得诰、表、判太烦琐了，容易变成程式化的东西，所以取消了诰、表、判这部分内容，第二场设问变成经学。第三场策问一直是保留的。康熙年间，暂时废除了八股文和经学考试，只留下策问这部分，不久又恢复了八股和经学的测试。可见科举考试没有“四书五经”作为人文基础不行，只关注解决实际问题也不行，所以命题范围不断调整。

明代有一个人叫丘濬，他认为科举应该把策问摆在第一位。他的这个设想到了清代也存在争议，最后吵来吵去，一直到清末才把策问摆在最重要的地位，八股文慢慢被废除掉了，这是科举制演变的一个大体脉络。西方与中国的教育相比较有一个很大的不同。西方是由教会的脉络传承一些经典，没有科举选拔官吏的制度，贵族有它的教育习惯和垄断地位。科举制教育更多会考虑普通民众的教育问题，也就是关注平民化教育。明代以后，各地印刷术的质量大大提高，书籍的传播能力越来越强。比如，福建四堡地区是明代印刷业的中心，那个地方印刷的科举考试的书籍，数量非常巨大，价格也很便宜，传播渠道非常广。书籍中当然也包括准备策问考试的专书，比如就有专门叫“新策问”的小册子。老百姓逐渐有能力去接触这些东西，跟它的印刷成本降低有关系。

B：您讲到农村教育。当时的乡绅制度很好地保证了农村教育，这一观点我非常赞同。现在我发现农村教育，尤其是基础教育，通识教育人文素养的培育（欠缺)。城市里面还好一点，因为大家条件都比较好，但是乡村里面很多地区没有这个条件，很多家长也没有这种观念，导致了文化的流失。你怎样看？农村地区怎样去维系教育，构建更好的体系？怎样再形成代替乡绅功能的群体，来维系社会的基本礼法秩序还有日常相处的关系？

杨念群：直率地说，你这两个问题我都不能回答，因为都非常现实。我是搞历史的，我只能从历史中发现一些资源，来为现实提供一些参考意见。但是这些看法能否真正运用到现实中去，我是持比较悲观的态度。

中国原来是无讼的社会，大家不愿意打官司，因为打官司的成本很高。比如你去县衙打官司首先你得找人写状子，打官司的时间很长，你得到县衙边上租一个客栈住下来。状子递上去之后等候回音，还得收买县官的手下的胥吏，他才能把状子给你递上去。这些都需要花钱，交通成本也很高，因为大多数犯案之人离县城的距离都较远。所以打官司的成本太高，老百姓不愿意去打官司，希望在附近找个德高望重的人调解了事。这导致乡绅在诉讼调解方面扮演着相当重要的角色。凡是乡间发生矛盾，一般都会请乡绅或宗族首领出面协调，实在协调不好再想办法到县城去打官司。现在很多地方都在恢复宗族的作用。但是因为士绅的阶层消失了，没有配套的组织做依托，乡绅作为代言人协调人的作用自然消失，只能靠打官司解决问题。说到基础教育问题，原来基础教育的目的是为了当官，这是教育的希望和动力。如果撤销了这个动力，那基础教育的目的是什么就显得很不明确。所以很多农村人认为念书没什么用，不像科举制把“科”和“举”连在一起，教育的目的性非常明确。当然，并不是说当官一定是件好事，也有不少人为此虚耗光阴，况且大多数人皓首穷经也不一定就能达到目的。我只是说科举教育的目的性非常明确，其设定的前途是好是坏可以另当别论。

我今天想说的是，科举制被破坏之后，所有一系列与教育相配套的链条都被打断了，怎么再接续起来？这个问题我没办法回答，到现在恐怕也是一个无法解决的难题。

C：您刚才也谈到了，科举制最大的精髓是把文化教育和官员选拔相结合，而不单单是教育性的制度。但从另一方面来讲，它会不会恰巧是导致中国近代在自然科学方面落后于西方的一个重要原因？

杨念群：我并不认为科举是阻碍科技发展的障碍。唐代有明经和进士两科，但是唐代同样有算学科、有法学科，有数种门类可以选择。也就是说，你要想学科技方面的知识，你可以去考算学；你要考法学也有专门的考试科目供你选择。所以，科举制本身并不排斥科学内容。重要的是，不要把科学知识的吸纳和传播过度专门化，什么都跟着西方跑。现在大学体制的设计就有过度专门化的嫌疑，导致我们人文等最基础的那一部分教育在逐渐地流失。

D：科举制度是不是只会比较适用于封建统治的时候？因为感觉封建的时候做官是名位最高的，做商人名位比较低。

杨念群：科举制的相关政策有一个从封闭走向开放的过程。比如说针对士农工商的等级而言，商人的地位是最低的，商人不准考科举。后来慢慢放开了，商人也可以考科举。清代商人家庭常常做出这样的安排，大儿子考科举，二儿子经商，三儿子做别的。这样均匀配置后代前途有利于家族的延续和发展。在商人家庭中，参加科举考试只是其中一个选项。但是把科举制彻底废掉之后，支撑整体制度运转的最根本的那一部分东西立不起来了。如果允许我们假设历史的合理性的话，为什么不能保留科举制度的精髓，使它与其他制度的设计配套并行？做官经商两不相碍。科举制的精髓并不在于适应所谓封建国家制度。科举制是中国长期积累起来的一种文化实践，彻底废掉非常可惜。

E：我是学法律的。像日本或者是欧洲，它能够形成法制的传统，很大程度上就是因为贵族或者封建制度的存在，才能够形成这样的一个和王权相对抗的稳定的阶层。有些学者会批评科举制，使中国缺乏稳定的对抗皇权的阶层，变成一个原子化的个人，直接受到一种强大的王权的控制，你怎么看待这个观点？

第二个问题，您提到了科举制并不仅仅是八股文，有各种各样的东西。但是中国清代以后面对的问题，是如何现代化的问题。现代化的问题很大程度上包括了专门化的问题，试卷里面又考水利又考历史又考经济又考法学，但是事实上在一个现代化的情况下，你很难要求一个人样样精通。而且您提到中国学校培养的弊端，我个人觉得很大程度上不是因为中国学西方导致的，培养出来了您所谓的理工生，由此导致公民意识或素养的缺失。我们看到，很大程度上，中国模仿西方的那些学校，并没有出现这些问题。出现这些问题的多是新中国成立以后模仿苏联，把综合性的大学拆分成专门类的学校，学生只学法律、水利、开矿什么的，才导致这样的情况。您怎么看待这两个问题？

杨念群：这两个问题是密切相关的。中国学校的体制日趋专门化有它自己无奈的地方，一方面是学习苏联体制，比如原来文科很强的清华大学新中国成立后完全变成了理工科的教育体制。当然还涉及一些现实因素的考量，比如说现在的综合性大学。原来的弊端是太过专门化，现在又太往综合性的方向演变。这些设计一方面拼命学习西方，一方面缺少对中国自身传统教育的理解和继承。原来中国有书院式教学，现在有人就想模仿古代也搞书院，但是现在搞书院并没有相应的制度作为支撑。我觉得最重要的原因，还是科举制的废除。科举制本身是维系方方面面的一个庞大网络，使各种政治社会文化因素能够相互搭配和支撑。科举制废除之后，教育必然走向专门化，没有别的路径可走。

关于中国法律的特质问题，你这个思路也可能太受西方的法律理解的限制。有人认为中国没有民法只有刑法，但也有人觉得中国其实有民法，只不过体现的方式跟西方不一样而已，它有它的一套特殊程序，包括怎么协调人际关系。中国法讲究情、理、法三者的统一，法律跟伦理之间的关系跟西方是完全不一样的。你刚才的设问完全是西方式的，好像没有贵族对抗王权就没有别的路可走，这完全是西方的套路。凭什么贵族跟王权对立？不对立可不可以？没有贵族，这个制度难道就不好吗？或者就不合理吗？中国历史并不是按照这套规则运行的。中国是经过唐宋转型之后慢慢庶民化，儒家从上往下渗透到基层社会，最后形成政教合一的王朝体制。

F：我想用科举跟现在的高考做对比。科举虽然在社会上是有很强的流动性，但毕竟是一种精英教育，真正进入上层的人并不多，它吸收的普通大众也太少。而高考不一样，现在上大学的人已经非常多了。以前听说过晚清反对清政府的志士，都是因为科举失败，如果科举稍微放宽一点要求，吸收一下这些散落在民间的人才，会不会就对政府形成不了那么大的压力？第二个问题，科举对中国科技的影响。

杨念群：关于科举与现代高考制度到底哪一种更有利于普通民众接受教育，这还是要从历史的角度进行观察分析。我觉得科举不完全是精英教育，很多后来当上封疆大吏的人自小家境贫困。许多平民不一定很有钱，但是进私塾的机会还是很多的，自小就能学习中国经典，从《三字经》开始读，还有《千字文》，相当于咱们现在的汉语识字课本，识字普及率是相对比较高的。有些平民考不上是自己没有能力，不是因为科举制度不好，当然也不排除一些人因为没钱无法获得这份受教育的资格。受教育是需要成本的，因为中国人太多了。

你说高考现在普及率很高，考生很多，那是因为现在的条件比那时候好。包括现在印刷的普及、网络对知识的传播使民众受基础教育的成本大大降低，获得教育的机会就会逐渐增多。但这并不意味着科举制就不能惠及平民百姓，这是两回事。

至于说到造反的那些领袖常常是些落第士子，这当然可以找出一些个案，比如洪秀全就是因为科举失意才起来造反，但这并不能证明如果他要是考上了就一定不会造反。任何社会的公平和机会均等都是相对而言的，民众造反可能出于许多原因，实际上跟考上考不上科举不一定有直接关系。历代都是只要政府不好，造反的人照样很多，不是因为没考上科举或者教育程度太低就一定要造反。

G：刚才老师您讲的科举制促进社会阶层流动，让我非常受启发。我有几个问题。科举是把教育和选举制度结合在一起，但是这是不是可以概括为一种自主教育？科举的大门始终向读书人敞开，不管多大年纪，只要有意在科场上博取功名，那他什么时候都可以加入考试的行列。但是这跟现在的学堂教育好像是有冲突的，科举制度提供的教育是自我的教育，是以家庭为主的教育，而不像现在国家兴办的学堂，把教育责任转到社会和国家层面。那这是不是隐藏一个问题，一个人的成长、一个人的自我教育，如果在科举时代，是一个终身没有休止的过程，每个读书人最后都要做圣贤。那现在的所谓职业教育是不是总是有一个结束的过程？在科举制的安排下，一个人做学问、做人和做官应该是一致的，但是现在这几方面分离得非常明显，那么到底应该怎么看待这个现象。

杨念群：你的意思是科举注重的是自我教育，现在的学校体制注重的是职业教育，是不是这个意思？在科举制的环境下，自我教育其实也是整体社会塑造的结果。科举制在基层教育的最初阶段，社会给考生提供了非常多的支持。比如如果你是某个宗族里家境相对贫困的成员，如果你决定要参加科举考试，宗族就有可能提供一些必备的费用，包括参加会试、乡试的交通、住宿费用。地方慈善机构有时也会提供类似的支持，比如有些地方有宾兴会这样的组织，专门支持科举考生。我觉得这种支持恰恰是现在社会所缺乏的。底下的老百姓，虽然是免费义务教育，其实受教育的机会也是不均等的。农村的教师待遇非常低，没有人愿意回乡服务，导致教育质量相对较差。不像过去的士绅阶层受到基层社会民众的尊敬和信任。到了大学这个层次，因为大批大学生都不愿返乡，上层教育与乡村底层的关系脱节，不如科举制上下流动的循环体系对人才的分配那么合理，基本是这么一个感觉。

历史的常识与反常识

——东方历史沙龙演讲①

一、常识一：历史学一定要刻板中立吗？

主持人：各位朋友下午好，欢迎来到由理想国、单向空间、东方历史评论和腾讯文化共同主办这场历史沙龙。今天的沙龙主题是“历史的常识与反常识”。

说到常识，自然有新常识跟旧常识之分。今天我们将经历一场关于新旧常识的讨论与鞭打。我很喜欢的一个历史学家托尼·朱特有一段关于历史的非常性感的表述。他说，历史是“姐姐”，很严肃、朴素，喜欢回避而不是参与那些无聊的闲谈；而记忆则是“妹妹”，更加年轻活泼，容易引诱别人，也容易被别人所引诱，因而交友更广。可见历史如“姐姐”般的这样一个形象，从来都

① 本文整理自杨念群教授于2016年7月30日在东方历史沙龙上的演讲。今略为修订后收入本书中。

没有很讨喜。而在学科专门化日益霸道的今天，在惯常的历史写作和历史研究当中，这对“姐姐妹妹”的形象，从原来的鲜明活泼逐渐变得刻板僵硬，甚至有的时候还面目可憎。如何打破她们刻板的印象，可能需要引入一个审美的维度。而如何让这对“姐姐妹妹”重新焕发出青春、变得可爱，这样的一个议题背后可能牵涉到了整个史学的革新和颠覆。而颠覆就从打破常识开始。

接下来我们就会共同经历两小时的漫长讨论。下面我要为大家隆重介绍今天的主讲嘉宾。他出生于名门正派，但是一直保持着一个异教徒的姿态。他是新史学的倡导者和代表人物，同时又不断地玩着跨界的实验。一手写老成持重学术文章，一手写下饭下菜的历史随笔。对他更多的介绍都显得多余，因为他已然是历史学界一个强大的常识。大家掌声欢迎来自中国人民大学清史所的教授，著名的学者、作家——杨念群老师。

杨老师您好！关于“姐姐妹妹”刻板印象的打破，我想第一个要做的就是做一个动情的观察者。我在读您的新书《皇帝的影子有多长》的过程中，一个最强烈的感受就是其中沸腾着作者，以及历史人物的可感可知的真性情。您在这本书里非常直截了当提出了“动情历史学”这样一个概念。请您谈一谈历史学如何动情，分寸又如何去拿捏？

杨念群：非常高兴今天来跟大家分享一下我对“什么是历史常识”这个问题的一些看法。我这本书最开始的名字叫《反常识的历史》，后来又觉得用“反”字好像有点过于耸人听闻。所以我又改了一个稍微俏皮一点的名字，叫《皇帝的影子有多长》，这是其中一篇文章的标题。说到跨界，今天很高兴能来参与这场活动，主持人本身是诗人作家，同时又是一名学者。因为我们俩的学科背景分属文史两界，如此对话实际上就有跨界的味道。以前我们常说“文史不分家”，史学和文学之间应该有一个亲密的互动关系。那么我也应该把对历史的理解延伸到文学领域里面来，阐发历史观念中包含的一些文学特质。这也是我自己写这本随笔的一个初衷。

谈到文学跟历史的关系，其实非常复杂。本来文史不应分家，后来由于学科专门化的不断发展，文史离得越来越远。如果一个历史学家不以公正的、客观的形象出现在读者面前，大家就会怀疑他所研究的历史是否可靠。那么历史能不能用文学的形式表现，或者文学和历史之间到底是什么关系呢？文学是可以动情的、可以想象的，甚至是可以编造的。但历史本身是不是就一定要中立、客观、不带感情、完全刻板地被呈现呢？我对此一直抱有很深的怀疑。我自己写随笔也是要体会一下，历史能不能用一种接近文学的状态，或者说用文与史对话的状态表现出来。

《动情的历史学》是其中一篇文章。我在里面举了一个例子，著名历史学家史景迁，他写的有关中国历史著作就带有相当强烈的文学色彩。他写过一本康熙皇帝的传记，令人惊讶的是，史景迁违背了历史写作必须遵守的一个传统规则，即必须用第三者的旁观身份叙述历史，以保持历史观察者的相对中立性。史景迁是用康熙皇帝的第一人称“我”来带动整个的历史叙事。在书里，康熙帝不断用“我”来表达自己对政治、社会和生活的看法，也不断表达自己的历史观和治国理政的思想。我们原来的历史记载，为了显示客观性，往往用的都是第三人称，很忌讳代入“我”的视角。所以这本书的出版引起很大的争议，也就是说“你”既然置换成了“我”，人物主角必然会把一些感同身受的情感带入到历史认识之中，那么历史还能保持它的客观中立吗？恐怕就非常难了。西洋也曾有假托古代英雄哲人发声的传统，如玛格丽特·尤瑟纳尔曾以第一人称杜撰古罗马皇帝哈德良的生活，写成《哈德良回忆录》。史景迁的写法也是糅合历史和文学写作的范例。历史跟文学虽然有一个跨界的互动，两者的区别还是带有根本性的。文学可以凭空想象，历史学家却必须戴着镣铐跳舞，一步步通过坚实的史料来验证所有的结果。我觉得使用第一人称还是第三人称并不重要，关键在于你如何甄别和使用史料。史料不一定都是真实的，必须通过比对研读呈现出一种相对逼近真实的状态。史料要加以缜密筛选才能进入你的叙述之中，与文学式的情节虚构大不相同。这是我想跟大家交流的第一点。

第二点，我们对历史的看法实际上应该是多种多样的。历史可能是分层次的，却比如说历史上发生了一件事，经历了这件事情和把这件事描绘成一个具有历史意义的“事件”是不同的两个过程。事件的亲历者与后人对这件事情的理解，可能并不完全一致。这里先举一个例子，比如义和团运动，有人认为可以分三个层次来谈。第一层次是经历义和团的人，比如说一些传教士和外交官，他们是不断被义和团攻击的那批人，他们写出的历史肯定是站在西方人的立场之上，把义和团描写成虐杀西方人的暴徒，因为他们是历史的亲历者，可是这种描写也许只反映出这场运动的一个侧面和断片。另外一批是作为敌对者的团民，他们也是亲历者，也许他们的描写和西方人的说法完全相反。有人可能会说，他们的证词大多是以口述形式出现，没有文字佐证，受访者被采访者的政治倾向所引导，进而说出虚假证词的可能性很大。尽管如此，这些人毕竟是运动的亲历者，所以他们的个人体验仍可被看成是一种史料证据。第二层历史是什么样的呢？就是整个义和团事件结束以后，我们对所有亲历者的史料和故事进行甄别研究之后，得出了一个结论，说义和团是什么样性质的一场运动。我们不是亲历者，但是我们有机会阅读各种亲历者的记载，通过比对筛选，对义和团到底是场什么样的运动做出一个判断。这个判断是在义和团运动已经结束并有一个确定结果的基础上得出的。通过对这个结果进行评估后，再对整个事件做出定性的判断，比如它是反帝爱国运动还是一场反现代化的愚昧暴力事件，会带有倾向性的判断。这是第二个层次的历史。第三个层次的历史就是把义和团当作实现某种政治目的的手段加以利用，义和团可以出于某种政治目标被打扮成与它本身没有什么关系的特殊政治形象。

我们看，同样一段历史居然会呈现出如此奇妙的多元面相。一部分是亲历者的历史，而亲历者的历史因为观察立场的差异已经开始出现分歧。亲历者写历史的时候没有机会看到别人对自己经历的记录，他记载的只是自己经验的某些片段，所谓当局者迷。当后来者能看到不同亲历者的记录之后，我们再去观察某个事件，肯定已经和某个亲历者所描述的那个貌似客观的场景有了很大区别。另一方面，义和团作为一个神话也好，作为一个政治工具也好，都会用来达到某个集团的特殊目的。这三个层次之间到底是什么关系，值得我们深究。刚才潍娜也讲了，记忆和历史之间像姐妹一样。这里面涉及非常有意思的一个现象，就是大家选择不同的记忆去观察历史，最后得到的结论是完全不同的，所以人们才讥笑某些人是“事后诸葛亮”。从西方外交官和传教士的角度看义和团只能是一场杀戮，是一场残暴的反教运动；换一个角度考察，义和团就摇身一变成了一场爱国运动；再换个角度看，义和团事件又会变成一个非历史的政治宣传品。那么这三者之间到底是什么样的关系？我们可以从各自的角度对它进行解读。

所谓“动情的历史”，就是带入感情色彩的历史。在以上所说的三个层面上恐怕都有发挥想象力的空间，我们只要辨别出这三个空间的不同点，对历史的认识才能有所丰富和深化。总结一句，我自己为什么觉得历史应该是一个相对复杂多层面的东西，就是因为在寻求历史真相时会不断带入我们自己的记忆。什么记忆被带入了，哪些记忆是真实的，哪些记忆不是真实的，往往是有争议的。我们不要盲目地判断哪种选择一定是对的，而是应该排列各类记忆，经过对比分析进行判断，才能贴近历史的真相。这是我对历史学是否能动情的一个基本想法。

二、常识二：岳飞是民族英雄吗？

主持人：刚才杨老师讲的这些在我听来好像是历史跟文学的联姻。历史不光是一串枯燥的数据，也不光是一个一个历史事件，它也不是废墟。历史也有自己的荷尔蒙，有自己巨大的情感肉身。特别是杨老师提到的三个层次给我一个很深的感受，就是这种动情历史学把审美维度、艺术维度、文学维度的引入，其实是在拥抱一种复杂性，拥抱历史的复杂性、世界的复杂性和人的复杂性。回到我们今天的主题上，“常识跟反常识”。其实之前理想国的公众号搜集了一批来自读者的最关心和最疑虑的历史常识。排在榜首的就是岳飞和秦桧的千年公案。想问问杨老师，对于“岳飞是民族英雄”这样一个常识，您认为是一个需要去力挺的一个常识，还是一个需要去反抗的常识？

杨念群： 在我们的历史记忆里，岳飞是民族英雄已经成为一个常识。我们不一定要完全否认它，但是对这位家喻户晓的形象到底在什么意义上可以被称为英雄还是需要加以辨别的。说岳飞是不是民族英雄，取决于把他放在一个什么样的历史场景中去讨论。在某种特定的历史脉络里，比如在南宋的民众眼中他就是英雄，但如果脱离了这个历史情境，岳飞是不是可以作为英雄来对待，就需要辨别和讨论。为什么？因为在南宋，岳飞之所以被当作一个民族英雄，主要是他为保卫宋朝对抗金人献出了生命。南宋又是汉族人建立的王朝，与它对峙的辽金在当时则被看成是文明低下的野蛮人。岳飞作为宋朝的大将，他是在对抗金朝人这类未开化的异族中赢得尊敬的。这在宋朝不成问题，因为宋朝的文人普遍持有一种“夷夏之辩”的观念，认为汉族人和北方的少数民族势不两立。可是金朝人的后代是后金，后金建立起了大一统的清王朝。我们首先要面临一个问题，就是如果你认为岳飞是民族英雄，那么金朝人的后代——满族人所建立的大清王朝是不是也同样具有正统性和合法性。如果承认清朝是中国历朝历史的延续，那么在清朝岳飞就不可能被当作民族英雄加以看待，相反他是打击满族人祖先的罪人。但后来乾隆帝南巡还特意去祭拜岳飞。

就我的理解而言，乾隆已不是把岳飞当作某个民族的英雄，而是把他当作为君王尽忠的名将。种族之间的仇视可以用“忠”的标准予以化解，在忠于君主的前提下，岳飞可以被视为英雄，但他作为象征符号已不属于某个特定的种族如汉族，所以就不能被称为“民族”英雄。所以岳飞是不是民族英雄，要把他放在特定的历史背景之下来认识。

还有一个问题，我们现在判断某人是不是民族英雄，与近代以来民族主义的产生有非常密切的关系。古代没有民族主义的说法，只有“夷夏之辨”的观念，就是汉族跟其他少数民族之间应该始终处于相互对立的状态。这是古代意义上民族之间的对抗。但是现代的民族主义，跟古代种族之间互斗的“夷夏之辨”观念最大的区别是什么？就是现代民族主义有关族群关系的基本命题，是建立在现代国家观念的基础之上的，现代国家建立的一个基本出发点叫“民族自决”。“民族自决”就是具有同样血缘、持同样语言、信奉同一宗教、拥有同样风俗习惯的民族，是有资格独立建国的，尽管这种独立的想法可能只是一个梦想。近代国家的形成，都是建立在不断要求民族自决的呼声之上的。这就随之出现一个非常大的问题，即是否存在一种建立在绝对单一纯粹的种族血缘基础之上的现代民族国家，答案是否定的。以单一民族寻求独立建国而成功的例子非常稀少。中国又恰恰不是一个用某一单纯民族或者单一血缘、语言、宗教来维系疆域秩序的一个国家，历代王朝都是在不断的民族融合、交流和碰撞的过程中形成“大一统”的基本格局的。而不是一个一个单一民族形成了自身的领域和国家之后，在相互对抗中构成的敌对关系。因此我们知道，岳飞在宋代可以作为民族英雄，因为他捍卫了宋朝的疆土；但是在大一统多民族共融共存的理念之下，岳飞又不适合作为我们当代的民族英雄来加以颂扬。

讲得稍微远一点，近代以来发生的辛亥革命，革命党用来推翻清朝的一个激进的口号是什么？就是“反满”。经过长期考察之后我们发现，革命党推翻了清朝统治，建立了共和，其功绩是毋庸置疑的。但是革命党在当初所采取的那种极端民族主义的策略却是非常危险的。为什么危险？我们知道，如果按照孙中山和章太炎的反满意图设计，那么当时建立民国的时候，可能领土只及清朝的一半。因为革命党把满族人驱除出去之后，十八行省，就是相当于明代管辖的那部分疆域，可能成为中华民国建国的基本蓝图。如果真是这样，他们就会变成中华民族的罪人。孙中山发现这个问题后迅速做出调整，在建立中华民国之后，他马上强调建立多民族共同体的重要性，建议满汉蒙回藏各民族共同建设一个新国家，维持大一统的疆域不变。最后还是延续了清朝统治的一些历史遗产。历史的复杂性就在于，我们原来看到革命党是跟清朝对抗得非常激烈的，经过调整建立民国以后，他们却承接了清朝对疆域、对民族、对共同体、对文化的认识和理解。岳飞为什么是民族英雄，或为什么不是民族英雄，可以从不同的角度去探索。我们不能把特定时代民族英雄的形象毫无保留地置换成当下对历史人物的认识。人们现在理解的岳飞形象，和南宋的岳飞应该是有所区别的。

现代民族主义所提倡的一些原则跟古代中国人对民族、族群、文化的理解是有差异的。现在的民族主义理论和表现给我们带来了很多值得思考的问题，有时也可以作为判断历史成败的基本工具。然而如果盲目地按现代民族主义的原则去解释古代中国的历史是有很大问题的。

三、常识三：科举等于八股文吗?

主持人：现在回头去看那些固有的、刻板的常识，很多都是我们中学时期种下的恶果。当然我们对于大学的期待是自我教育跟自我纠正，这就不得不谈到我们现在的人才选拔制度，也就是刚刚过去的高考热。其实我自己也是刚刚从高考热当中解脱出来。虽然我已经不可能再参加高考了，但是高考结束以后，有一些媒体就开始邀约作家去写一些高考作文的范文。我就非常含辛茹苦地写了几篇高考作文，发现这个过程非常的痛苦，因为有些题目确实让我对现在的人才选拔制度感到忧心忡忡。而与此同时，我正在读的《周作人全集》里面，有很多都涉及了八股取士。大家现在如果回头再去看那个时候科举考试的题目，就能发现科举的厉害之处。杨老师这些年经常在为科举制度做辩护，请您谈谈这个问题。

杨念群：大家一提到科举就会想到高考。我最近一直在关注科举制度，书里面大约有两三篇文章为科举进行了辩护。那么我为科举辩护的理由是什么呢？第一个理由是科举不是八股，大家千万不要把科举制仅仅理解为是一种八股文考试，这是深受历史课本教育之害造成的后果。在我的记忆中，现今中学还是小学课本中收有《范进中举》这篇文章。这当然是《儒林外史》这本小说里最精彩的一个故事，因为范进中举这件事表现出的戏剧效果非常强。范进好不容易中了举之后突然变得疯疯癫癫，让他老丈人胡屠户打了一巴掌，鞋也跑丢了，跌到池塘里，最后变成一个笑话。范进是八股文的受害者这个印象深深地印到了人们的脑海里，好像只要八股文作得好就能考上科举，考上科举之后他就被逼疯了。在这样的一个情境里理解科举，是完全错误的。

科举考试不只是八股一项。为什么那么多人会把科举等同于八股文，这跟晚清戊戌变法以来的改革思潮有密切关系。晚清的许多改革家都极力抨击八股文，认为它是残害读书人的一个罪魁祸首。比如康有为，他说为什么我们海军不行、陆军不行，教育不行、文化也不行，统统都是八股文给害的，八股文要为亡国承担很大的责任。后来我们知道，改科举的一项主要措施就是把考八股文改为考策问，可见连光绪皇帝都把八股文等同于科举制度。这是很错误的一个认识，因为八股文只是科举考试的第一场。

什么是八股文？就是在四书五经里面摘出一些句子来，这些句子之间可能毫无关联，要求考生把两句连缀起来硬生生说出两者之间存在一种关系，这的确非常难。比如说我从《论语》里面截了一句话，又从《孟子》里面截了一句话，这两句话之间本来没有关系，却把它们放在一起让你写出一篇论文来，硬说它们之间有关系。这种命题作文叫截搭题。截搭题又叫小试，科举考试的最初阶段必须过这一关。如果你连截搭题都回答不好，那你可能考到五十岁还考不上。这的确是非常害人的。但是如果要中举人，考试的第二场内容与第一场的四书五经就很不一样，第二场考的是对各种文书内容的理解和应用，比如考生要写一份诰。什么叫诰？就是皇帝向臣子发布的文告、上谕，你要模仿皇帝的语气写一篇东西。这难度很大，就跟你现在要模仿中央领导人写一篇报告一样。第二是表。什么叫表？就是臣子向皇帝上谏言，你要说出像样的道理来，让皇帝接受，这叫表。要掌握从上往下和从下往上这两个方向的写作技巧，还是有相当难度的，有点像现在的政治学论文。第三就是判。什么叫判？给你五道题，相当于五个案子，让你对五个案子提出自己的判断，有点像法律学问题。乾隆中叶以后，第二场的内容被取消了，但第三场策问仍很重要。

策问里面的许多内容都是关于国计民生的，古代叫“经世”之学。策问一般会提五个问题。第一个问题一般比较抽象，比如说问你经书的版本和源流问题，显得有些书呆子气。第二个问题可能就相当实用，比如让你谈谈各类仓储的设计是否合理等。我们知道从宋代以来，有常平仓、社仓和义仓等。常平仓是国家安排的，义仓和社仓都是由地方的士绅集资设置的。科举中常有以下提问，让你回答常平仓好还是义仓好，两者的作用有什么差别。这个问题其实很难回答，放到现在那应该属于经济学范畴的问题。另外一个例子是海塘的整修，也是科举里面经常被提到的问题。因为康熙帝和乾隆帝都经常南巡，很关心海塘建设的进展。还有一个重要的问题经常被问及，那就是黄河与淮河的治理。两条河流经常发大水，一旦控制不住就会造成灾难，是围堵还是疏导成为考生经常面临的难题。明代有一个著名的治河专家叫潘季驯，他写了很多篇治水的文章。如果考生没有看过潘季驯的治河著作就很难答出类似的题，就会感到茫然无措。可见治河治水这些属于水利学的问题也是科举考试非常重要的一个方面。第三个问题常常涉及地方治理如保甲组织的构成等。这类问题更难回答，为什么？保甲大家都知道，基本思路是把户与户紧密联系在一起，平常相互监督有事互相告发。一个村子如果人口密度大，就容易相互制约，户与户、人与人之间联成一个彼此相互依赖相互监督的网络，让民众不易谋反，不行不轨之事。不过，在实际生活中，一个村庄的布局并不一定是工工整整的，如果人群居住的很分散，保甲实施起来就会非常复杂。有一道题给我印象非常深，这道题说你们都是农村的孩子，你们知道家乡要行保甲吗？如果知道，那请问你一个问题，当年宋代的王安石屡次施行保甲都失败了，明代的王阳明在江西南部实施保甲却成功了，请问为什么王安石失败了而王阳明成功了？这是一个保甲史的问题，在历史学中叫地方治理史。接着他会问，你既然认为保甲是一个很好的制度，那么我给你设计一个场景：一个村子里面 5 户或者 10 户之间互相勾连形成保甲，如果在一个山区，大家住得很分散怎么办？或者河上漂着的船民来去无踪，今天在这停，明天在那歇，那么你对流动的人口和船只如何用保甲的方式限制他？这题目非常厉害，反正我当时一看就知道自己回答不上来。

为什么我要为科举辩护，因为科举在某种意义上比现在的高考高明多了，它考的都是非常具体的问题，而且范围非常广泛。这里随便再举个管钱法的例子。有道题说原来古代钱币制得很少，但经济很发达，财富很多；现在变成纸币之后，印钱印得多了，财富反而减少了，这是为什么？症结在哪儿？我一看这题目就傻了，心里想这么专门的问题得去问经济学家，关于印钞多少及其得失成败，直到现在都是一个难以回答的复杂经济学问题，居然在科举制考题里面出现了。你说科举制跟八股文是一回事吗？科举制能和八股文相提并论吗？让科举承担所有中国教育的罪恶公平吗？我觉得不公平。科举为什么不是八股文，这是我所谈的第一点。

第二点，科举的一个最大贡献是什么？它是最好的官僚选拔制度之一。“科”是指教育，“举”是指选拔人才和官僚，这两者如果紧密联系在一起，就使得教育、读书与官员选拔之间建立起了直接的对等关系。它不是一个单纯的教育和考试制度，而是用来选拔官员的选举制度。这个选举制度最后的结果是什么？它导致人才相对均匀地分布到不同的社会阶层，使不同阶层的人群都有一种身份感。比如你考中秀才了，你就在基层的农村里面当乡村教师；如果你考中举人了，你就可以当县令；你如果考上进士了，你就有资格直接进入翰林院当大学士。这是一个很合理的身份分配制度。为什么它合理？其一，它是分层的。你考中秀才了考不中举人，对不起你只能待在农村，为农村服务。但是秀才又和一般百姓有所区别，比如他可以免劳役，可以不交税或者交很少的税，所以他的优越感是极强的。在基层乡村中，秀才作为有文化的人，地位是非常高的。现在出现的很多问题，如为什么农村出现空心化现象，教育人才为什么会单向地向城市流动，都可以从科举制的崩溃中寻找答案。科举制把人才分配到不同的层次，在农村和城镇之间巧妙地搭建起了一个平衡关系。你上升到了举人身份就可以脱离乡村再往上走，通过殿试你就可以进入中央政府一级，当上国家机关的高级公务员。

科举制的另一个特色是它的流动性。官员退休之后一定返回乡下，为乡里人服务，他们可以选择修桥铺路、可以做慈善事业、可以教书育人等。科举制是一个上下流动的循环机制。比如曾国藩当年回到家乡办团练抵抗太平军，如果不依靠科举制的流动性，清朝的半壁江山早已没了。还有一点，科举制是中国民主代议制度的雏形。考生在获得秀才的位置之后，在乡村里面身份就是一个士绅。士绅可以代表老百姓说话，这是地方代议制建立的一个最基本条件。总结一下，我们可以从这几个方面来看科举制度。第一，它不只是八股文，而是对于国计民生问题有相当回应能力的制度；第二，它还是一个合理安排身份的制度，是将身份相对固定与流动结合得非常好的制度；第三，它是地方性的代议制度。这三个要素构成了科举制的基本框架。

刚刚提到了科举和高考的区别。高考的一个最大问题是什么？是全部人才都流入了城市，由此导致无法实现城乡之间人才的合理布局。科举改为学堂之后，学堂生产出的都是什么样的人才？主要就是理工人才，基本都是搞科技的，再有就是法政人才。这是一个相对固定向城市流动的分配机制。农村本身的教育资源很难在没有保障的前提下得到增长。所以近代以来中国城乡之间的差异越来越大，因为科举制的崩溃导致农村教育资源匮乏。

四、常识四：中国历史上有阶级吗？

主持人： 刚刚杨老师对科举制度的辩护特别的精彩，可能我比您更加激进一点。您是力挺策问，但是对八股文还是持怀疑态度的。我自己看了一些八股截搭这样的题目之后，感到非常吃惊，跟原先的想象完全不一样。我们以前都觉得，考八股文是文科生的事，但是真不是。科举考了文献学，考了记忆力，同时它考了特别重要的一点——逻辑。所以它其实是一个特别合理的安排。第一步是先考验智力水准，八股文绝对是考智商的。智力过关后，第二步用策问来考你的情怀、视野和治国理念。它其实是一个非常合理的人才选拔的制度。

刚才杨老师也提到了，科举制度完胜高考的一点，就是它是一个给人才提供上升渠道的合理流通机制。那时候一个平凡子弟凭考试就能够进入国家的治理层面。这就涉及另外一个我们需要反叛的常识，那就是阶级。那么请问杨老师，在中国究竟有阶级吗？

杨念群： 寻求“阶级”平等曾经是作为一个非常重要的政治口号而被提出来的，如说“我们要搞阶级斗争，把贫苦百姓解放出来，让他们过上好日子”。现代革命的一个最重要的动力，就是打破阶级的界限、实现公平正义的目标。当时所有革命的动机都是以此为前提的，现在也是如此。无论是所谓旧左派也好，新左派也好，都强调公平和正义比自由和效率更为重要。在此基础上，所谓自由主义和新左派之间一直进行着无休止的争论。

西方存在着固定的阶级制度，但在中国，如果用“阶级”这样一个术语来划分人群恐怕是有问题的。因为西方有一个很重要的历史特征，就是它们那里的贵族阶层一直是相对固定的，每个阶层之间的等级性非常强。但是在唐宋以后中国有一个非常重要的转型，就是大门阀家族，或者说豪门大族的势力逐渐衰退，整个民间社会越来越趋向庶民化，产生了新型的地主阶层。其实新型阶层的产生，跟科举制度非常相关。只有科举制度，才能使最贫困的人也有机会迈入社会上层，科举制度提供了一种改变人生的可能性。很多大官，最初的出身都十分贫寒，他们能有如此地位这在宋代以前是难以想象的。就是说，宋朝以前盛行门阀制度，那时候的贵族、豪门大族占据了所有官位。甚至可以“荫庇”，就是说占了这个官位的人，其子子孙孙都可以在这个位置上接续下去，一直享受荣华富贵。宋之后经过了“庶民化”这样一个过程，相对固定的阶层人群逐渐变得可以流动起来，通过古代的“高考”——科举制度而流动。最底层的人可以上升到最高层，最高层的人也可以回到乡间，变成一个士绅。人群一旦流动起来，就和西方意义上的所谓“阶级”有了非常大的差异。“阶级”作为一个政治口号是可以提出来的。在实际历史的考察中，还是要慎用“阶级”这个称号才好。

还有一点，为什么在中国无法确切地使用“阶级”这个称号，另一个问题是为什么我们没有办法用阶级冲突来概括中国的历史。这是因为宋代以后中国的老百姓可能部分享受到了以往一些贵族才能享受的权力，尽管这些分享是极为有限的。随便举个例子，比如关于宗族的问题。现在福建、广东的农村聚宗收族是非常普遍的现象，可是在宋代以前，所有这些聚宗收族的行为都是非法的。因为祭祀五代以上的祖先，甚至祭你的父亲，都是只有皇帝和大臣才能享有的特权。

再举一个例子，大家都知道，唐太宗是从甘肃一带起家的，皇家代表的所谓关陇集团和山东集团分属两大不同的势力。如果读过陈寅恪先生的《隋唐制度渊源略论稿》就会知道，所谓关陇集团，从其本身的贵族身份上看，是不如山东集团的。因此唐太宗一旦掌握政权之后，必须要修改整个贵族谱系。他一上台之后，马上把关陇集团、李家集团的谱系排在第一位，山东集团的谱系变成了第三位。这完全是为争夺贵族化身份的需要。在宋代以后，这个谱系不再由皇族或贵族所垄断，乡村老百姓也可以通过纂修族谱来聚宗收族。这种现象本身就意味着儒家伦理思想的普及终于可以通过宗族的渠道体现在老百姓的身上。老百姓既然能祭祖先，他们就可以编家谱，就能够借此聚拢团结很多同姓同宗的人群。在地方社会里，宗族被看作一个最基础的单位，人们可以利用宗族去办慈善事业、办教育。为什么“阶级”这个名称不太适合中国，就是因为中国大多数的人群身份都是可以流动的。这是我谈的第一点。

第二点，因为人群是流动的，不处于固定的位置，所以中国在历史上没有形成西方那样刻板的阶级身份，但是中国有流品、品味、品秩的区别和秩序。很多中国人对身份的感觉，往往是通过对文化品质欣赏的高低来体现的。比如说有“清流”和“浊流”之分，你进入了科举考试，往上走你就是“清流”，沉到底下就是“浊流”。我们知道，一个县长要干活就会雇很多吏胥。这些吏胥实际上是不能参加科举考试的，但他们是刀笔吏，能写一手好文章，能处理好案子，是县长的最佳助手。吏胥虽然有文化，但他只能属于“浊流”。可一旦离开吏胥的位置，他又可以参加考试，进入“清流”的行列。在科举制度的脉络中，不一定有一个非常严格的、固定的位置，只有在流动的过程中才会形成对文化的理解和品味。它不仅仅是一个政治选材制度，还可能是一个积累文化的循环体制。如果要问打破一种阶级秩序和打破一种品味秩序，两者哪个影响更大？我认为是第二个。现代革命打破了对品味、对清流浊流之间差异的理解，从而导致了一场精英文化流失的灾难。这个话题说来话长，也比较敏感。比如说文化是不是分层的，是不是老百姓喜闻乐见的那些东西就一定是最好的？这个话题大家可以去思考一下：是不是有精英文化、有底层文化、有中层文化，还有种种其他文化的多元世界才是更有趣的世界？还是说文化就应该同质化，都唱一个声音、唱一个调子，以一种品味去欣赏同样的东西？

图书在版编目(CIP)数据

重建另一种叙事 / 杨念群著. —北京 : 北京师范大学出版社, 2020. 5
(新史学文丛)
ISBN 978-7-303-25204-6

Ⅰ. ①重… Ⅱ. ①杨… Ⅲ. ①史学 - 研究 Ⅳ. ①K0

中国版本图书馆 CIP 数据核字(2019)第 228323 号

营销中心电话 010-58802181 58805532
北京师范大学出版社谭徐锋工作室 http://xueda. bnup. com

CHONGJIAN LINGYIZHONG XUSHI
出版发行: 北京师范大学出版社 www. bnup. com
北京市西城区新街口外大街 12-3 号
邮政编码: 100088

印 刷: 北京盛通印刷股份有限公司
经 销: 全国新华书店
开 本: 890mm×1240mm 1/32
印 张: 12. 75
字 数: 202 千字
版 次: 2020 年 5 月第 1 版
印 次: 2020 年 5 月第 1 次印刷
定 价: 69. 00 元

策划编辑: 谭徐锋 责任编辑: 李云虎 张柳然
美术编辑: 王齐云 装帧设计: 王齐云
责任校对: 康 悦 责任印制: 马 洁